中华文明的印迹

国家出版基金项目
NATIONAL PUBLICATION FOUNDATION

古代都城
华夏文明的核心

GUDAI DUCHENG
HUAXIA WENMING DE HEXIN

郭引强／主编
龙霄飞　史家珍　乔　栋
严　辉　等著

辽宁师范大学出版社
·大连·

图书在版编目 (CIP) 数据

古代都城：华夏文明的核心／郭引强主编；龙霄飞等著. -- 大连：辽宁师范大学出版社，2021.12（2023.1 重印）
（中华文明的印迹）
ISBN 978-7-5652-3176-6

Ⅰ. ①古… Ⅱ. ①郭… ②龙… Ⅲ. ①都城（遗址）－介绍－中国 Ⅳ. ① K928.5

中国版本图书馆 CIP 数据核字 (2020) 第 008444 号

中华文明的印迹

古代都城
华夏文明的核心

出 版 人：王 星
策划编辑：王 星 邓丽萍
责任编辑：王 星 邓丽萍
责任校对：李 鹏
装帧设计：李小曼
出 版 者：辽宁师范大学出版社
地 址：大连市黄河路 850 号
网 址：http://www.lnnup.net
http://www.press.lnnu.edu.cn
邮 编：116029
营销电话：（0411）82159912 82159913
印 刷 者：大连金华光彩色印刷有限公司
发 行 者：辽宁师范大学出版社
幅面尺寸：170mm × 230mm
印 张：17.5
字 数：293 千字
出版时间：2021 年 12 月第 1 版
印刷时间：2023 年 1 月第 2 次印刷
书 号：ISBN 978-7-5652-3176-6
定 价：96.00 元

总序

“中华文明的印迹”丛书，集当代中国文博考古、历史文化领域专家学者的力量，从学术文化视角，依据档案文献，对中国文物古迹进行深入的学术解读与研究，是一部既有较强的学术性又适合大众读者的丛书。

中国是悠久的文明古国，有大量的古迹遗存，这些不可移动的文物就是凝固的历史，是中华文明历史传承的表征，是印证历史、传承文明的载体。数千年来历史的积累和叠加形成的古迹遗存，是中华文明传承不断的历史见证。其保护传承的艰难，甚至战火的摧残，都没有改变和动摇其根基。今天，保护和研究这些老祖宗留下的古迹遗存，是我们的一种神圣职责，辽宁师范大学出版社敏锐地选择这一课题具有独到的眼光。

古迹遗存是文化遗产，是文明实体的标志。中华古迹遗存遍布于960万平方公里的辽阔土地之上。展示中华文明，宣传中华文明，需要各领域的专家学者通力合作，田野考古、踏查闾里、寻访遗存，需要做大量的组织工作和细致的踏查寻访，同时还要查阅大量的档案文献，包括官书方志、笔记丛书、手稿日记等，要完成这样繁杂而艰苦的工作，没有坚守中华文明的信念是很困难的。为此，我们感谢出版社和各路专家的积极策划与辛勤付出。

本套丛书作者的研究方法是独到的，即将古迹遗存与档案文献相结合、相比较，探索文物遗存背后的历史真相。许多古迹遗存由于各种原因，历经磨难甚至战争的摧残，都或损或残。今天对文物的研究和书写就是一种修复和保护，也是对中华文明的传承和发扬，以此给中华民族的子孙后代留下传承中华文

明的依据。因此，我以为“中华文明的印迹”系列丛书具有继承中华文明、观照当代文明、发扬文明传统的意义。

近年来，有些国家标榜其文明优越，贬低其他国家民族文化。“文明冲突论”再次甚嚣尘上，他们害怕失去“自我优越”，进而歪曲历史，贬损其他国家民族的文明。文明是文化的内核和内在价值，文化是文明的外在表现。中国有五千多年的文明历史，是世界上唯一的文明血脉与历史传统未曾中断的大国。人类文明包括物质文明、精神文明与制度文明，文明囊括了人类历史活动的所有建设性成果。“中华文明的印迹”中涉及的古迹遗存有都城、坛庙、建筑、陵墓、桥梁、名塔、长城、瓷窑、名城、古镇，其文化内涵既包含物质文明，也包含精神文明，又包含制度文明。同时，中华文明又有其特殊性和独特价值。当今时代是一个多维度、全媒体时代，外来文化和本土文化的冲突与碰撞愈演愈烈，中华传统文明受到一定的冲击。因此，树立坚定的文化自信、坚守中华文明、宣传中华优秀传统文化，亦成为当务之急，“中华文明的印迹”系列丛书正是应运而生的产物。

著名的老一辈文物研究保护专家罗哲文先生曾经提出“文物古迹的保护，是一种上对祖先、下对子孙后代的千秋大业。因为文物是具有历史、科学、艺术价值的物质遗存，不仅传给我们这一代，还要传给子孙后代，它又是不能再生产的，一旦遭到破坏就不可再得。因此，我们每一个人都负有保护文物的义务和责任”。中华民族的悠久历史和灿烂的文化印迹，就是这些古迹遗存。它们从古到今一直展示在世人面前，代代呵护，代代传承。因为各种原因，尽管古都名城曾遭破坏，殿阁楼亭曾经斑驳，桥塔寺庙曾经残破，遗址陵墓曾经荒芜，但中华儿女追念先祖、传承国脉的初心一直未变。经过一代代人的不断修缮和保护，古迹遗存的历史得以延续。“中华文明的印迹”系列丛书的出版必将大力促进中华大地上几千年来保存下来的古迹遗存得到更有效的保护和传承。

“中华文明的印迹”系列丛书即将付梓，感念先祖，寄望后代，赘言为序。

单霁翔

于北京故宫城隍庙

2021 年 9 月 16 日

目录

序　言

第一章　白马驮经事已空　断碑残刹见遗踪——洛阳

第二章　西上秦原见未央　山岚川色晚苍苍——西安

第三章　金银宫阙诸天上　锦绣山川一气中——北京

第六章　斜日落花人去尽　淡烟楼阁数钟声
——其他著名古都

序 言

20 世纪 80 年代，中国学术界开始给予古代都城普遍而高度的重视；与此同时，古都旅游也越来越成为文化旅游热潮中的热点。我们能够在此谈论有关中国古都的话题，从一定的意义上说，正是上述两个大趋势持续发展的一种反映和证明。

一、中国古都的类型与规划

都城是人类社会踏入文明时代的标志，是人类社会物质生产水平获得较大提高后的产物。与世界上其他著名的文明古国相比，我国的城市文明诞生稍晚，但在漫长而不间断的历史进程中，我国曾经出现了 300 多座都城，其数量之多，堪称世界之最。每一处古都，都各有特点；即便是同一处古都，在不同的历史时期，也有着不同的面貌。如就一般情况而论，与外国古都相比，中国古都具有自己鲜明的特点：

1. 它们是某一政权最高统治者及最高权力机构的所在地，是国家的政治中心。这种政治中心的地位，在许多情况下都是唯一的。

2. 在都城内外，主要是通过行政手段集中了大量的人口和财富，从而使得都城成为国家的经济中心或经济中心之一。

3. 由于实行专制主义中央集权的政治制度和经济、文化政策，都城聚集了大量的文化、科技人才，因而成为国家的文化、教育、科技和宗教中心。

4. 在历代统治者不惜代价的建设下，都城往往都是某一政权统治区域内规模最宏大、建筑最雄伟、环境最优美的城市。

显而易见，具有上述特点的中国古都，在我们这个古老民族的文明进程中占据了核心的地位。如果不是仅仅着眼于时代、民族或政权的具体范畴，而是从更为宏观的角度和更为深层的意义上来看待古都，我们完全可以说，这一座座都城，恰好是中华民族悠久历史和灿烂文化的集中体现与最高象征。

以往谈论中国古都，人们总会条件反射般地联想起洛阳、西安、北京等城市的名字，联想起“五大古都”“六大古都”“七大古都”等说法。其实，按照其作为都城的年数多少而区分古都的大与小，仅仅是对中国古都进行分类的一种较为简单的做法；除此之外，我们还可以从其他角度重新讨论中国古都的类型。例如，依照建都政权的性质不同，可以把中国古都分为如下五大类：

1. 统一王朝的国都；

2. 分裂和混乱时期各政权的国都；

3. 周边各少数民族所建政权的国都；

4. 历代农民起义所建政权的国都；

5. 各朝叛逆者所建政权的国都。

如果以可信程度为凭，中国古都则又可以分为：

1. 文献记载及传说材料中的都城。这主要是指从“三皇五帝”的远古时期至殷商时期的一些都城。它们的地位和年代均不能确定，虽然其中不乏名号响亮者。

2. 由考古发掘所见但尚不能完全确定其所属及年代的都城。如河南偃师的二里头遗址和郑州商城遗址。

3. 文献有明确记载、为都年代可以稽考、遗址经过实地考察或发掘的都城。如洛阳的汉魏城址、西安的隋大兴城（唐长安城）等。

4. 文献有明确记载、为都年代亦可稽考但遗址尚需进一步勘察的都城。如西周的丰、镐和曹魏时的邺都北城。

此外，如果以民族属性、城域面积、规划建设等作为标准，还可以得出不同的结论。由此我们不难发现，无论是形式还是内容，中国古都均表现出了一种明显的多样性和复杂性，而这种状况，又恰好是中国古代历史发展特点的折射和反映。

考古学家们已经发掘出了诸如河南淮阳平粮台等早期城市的遗址，它们的年代都十分久远，已经超出了传统史学所说的“三代”，即夏、商、周的纪年范围。不过，由于考古材料还不够丰富，加之对中国古代文明起源问题的讨论尚待深入，我们目前探讨中国古都的规划问题，还只能从商代开始。

根据俞伟超先生的研究，中国古代各主要王朝的都城规划，大致有一条自成系统的发展线索。这个过程，可以分为四大阶段：

商代至西周，是中国古都发展史的最初阶段。这一时期的都城，考古发现不多，主要有河南偃师的二里头遗址及尸乡沟商城遗址、郑州商城遗址、湖北黄陂盘龙城遗址、河南安阳殷墟遗址、陕西的岐邑遗址等。在这个阶段，还根本看不到整齐规划的都城布局，宫殿、宗庙、生活区和手工业区呈分散存在状态。都城往往没有城墙，反映出当时城乡分化开始不久、王权虽已确立但氏族依然林立的社会历史背景。

东周至两汉，是中国古都发展史的第二阶段。随着铁器时代的到来，黄河中下游的大部分地区发展起犁耕农业，手工业及商业获得较大发展，从而导致了大量城市兴起。与此同时，专制主义的政治体制也逐步确立。在这样的社会面貌的影响下，此一时期的都城形成了实行密封式城市规划的新特点。如以战国时期都城的情况来看，这些特点表现为：

1. 都城面积扩大，都有城墙包围，城市经济和城市生活已经发展到相当繁荣和集中的程度；

2. 全城都是由宫城（往往不止一处）和郭城两大部分组成的；

3. 宫城和郭城内都有许多手工业区；

4. 郭城内都出现了由官方控制的特定的商业区——市；

5. 主要宫殿皆设于制高点以便控制全城，居民区和市场均实行密封式管理。

曹魏至隋唐，是中国古都发展史的第三阶段。由于这一时期存在着一套以大量占有土地和劳动者为基础的封建等级制度，人身依附关系大大加强，加之城市经济相对萎缩，所以这一阶段的都城规划，既保留了前一阶段的那种封闭的特点，又更加严格地依照等级贵贱来划分居民区。从曹魏的邺都北城、北魏洛阳城及隋唐的西京城（隋大兴城、唐长安城）等都城来看，这一时期盛行的是棋盘格形封闭式的规划制度。人们在森严的等级观念的驱使下，倾向于追求方正的格局以突出主从的分别，再加上《考工记》中所载的“营国制度”的影响，便导致了这种以讲究对称均匀、突出中轴线设计和棋盘格式街道布局为基本特点的新型都城的出现。

北宋至明清，是中国古都发展史的最后阶段。随着盛唐以后工商业的新发展以及人们依附关系、等级制度的日渐松弛，一种新的城市生活已成为时代的要求。为了适应这种要求，从北宋国都东京城开始，原先封闭形态的里坊和市场制度，完全被开放式的街、巷所替代。这个巨变的影响，在明清北京城的平面规划上仍体现得非常明显。[1]

在古代中国，关于都城的规划设计，属于“礼制”的范畴，具有极强的政治性，因此，强调和突出最高统治者的神圣与威严，强化人们对王（皇）权的崇拜与畏惧，便成为都城规划设计中的最高原则和根本目的。

为了完成这样的政治使命，历代都有多方面的尝试，其中影响较大并形成传统的，是载于《考工记·匠人营国》中的一段文字：

匠人营国，方九里，旁三门。国中九经九纬，经涂九轨。左祖右社，面朝后市，市朝一夫（方各百步）。

《考工记》的成书年代，歧说甚多，但主流意见认为它成书于战国时代的齐地。书成之后不久即告亡佚，至汉武帝时才又被重

1　俞伟超：《中国古代都城规划的发展阶段性——为中国考古学会第五次年会而作》，《文物》1985 年第 2 期。

新发现，被汉儒补入《周礼》一书。

上引《考工记》中关于营国（即都城规划）的文字，除少数学者认为是对西周时期确然实行过的规划制度的叙述以外，多数学者认为它只是一种理想主义的说法，是对战国时期已经形成的都城规划所进行的一种标准式设计思想的阐述。这种设计思想，以专制主义中央集权政治体制的逐步确立为背景，其精神实质是尊崇至高无上的王权。它的规划核心，是借助宫城在都市的中心位置，来突出帝王在国家的中心地位，其外部特征，是密封式的规划。

就目前材料所知，曹魏邺都北城的规划，是中国古都中第一个明显受到《考工记》影响的实例。此后，《考工记》中棋盘格式的街道布局、中轴线以及宫城前面“左祖（庙）右社（稷）”等细节设计，又对北魏、隋、唐、北宋、元、明、清等王朝的都城规划产生了深远影响。

为了表现王权的至上，历代在营建都城时，都不惜民力和财力，极尽奢华壮美之能事。例如，西汉初年，当刘邦还正与项羽逐鹿中原时，留守关中的丞相萧何就建造了后来成为西汉帝王正式朝会之所的未央宫前殿，其基址利用了龙首山的丘陵，今测其南北长约 350 米，东西宽约 200 米，北端最高处约 15 米。当刘邦怒气冲冲地质问为何营建如此雄伟壮观的宫殿时，萧何回答说：“天子以四海为家，非壮丽无以重威，且无令后世有以加也。”（《史记·高祖本纪》）这番话不仅使刘邦立刻转怒为喜，而且也被后世的统治者引为圭臬。至元三年（1266 年），忽必烈定都北京，当时正值“用兵江南，金甲未息”之时，但他还是营造了一座规模空前、雄伟壮丽的大都城。这是因为，“宫室城邑，非巨丽宏深，无以雄视八表”（欧阳玄：《圭斋集》）。

在古代，还有依天象营建国都之事。相传春秋时期的伍子胥在为吴王阖闾营建都城时，曾有“相土尝水，象天法地”的规划；而秦始皇在对国都咸阳进行扩建时，“因北陵营殿，端门四达，以则紫宫象帝居；渭水贯都，以象天汉；横桥南渡，以法牵牛”（《三辅黄图》）。这种壮丽而浪漫的景色，反映的是秦帝国欲与日月同辉的宏大气魄，宣扬的是秦君受命于天的统治思想。此外，古代还有不少因卦象部署都邑的例子，最著名的是隋初的宇文恺对国都大兴城的规划。在今西安市红庙坡与大雁塔之间，有龙首原的六条余坡隐起于平地，自东北而向西南分布，宇文恺将它们看作乾卦之六爻，从北到南依次名之曰初九、九二、九三、九四、九五、上九，他在九二之地安排宫城，在九三之地布置百司衙门，在九五之地建造庙宇。宇文恺的设计，本有其实际的考虑，但以乾卦之象来解释其动机，无疑给隋都的营建披上了一层神秘的外衣。按易学的说法，乾为天，乾卦为六十四卦之首，九二的含义是“见龙在天，德施普也”“有人君之德也”。所以，宇文恺的安排，既颂扬了所谓的天子龙德，又显示出皇权的至上和帝都的神圣，是对君权神授思想的形象化宣扬。至于从阴阳五行及风水学说的角度来规划、设计古都外形、轮廓和内部细节的现象，更是多不胜计，比比皆是。其中虽然不乏哲学、科学与美学的内涵，但同时也存在着太多的迷信与荒诞，在此我们就不必多费笔墨去对它们进行剔别和诠释了。

二、中国古都旅游资源的特点

前已提及，古都已经成为旅游热点。这种情况的出现，就其深层原因来说，大概有两个方面。首先，我国古代存在着以人文旅游为主的文化传统。从孔子“仁者乐山，智者乐水”的名言中不难发现，我们的先人不仅早就能够欣赏自然山水的形胜之美，而且还注意到了自然风光对人的性格、气质、情操所产生的影响。从这种“君子比德”的意识出发，我们的先人往往赋予自然山水以丰富的文化内涵，把游山玩水与求学问道联系起来，将其纳入怡情养性的范畴，形成了以人文旨趣为主的旅游传统并影响至今。其次，随着现代社会文明程度的加深，人们在物质生活基本得到满足和文化素质有了较大提高之后，越来越多、越来越自觉地关心起自己的精神世界是否健康、充实，同时也对人类社会的过去与未来投入了更多的关心和兴趣。在这种情况下，人们的旅游意向，便开始从单纯追求新、奇、乐的感官刺激，升华为一种学习知识、增长见识的文化追求，古都因此而成为这种文化之旅的上佳之选。

古都成为旅游热点的基本原因，是它作为一种特殊的旅游资源，具有其他旅游资源所没有的优越性。这种优越性，大致可以从以下三个方面表述。

第一，由于历史悠久、民族众多和文化传统连绵不绝等原因，我国的人文旅游资源之丰富，在世界范围内堪称首位，而古代都城则是这种人文旅游资源的集珍荟萃之地。作为一种全面展示古代社会历史风貌的人文景观，古代都城拥有极为丰富的历史内涵和文化背景，是高层次、高品位的文化旅游景区，为人们学习历史、继承古代优秀传统文化、培养爱国主义情操，提供了直观、生动的绝好教材，从而在现代人的精神构建中发挥着重要的作用。众所周知，我国历来就有以史为鉴、学习历史、研究历史的优良传统，在中国日益走向现代化和世界化的今天，这一传统正不断被发扬光大。然而，对于绝大多数非专业人士来说，中华民族五千年的文明进程和浩如烟海的史籍，每每使他们望而却步。而古都旅游将会为他们访古学史提供指导和帮助，由于这种指导颇具趣味性和生动性，所以能够使游人在掌握知识的同时，始终与身心的愉悦相伴随。古都旅游的巨大魅力，或许正在于此。

古都之所以拥有丰富的历史内涵和浓重的文化色彩，首先是因为它们从多方面、多角度、多层次反映了中华民族古代历史的进程。前已述及，古都除了作为政治中心之外，还往往是经济较为繁荣、文化十分发达、建设最为华美的城市。所以，每一座古都的各个横断面，都反映出某一历史时期物质文明和精神文明的最高水平，而它们的纵切面，又是中国历史长卷的一个画面，映照出时代的进步和社会风貌的变迁。虽然古都的原生形态今天已难以看到，但它们由长期历史积淀所造就的文化氛围却依然存在，许多著名历史人物和古代劳动人民在古都留下的印记还依稀可辨。所以，当人们在古都及其附近地区参观游览时，常常会因一景一物的触动而产生思古之幽情，进而对某一历史时期的军政大事、典章制度、重要人物及其活动、文化艺术乃至风土民情有一个较为全面的了解。例如，游览过洛阳之后，有关东周、东汉、北魏、隋唐诸王朝的史实，就会在脑海中变得清晰起来；而在畅游北京之后再去读元、明、清三朝的历史，一定会有令人欣慰的亲切感涌上心头。不宁唯是，漫游古都还能够有效地帮助我们从整体上把握中国古代历史跳动的脉搏，培养我们宏大的历史观。例如，当人们去观察中国古都的地理分布状况时就会发现，我国古代主要王朝的首都，存在一条由西向东、自南而北的迁变轨迹：北宋以前，主要建都于西安；北宋以后，主要建都于北京，而位于今河南开封的北宋国都东京城，明显地带有一种过渡性质，是这个迁变过程的重要的中转站。这样一条显见的轨迹，是由许多复杂的因素所决定的，涉及中国古代经济开发进程及经济重心的转移、政治地理格局的变化、民族发展与民族关系等重大问题。沿着这条轨迹去探寻，无疑将会使我们更好地认识中国历史发展的特点与规律。

古都之所以拥有丰富的历史内涵和浓重的文化色彩，还由于它们往往保存了大量的古人类遗址、古陵墓、古建筑、古园林、古寺庙、古石刻雕塑等文化遗迹，保存了大量的青铜、玉石、陶瓷、金银、竹木等各种材质的文物精品和古代书画珍品。我们可以毫不夸张地说，最能够反映中国历史特点，最能够代表中国古代艺术、科技、工艺水平，最能够表现古老东方文化神韵的文物精品，绝大多数都集中在古都及其附近地区。例如，西安地区拥有全国重点文物保护单位 58 处，陕西省目前业已查明的古代宫殿遗址 150 处、名人墓葬 567 处，其中的绝大多数都分布于这一地区。这里不仅有距今七八十万年前的蓝田猿人遗址等一批史前文化遗址，而且还有西周丰京、镐京，秦咸阳城，汉长安城，隋大兴城，唐长安城及明西安城等一批古城遗址；有秦始皇陵、西汉九帝陵及李唐十八帝陵，有昭陵碑林、户县（今鄠邑区）祖庵碑林、周至县楼观台碑林及西安碑林等著名的文物古迹。又如，北京地区拥有全国重点文物保护单位138处，时间跨度是从距今50万年左右直至近现代，包括了古遗址、墓葬、皇宫、坛庙、佛寺、道观、清真寺、古塔、园林、长城、古桥、名人故居等诸多类别。除此之外，在这些曾为古都的城市中还集中了一大批级别很高的文史类博物馆，收藏并展出着许多国宝级的文物珍品，极具观赏和研究价值。

第二，古都不但拥有丰富的人文旅游资源，而且往往兼具山水之胜，形成了人文内涵与自然景观交融互摄、相得益彰的特点。早在七八千年前的新石器时代，我国各地的先民们在选择居址时，就已经懂得了如何处理向阳、背风、近水、防涝等问题。至战国时代，更形成了一些城市选址的基本准则，如《管子·乘马》中所言："凡立国都，非于大山之下，必于广川之上。高毋近旱而水用足，下毋近水而沟防省"。同书之《度地》篇又云："故圣人之处国者，必于不倾之地，而择地形之肥饶者。"秦汉之后，一方面由于阴阳五行、风水诸说的日益流行，一方面由于封建统治者的私欲随着社会生产力的提高而不断膨胀，历朝历代在选择都城时，除了考虑政治、经济、军事因素之外，还往往十分看重都城及其周围地区的山水形势是否壮观，自然景色是否秀丽，能否在相当程度上满足王公贵族们游山玩水的需求。在定都某地之后，历代统治者又往往动用大量的人力、物力、财力，致力于都城及其周围地区自然风光资源的开发与利用，形成了一些自然与人工之美密切结合的邑郊风景区，如杭州的西湖、南京的玄武湖、北京的西山等。这样优美的游览胜地，已经作为历史的遗产留传至今，而大量在历史上曾为禁区的风光绝佳之地，如北京的明十三陵、颐和园等，也早已成为公众自由徜徉的游览区，使得古都的旅游资源更加充实、丰富。

第三，中国古都之中的相当一部分城市，目前仍是全国或者某一地区的政治、经济、文化中心，它们不仅自身具有经济繁荣、科技发达、人才众多、交通便利、文化娱乐设施齐全等优势，而且以它们为中心向外辐射，形成了一个个范围更大的经济区域和文化区域。由此，古都便具有极大的综合旅游功能，不仅能满足人们访

古、观光的愿望，而且也是购物旅游、商务考察旅游的理想之地。

令人遗憾的是，上述关于我国古都旅游资源之特点的认识，似乎还没有在我们的社会上得到广泛赞同。中华人民共和国成立以后，由于对工业化、现代化的片面理解，在20世纪五六十年代，全国普遍掀起了一场拆城墙、拆城楼的运动，这其中北京的拆城活动规模最大，也最令人痛心。已经存在了好几个世纪的巍巍古城墙，在短短的十几年间便灰飞烟灭，坐落在城墙上的40多座城门、城楼、箭楼和角楼，也只剩下正阳门城楼（前门箭楼系20世纪初旧楼焚毁后重建的）、德胜门箭楼和东南角楼三位“老者”形影相吊，二环路上的滚滚车轮，无情地把千年古都的神韵碾成了碎片。

我们在这里旧话重提，很重要的一个原因，是因为近年来我们耳闻、目睹了一些地方还有拆毁、破坏古城墙或古城遗迹的恶性事件发生。据说这些事件的策划者，都有着推进本地经济发展、造福一方百姓的良好动机，然而他们没有想到，从某种意义上说，这种破坏文物的做法，恰好是破坏了本地经济持续发展的文化根基。在我们看来，每一座古都，都处于新的历史条件下繁荣经济、重铸辉煌的艰难进程之中。在这个进程中，古都的物质表层和文化底蕴，非但不是发展经济的包袱和桎梏，反而是经济飞跃的资本和动力。如果我们能切实搞好古都文物古迹与自然环境的保护，充分发挥古都旅游资源的综合性功能，势必能对古都的经济发展和城市建设产生积极的作用。

第一章
白马驮经事已空　断碑残刹见遗踪
——洛阳

一　洛阳在中国古都中的历史地位

河南洛阳，是一座享誉天下的古老城市。以往人们曾以“九朝古都、八代陪都”的说法，来形容洛阳历史的悠久和文化的灿烂。然而，近年来考古发现和史学研究成果显示，早在夏王朝统治时期，就有太康、孔甲、帝皋和夏桀四位帝王在洛阳建都，史称斟鄩。商汤灭夏后，又在洛阳建都，史称西亳。西周初年，周公继承周武王遗志，在洛阳营建洛邑城并让周成王迁都于此。在东周、东汉、曹魏、西晋、北魏、隋、唐（含武周）、后梁、后唐诸朝定都洛阳之后，五代的后晋也曾以洛阳为都三年。这样，洛阳实为 13 个王朝的国都。在当今中国诸多古都之中，洛阳是最早形成城市并贵为国都的一处，同时也是建都政权最多、建都时间最久（保守估算应在 1100 年以上）的一处。

洛阳能有如此之高的历史地位，是和中国古代文明产生、发

展的进程密切相关的。众所周知，我国是人类文明重要的发祥地之一，有着富于特色并自成体系的旧石器文化。进入新石器时代以后，各地史前文化的内容更加丰富：在黄河流域，有以洮河为中心的马家窑文化和齐家文化；有以渭河为中心（包括豫西北和晋西南）的老官台文化、仰韶文化、庙底沟二期文化、三里桥文化和客省庄二期文化；有以豫中为中心的裴李岗文化、大河村文化、王湾三期文化；有以冀中、豫北为中心的磁山文化和后岗文化；有以黄河下游山东段为中心的北辛文化、大汶口文化和龙山文化。在长江流域，有宁绍平原地区的河姆渡文化；太湖流域的马家浜文化和良渚文化；有江汉平原的屈家岭文化；有鄂西及三峡地区的大溪文化。在南岭和武夷山脉以南地区，有珠江流域的石峡文化和闽江流域的昙石山文化。在燕山以北的辽河流域，则有兴隆洼文化、红山文化和富河文化。如此繁复的史前文化谱系，显示出中国古代文明本土起源和多中心发展的基本特点。然而，考古资料又表明，中国古代文明的起源与发展，还是有着先后、主次之分别的。当其他地区还处在铜石并用时代晚期、露出文明曙光之时，以嵩山为中心发展起来的夏人，已经率先跨入青铜时代，建立起早期的奴隶制国家。根据文献记载，夏人的活动，主要集中在嵩山周围和伊河、洛河流域，他们能够走在史前各系文化的前列，首先得益于他们地处旱地农业起源的中心地区，这里的气候、土壤，特别适合粟作农业的发展，从而为社会生产持续而高速地发展奠定了雄厚的物质基础；其次，由于在地理上处于史前文化体系的中心位置，所以他们易受到周围文化的影响，能够从许多方面吸收有利于自身发展的先进因素，从而在迈向文明的进程中保持领先位置，发挥主导作用。

夏人立国后，今洛阳一带逐渐成为其政治中心。《逸周书·度邑解》云：“自洛汭延于伊汭，居易无固，其有夏之居。”说明夏人的都城，就在伊河、洛河流域，在今偃师市发现的二里头遗址，基本可以证明上述说法无误。与此同时，洛阳一带也成为当时最大的一处文化中心，被誉为中国先民心灵思维最高成就的《河图》《洛书》，相传就出自这里。尽管人们对《河图》《洛书》的年代、真伪、内容等问题长期聚讼不已，但如果据此而说洛阳是中华文明最重要的发祥地，也是没有争议的。在以后的岁月中，洛阳又成为周公“制礼作乐”的地方，成为佛教在中土的传播中心。道学、经学、理学等，也都与洛阳有密切的关系。正是由于以洛阳为中心的河洛地区从很早的时候起就成为并且长期保持了政治中心和文化中心的地位，所以它便在历史上扮演了一种特殊的社会角色，成为统治天下和垄断文化之正统的象征。这种象征的意义是其他任何一处古都所没有的,洛阳因此而拥有一种极为长久和强大的凝聚力和号召力，它能在漫长的岁月中多次被汉族和少数民族统治者选为都城，与此不无关联。南宋著名诗人陆游“永怀河洛间，煌煌祖宗业”的诗句，很好地表达了视洛阳为华夏文明根源的社会公知。在中国古都当中，唯独洛阳享有这份荣誉。

洛阳优越的地理位置和极高的战略价值，是这里屡为国都的又一重要原因。从宏观上观察，洛阳处于黄河流域的中部，北依邙山，可通幽燕；南对伊阙，可达江汉；西控渑崤关中，东与黄河下游的大冲积扇相接，适扼我国古代东西南北的交通要冲，因其四至的道里相差无几，自古号称“天下之中”，现今人们所说的“中国”，最初即是指洛阳一带。因此，古代的洛阳确有居中御外之便。从洛阳周围的地理环境来看，这里是一个小盆地，黄河及太行山构成了它的北部屏障；在其南部，今嵩县境内的崇山峻岭中有“三涂”之险；在其西南部，今卢氏县境内有熊耳山；在其东南部，今登封市境内有嵩山；在其西部的豫西山地中有函谷、崤底二关；在其东部，是连绵起伏的丘陵，有虎牢关雄峙，构成了一道严密的防线。所以，洛阳在军事上具有易守难攻的特点。对于洛阳在地理上的优势，我们的古人早就有了明确的认识。《史记·周本纪》载，武王灭商后，曾在洛阳营建了一座供周人居住的城邑，但在回到镐京后，他仍然为东方局势不稳而寝食不安，竟然到了“自夜不寐”的地步，最终武王做出了迁都洛阳的决策。他对周公说：“我南望三涂，北望岳鄙，顾詹有河，粤詹洛伊，毋远天室。”对洛阳优越的地理位置和重要的战略价值给予充分的肯定。在完成了东征战役之后，周公与召公一起，主持了营建洛邑的工程并使成王迁都洛阳。东汉的大科学家、大文学家张衡在其《东京赋》中这样描绘洛阳披山戴河的地势：“溯洛背河，左伊右瀍，西阻九阿，东门于旋。盟津达其后，太谷通其前；回行道乎伊阙，邪径捷乎轘辕，太室作镇，揭以熊耳。”文字虽然不无夸张，但还是把洛阳得天独厚的地理环境揭示出来了。

古代洛阳不仅有险要的地理位置，其境内的自然环境也是比较优越的。洛阳位于伊洛盆地的北部，这里土壤肥沃，气候适宜，雨量充沛。伊、洛、瀍、涧数条河流纵横贯穿其间，它们像血管一样时刻不停地为洛阳输送着新鲜血液。这几条河流不但为洛阳增添了许多美景，而且均有灌溉之利，伊河、洛河还有交通之便。在它们相继汇合的地方，形成了大片的沃土良田，为域内农业经济的发展奠定了坚实的基础。

作为帝都王里，洛阳的优势是明显的，但其先天不足也十分明显。首先，作为一国之都，洛阳地区的面积稍显狭小，容纳不了太多的人口，加之洛阳周围多是山地和丘陵地，土地既少又较为贫瘠，物产不够丰富，一遇战事，便会感到这里的周旋余地太小，可资借的人口与物质基础不够雄厚。其次，洛阳地处中原腹地，对于周边少数民族地区的控制力比较薄弱，定都洛阳，制内易而御外不易，所以，历史上凡是致力于开边拓疆的帝王，大多不以洛阳为都。第三，洛阳地当交通要冲，水陆运输在古代十分发达，这对于刺激本地经济的繁荣确然有利，但每逢新旧王朝更替或天下有乱之时，这里便成为兵家必争之地，昔日雄伟壮丽的都城，总会在激烈的战事中沦为废墟。例如，东汉末年的军阀混战，把东汉王朝苦心经营了近 200 年的洛阳城焚毁殆尽；西晋末年的“八王之乱”和“永嘉之乱”，又将洛阳变为废墟；北朝后期，高欢与宇文泰屡次在洛阳交战，“焚城中室屋俱尽”，所以当隋炀帝在洛阳营建新都时，不得不在瀍河以西另择城址；安史之乱又对隋唐东都洛阳城造成严重破坏，据《旧唐书》记载，当时洛阳“宫室焚烧，十不存一”。所以，洛阳的城市发展，经历的是一个反复毁坏又不断重建的过程，这期间所造成的社会财富的浪费，是十分巨大的。

当古代中国的政治重心和经济重心俱在黄河中游和下游地区时，许多统治者出于巩固江山的考虑，往往不惜代价经营洛阳，采取一些措施去弥补洛阳为都的不足之处。例如，洛阳与西安的关系十分密切，被不少帝王等同视为东西二都，一荣俱荣，一损俱损。但在中国古代的经济重心转向东南、政治和军事重心移至北方之后，洛阳作为国都的优势便不复存在，而其原有的劣势则依然如故。所以，北宋以后，洛阳便不可遏止地走向衰落，除了在宋、金时期还循着历史的惯性而保持了陪都的名义外，元、明、清三朝时，洛阳仅成为河南府所辖之城，它对于当时王朝统治的影响，似乎主要体现在其军事战略的价值上。

“若问古今兴废事，请君只看洛阳城。”这是北宋政治家、史学家司马光的著名诗句。名列我国七大古都之冠的洛阳，确实是中国古代历史的一段缩影，非常值得每一个热爱中国历史与文化的人去看上一看。

二 古都遗址

作为世界上有名的古都，人们往往认为洛阳应有巍峨的宫殿、高耸的古城墙、古色古香的街市，而到了洛阳之后又会发现，它是一个以重工业为主的现代化中等城市。由于历史上频繁的兵火摧残，辉煌的城池已成为洛阳美好的回忆，就地面上保存的所谓“古都风貌”而言，洛阳无法和北京及南方许多保存较好的古城相比。不过，作为我国历史上千余年的都城，洛阳地下所珍藏的文物、古迹极为丰富，大概是除了西安以外的其他任何一处古都都难以企及的，整个洛阳是名副其实的地下博物馆。在这些珍贵的历史文化遗产当中，居于首位的当为夏都斟鄩、商都西亳、东周王城、汉魏洛阳故城、隋唐东都城五大都城遗址，人称“五都贯洛”。这五座城址在洛河两岸先后兴建，东西分布错落有致，它们之间在形制、布局以及宫殿的形状、配置等方面存在着较强的连续性，实为我国古代都城发展历史的一个缩影，这在我国乃至世界上都是极为罕见的。虽说随着历史的发展，这些雄伟的都城都已成为过去，但通过考古学家的辛勤努力，我们今天仍可大体了解到它们的面貌，尤其是汉魏和隋唐时期两座城市，保留下来的可供人们观赏的遗迹较多，其历史面目较为清晰。下面就让我们循着这些残垣断壁去寻觅昔日的辉煌，体会它们那动人的魅力吧！

1. 汉魏洛阳城遗址

朋友！当您乘坐陇海铁路上的列车自东向西驶出偃师车站时，列车广播员往往会开始向您介绍古都洛阳的概况。这个时候，请您一定要留心窗外的景色，因为您已经进入了汉魏时期洛阳的城区了。窗外时时有高高的土台和残垣断壁映入您的眼帘，它们似乎在向您诉说着洛阳辉煌的过去。

东汉初期，光武帝刘秀定都洛阳以后，在周代成周城的基础上修筑扩建起一座更大规模的都城，自此这座城市作为东汉、曹魏、西晋、北魏时期全国的政治、经济和文化中心长达330多年之久，学术界将它概称为“汉魏洛阳故城”。

汉魏洛阳城在今洛阳市东北15千米处，这里背靠邙山，南望洛河，地势高亢平阔。如今登上邙山向南俯视，残垣逶迤，旧迹密布，故城轮廓依稀可辨。据古籍记载，东汉时期的洛阳城“东西六里十一步，南北九里一百步”，故有“九六城”之说，其平面布局基本呈南北长方形。整个城市建筑规模宏大，规划布局严谨。城内皇宫主要有南北两宫，功用各异。南宫运筹军国大事，北宫为帝王妃嫔寝宿处。二宫之间以类似于后世之天桥的复道相连，其内建筑精致美丽，排列井然有序。宫城四周均建有高达九仞的城墙，相当牢固。城墙上12座城门雄伟壮观，其中以南面正门正阳门最受尊崇，其北连宫城，南接宗庙社稷，是皇帝隆重出行的必经之门。城内街道共计有24条，宽阔平直，纵横交错，通达四方。这些街道一般都与城门相连，大道两侧共计建有140多个闾里，为当时的官府衙署、居民住宅和商业区所在地。东汉洛阳城整个大城周长17.5千米，四周有城墙，城墙厚25~30米。墙外附属建有向外凸出的“马面”，是一种军事防御性的建筑物。城外环绕有宽阔的护城河，当时人们将谷水引入城内纵横贯流，从而为城内增添了许多宜人的风光。另外，东汉洛阳城还在城外南部修建有明堂、辟雍、灵台及太学，以备封建帝王行礼、祭祀和观测天象、培养封建统治人才（图1-1）。

曹魏和西晋时期，仍沿用东汉洛阳城，由于国库空虚，统治者对于都城的建设没有什么大的作为，只是在东汉洛阳城的西北角增建了金墉城，其周围“四门列观，五十步一睥睨，百步一楼橹”。（睥睨，即城墙上的小墙。楼橹则为用以侦察和防御的高台）城池

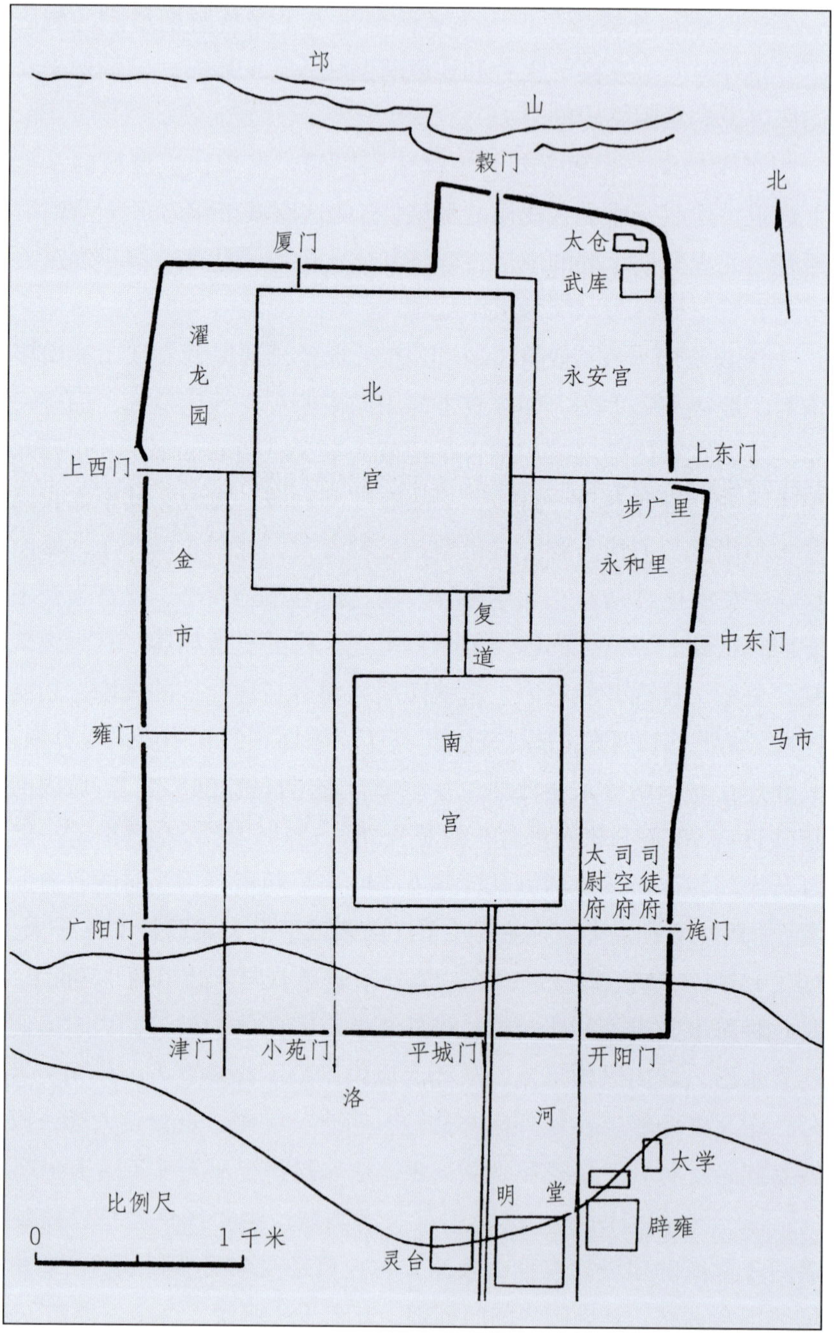

图 1-1　东汉洛阳城平面示意图

虽小却十分坚固。魏明帝修建金墉城，目的是加强都城防御，既是用于军事，又是禁锢重要人物的地方。

北魏时期，自孝文帝于太和十七年（493 年）诏令由平城（今山西省大同市）迁都洛阳，即在魏晋洛阳城的基础上修建更大规模的都城。都城营造者虽然利用了魏晋洛阳城的旧址，但并非死板地沿袭，而是在旧址上科学地修建和扩建。北魏洛阳城在总体布置上较多地遵从《周礼·考工记》中的都市规划格局，它改变了秦汉以来的多宫制和东汉南北二宫的分散布局，使其城内布局主从分明、井然有序。整个都城由外郭城、内城和宫城组成。外郭城据文献记载，其“东西二十里，南北十五里”，外郭城中部偏北为内城，内城与外郭城之间建方形居民区，共计 320 个里坊，并且在东、西、南部设小市、大市、四通市等，三市鼎足而立，商业贸易极为便利。另外，在城南辟有四夷馆（也称四夷里），以备四方夷族和外域商人、使者居住。宫城坐落在内城中部偏北，其北部为苑囿区，南部为宫殿区。宫城东北为太仓，西北为金墉城。至今在这里的地表上仍可看到高大的土台，这就是当时的宫殿残址。北魏洛阳城内道路纵横交错、严整有序，其中正对宫城南门的铜驼街是城内的主干道，也是全城的中轴线。铜驼大街宽 40 余米，贯通南北，宽阔豪华。与铜驼街呈 T 字形排列的一条横贯东西的大街也是城内的主干道。这条大街位于内城，将内城分成了南北两部分。北部为宫殿和苑囿，南部为中央衙署、居民区和宗庙社稷所在地。这种城市规划将宫殿区、中央衙署、居民区、异域来商居住区和商业贸易区集中安排，合理布局，不仅便于封建政权的政治统治，而且也为人民生活提供了方便，有利于经济贸易的发展和社会生产力的进步，与前期各代都城相比，具有较大的优越性（图 1–2）。

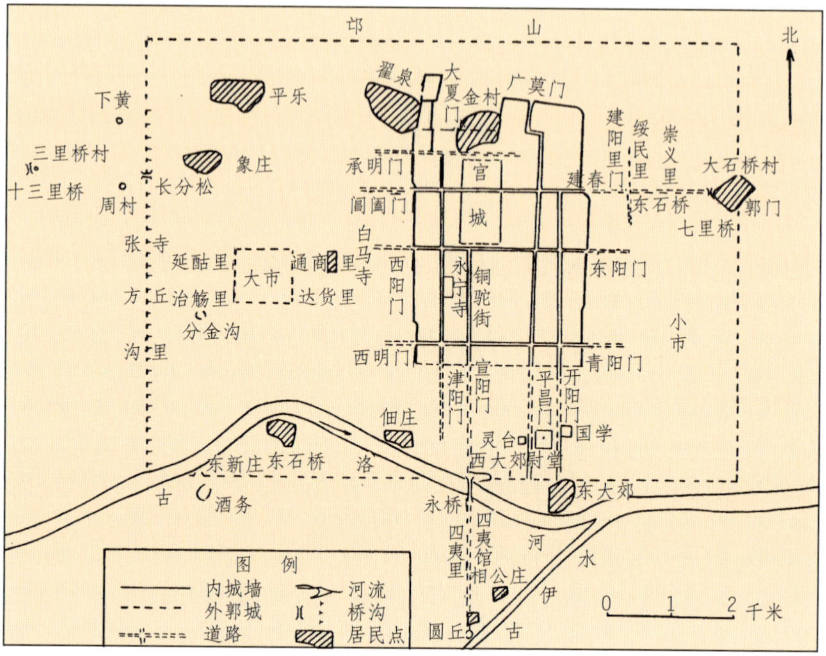

图 1-2 北魏洛阳城平面布局图

北魏洛阳城是当时我国最大的城市，同时也是当时世界范围内最大的城市之一。它的都城规划是我国古代都城规划建设中的里程碑。首先，它改变了秦汉以前分散的宫殿、苑囿布局，而将其集中一域。其次，它首创了都城内里坊制的布局形制，并根据社会经济的发展，在城内东、西、南部分别设立大小不同、经营各有侧重的贸易市场，为我国封建社会中期，都城内市场合理设置开创了先例。可以这样说，北魏洛阳城的建设，奠定了我国古代都城合理规划布局的科学基础，它在我国封建社会都城规划由秦汉及其以前的初期阶段，向中期隋唐鼎盛时代过渡中起到了承前启后的作用，并且影响了以后各朝的都城规划和建设。它所具有的远期发展和整体规划思想，均为以后的唐、宋、元、明、清的都城规划设计所借鉴。

如果今日你登上邙山，向南俯视，数道蜿蜒曲折的残垣将立即闯入你的视线，这些残垣中最外的一圈是北魏洛阳外郭城墙的残留。外郭城的北垣和内城的北垣基本平行，东西走向，其残址位于今金村北 1000 余米的邙山之上；外郭城的西垣位于今分金沟村西面。据考古测量可知，外郭城的北垣残长约 1300 米，东垣残长 1800 米，宽 8~13 米，残高 0.1~0.4 米，西垣残长 4400 米。靠里的一圈残垣是内城墙的残留。不过，你看到的只是汉魏洛阳城东、西、北三面城墙的残址，滔滔的洛河水早已将南城墙冲刷而去。内城墙保存较好，部分城墙至今仍高出地面 5~7 米，厚约 14~25 米。这其中东垣与外郭城东垣基本平行，其间相距约 3500 米，东垣残长 3895 米，西垣残长 4290 米，北垣残长约 3700 米。这些城墙均以夯土筑成，如果你走近去看，它们昔日修建时的夯窝、版筑夹棍眼的痕迹仍依稀可辨。

当你观看了这些城墙遗址，初步认清了汉魏洛阳城的具体轮廓以后，便可以到旧日宫城范围内寻访那几处高大的夯土台基。在今偃师市龙虎滩村西北的一处地势隆起、被当地群众称为“西岗”的地方，它是东汉南宫的所在地。今孟津县金村南面 1 千米处的一高大的夯土台基，被当地群众称为“金銮殿”，它是北魏宫城的主要殿宇太极殿的残留。太极殿是北魏皇宫内的正殿，史载宣武帝即是在太极前殿宣布亲政的，如今其残址仍东西长约 100 米，南北宽约 60 米，高出地面 4 米左右。

在汉魏故城内，今孟津县翟泉村阿斗坟正北方，还有一处我们必去的地方，那就是在我国历史上非常有名的金墉城。金墉城始建于曹魏，历经西晋、十六国、北魏、北周、隋、唐等朝代，它与朝代的更替关系极为密切。它是魏明帝曹睿仿效其祖父曹操在邺城西北角筑铜雀园三台的做法，而在皇城的西北部修筑的。这里背靠邙山，南依皇城，地势高峻，军事作用极为明显。魏明帝修筑该城的目的就是屏障宫城，但是后来这里却成为囚禁被废黜的皇帝、皇后和皇太子等重要人物的地方。该城平面呈“目”字形，由三座毗连的小城组成，南北长千余米，东西宽约 250 米，四周有宽厚结实的城墙，周开 8 座城门，城外有渠水环绕。《洛阳伽蓝记》载：“在城内作光极殿，因名金墉城门为光极门，又作重楼飞阁，遍城上下，从地望之，有如云也。”由此可以想象其建筑的雄伟瑰丽。金墉城在北魏时仍在使用，孝文帝迁都洛阳之初，就住在金墉城内，魏明帝百尺楼的遗址至今仍存。隋末唐初农民起义中，瓦岗军首领李密曾进据金墉城，并修复城门、宫室等，将其作为瓦岗军的大本营。至今金墉城最北一座城垣仍残存有 6 米左右，其他两座小城也有迹可寻，可以让我们去瞻仰，去抒发思古怀旧的情怀。

北魏时期，礼佛之风极浓，据史书记载，其时洛阳城内的寺院数目多达 1367 所。当时规模最大和最为著名的寺院，是胡太后所建的永宁寺。《洛阳伽蓝记》卷一载：“中有九层浮图一所，架木为之，举高九十丈。有刹复高十丈，合去地一千尺。去京师百里，已遥见之。”该寺创建于北魏熙平元年（516 年），永熙三年（534 年），寺内木塔被雷电击中后失火，“火经三月不灭。有火入地寻柱，周年犹有烟气”。永宁寺从此成为一片废墟。宏伟壮丽、冠誉海内的永宁寺塔在历史上虽是昙花一现，但其对后世的影响却是深远的。如今在陇海铁路和郑洛公路相交的立交桥西南部，其塔基残存的夯土台仍高出地面 2 米多。据近年来的考古发掘可知，永宁寺遗址南北长 305 米，东西宽 260 米。塔基位于遗址中部，平面呈正方形，宽约 32.8 米。台基四周以青石垒砌包边，周镶“螭首”石雕，台基表面以三合土筑成坚实的硬面，四周装有望栏、栏板。四面正中皆置有“漫道”，以供人上下。塔基之上发现有 124 个方形柱础，分作五圈，排列成方格式柱网，其结构设计巧妙精确，颇合力学原理。另外，在发掘永宁寺塔基的过程中，还出土了大量的泥塑菩萨、供养人以及珍珠、玛瑙、水晶、象牙等物。在塔基的中心部位还发现有地宫遗址，由此也印证了《洛阳伽蓝记》中的记载。

东汉、曹魏、西晋、北魏各朝在发展经济的同时，对科学技术和文化教育也极为重视，东汉时即在城南部修建了三雍及太学。三雍包括明堂、辟雍和灵台。明堂是“天子之庙”，辟雍是“天子之学”，灵台是观测天象和祭祀天地的地方，太学是当时的国立大学。这些都是文明社会的圣地，是封建社会的精华所在。

东汉魏晋时期，今偃师市佃庄镇岗上村一带是这座城市的文化区，村南有一残高8米余的大土台，长约41米，宽约37米。其上荆草簇簇，如果你走近去看，层层夯土清晰可见，这就是当时灵台主体建筑的残址（图1–3）。三雍之中，灵台居首，它是东汉时期全国最大的天文台，当时归属太史令管辖。著名科学家张衡曾两任太史令，在这里他创制了闻名古今的观测天象的“浑天仪”和测报地震的“地动仪”。据考古发掘可知，灵台遗址平面呈正方形，边长200余米，四周有夯筑的墙垣，其内中心建筑即现在的夯土台，原来也是边长50米的正方形。据文献记载，其实际高度为13~14米。夯土高台上四周建有两层平台，下层平台上环绕回廊，北面有坡道可达上层。上层平台四周各有五间房屋建筑，西面建筑之后另辟有密室。四面房屋的墙壁上按方位不同分别涂以青、白、红、黑等色彩，至今仍能看见。

图1–3　东汉洛阳灵台遗址

灵台东部为明堂，这里是皇帝祭祀祖先和接受众臣朝拜的地方，当地人称这里为“看花楼”。至今地表已无迹可寻，经考古勘察，明堂平面呈边长为400米的正方形，四周有墙垣，垣外有壕沟。中部有一直径达60多米的圆形夯土台基，为明堂主体建筑之所在。明堂东部建有辟雍，二者相距约150米。辟雍是一种礼制建筑，是封建皇帝“行礼乐、宣德化”的地方，即所谓的“天子之学”。光武帝就曾驾临辟雍，亲自讲经说道。经考古勘察，辟雍平面呈边长为170米的正方形，其四周有围墙，每面各开一门，院内东、西、南、北各有一组由3座呈“品”字分布的建筑所组成的建筑群，遗址中部为一边长45米的方形夯土基础。1931年，在这座中心建筑基础的南面，发现了《大晋龙兴皇帝三临辟雍皇太子又再莅之盛德隆熙之颂》碑，这就是有名的辟雍碑，它为考察我国古代的教育制度提供了宝贵的资料。

辟雍北部即为太学，太学始建于东汉建武五年（29年），是当时传授儒家经典的最高学府，也是为封建王朝培养统治人才的地方。太学遗址规模宏大，它包括太学和国子学。国子学是西晋时期在太学西部增建的。太学遗址面积3万多平方米，国子学遗址面积2万余平方米。著名的《熹平石经》和《正始石经》即是在这里被发现，它们原来即立于太学门前。

在岗上村附近访古，最好能到老乡的家中看看、坐坐。如果遇上村里的红白喜事，一定不要忘了凑凑热闹。这里虽是乡间，但那些整年面朝黄土背朝天的农民，几乎个个都是"说古"的好手，他们家中的陈设，红白喜事的习俗，还有节庆时期的礼仪等，都有一种文化的韵味，不知是否与这里曾是文人墨客云集之地有关。

2. 隋唐洛阳城遗址

当我们游览完汉魏洛阳故城，返回现今的洛阳市区时，你可能会从定鼎路走过。朋友，你可曾想到，西周时期周公定鼎洛阳的故事就发生在这里！你可曾想到，这里也是当年隋唐东都洛阳城皇宫之所在！如果你从定鼎路口向南走150米，即可看到路东有一处高大的夯土台，你是否知道，这个夯土台就是当年高大雄伟的宫城正门应天门的基础！

隋炀帝在历史上的名声很不好，但在许多事情上，其人并不失为有远见的政治家，营建东都洛阳一事，即可为此提供证明。当时，中国的经济重心已开始转向南方，偏在关中的西安地区已失去其经济优势。所以，隋炀帝在即位之初，就立即决定在洛阳盆地营建新都，以适应新的经济形势，从而有效地控制全国。他亲自为新都选址，并委派尚书令杨素和将作大匠宇文恺负责营建施工。经过短短的一年时间，便在洛阳修建起一座规模宏大的东都。隋炀帝遂于大业元年（605 年）迁都于此。

隋代东都洛阳城没有建在东周王城和汉魏洛阳城的旧址上，而是选择在两城之间。这里背靠邙山，面对伊阙，地势平坦，三面环水，风光旖旎。其东逾瀍水，西至涧河，洛水自西向东横贯其间，既有漕运之便，又有险要可防。此处与王城和汉魏故城相比较，位置更加优越、适中、便利。

隋代东都城的建设借鉴了汉魏洛阳城和隋大兴城的平面布局，但又不拘泥于前制，而是根据所处的地形地貌特点来进行合理的变化。其平面略呈正方形，南北最长约 7312 米，东西最长约 7290 米。都城的东北角在今唐寺闼的东面，东南角在今城角村的西北面，西南角在今古城村的北面，西北角在今苗家沟的东南面。整个都城由外郭城、皇城、宫城及东城、曜仪城、圆壁城、含嘉仓城等小城所组成。城内平面布局贯穿一条南北向的中轴线，这条中轴线北起邙山，向南穿过宫城、皇城、外郭城，南部正对伊阙。不过，这条中轴线并不居全城正中，而是偏处西部，这是因为城区的地形北高南低，宫城、皇城偏处西北地势较高处，因此导致了全城南北中轴线的西移。外郭城周长约 27 千米，四周有城墙，城墙皆夯土筑成。四面各城门共计 12 座，其中南面建国门正处于正对伊阙的中轴线上，是整个城市的正门。外郭城内纵横各 10 街，其中居于中轴线上的天街为主干道，由皇城正门端门至建国门，长约 8 千米，宽百步，中为街道，两旁植树。洛水自西向东从外郭城中部穿过，很自然地把整个都城分为南北两部分。洛水之上，架设浮桥 4 座，将南北二区连为一体。洛水南部及洛水北皇城东部，分布着 103 个里坊和丰都、大同及通远三市，为当时的官吏、百姓居住区和商业区。洛水北外郭城西北部分布着宫城、皇城、曜仪城、圆壁城、东城和含嘉仓城。皇城又名太微城，其北为宫城，皇城环绕宫城东、西、南三面，呈“凹”字形，形似郭城与宫城之间的夹城。皇城四周有城墙，共有 6 座城门，南边正中的端门最为壮观，为皇城正门。皇城是中央衙署所在地。两汉以来，皇城内有平民百姓杂居，隋代为加强戒备，皇城内已不设平民居住区。

宫城又名紫微城，是皇帝及其妃嫔居住和皇帝处理朝政的地方。其北面又有曜仪城和圆壁城，东部又有含嘉仓城和东城。因此，我们可以看到，宫城处于层层拱卫之中，安全防卫相当严密。所以，宫城又称禁城、大内。宫城内殿宇相峙，楼台林立，四周筑有高大宽厚的城墙。四周城门共10座，则天门居于南墙正中，为宫城正门，是帝王举行重大仪式的地方。其南对皇城正门端门，北对宫城北门玄武门，与宫城各主要殿宇和城内各主要干道贯穿在同一条中轴线上，充分显示了皇家的威严和设计者的匠心独运。

含嘉仓城为当时皇家库区，东城、曜仪城和圆壁城皆为宫城的附属。

隋代东都洛阳城到了唐代后仍继续使用，女皇武则天时期定都于此，并将其改名为神都。这一阶段是洛阳城建设的鼎盛时期，它的都城规制虽基本保持了隋代洛阳城的原貌，但除在城市规模上有所扩增之外，还在城内新挖数条沟渠，引洛阳周围河水入内。另外，唐代还对皇城内的建筑及城墙进行修葺，使其更加雄伟壮观。宫城内还增建了许多新的宫殿楼台（图1–4）。唐高宗时，还在洛水建造了华丽无比的上阳宫，以满足其奢侈的生活需要。武周时期，在都城内进行大规模建设，如在宫城内新建著名的万象神宫（明堂）、天堂，同时，还对洛阳城内许多名称加以改动，如改东都为神都，改端门为承天门，改则天门为应天门等。因此唐代洛阳城虽说是隋代洛阳城的延续，但唐洛阳城较隋洛阳城在许多方面都有过之而无不及。我国古代的许多陪都往往有名无实，但东都洛阳却与西都长安合称“东西两都”，地位相侔。

奇伟崇峻的宫城正门应天门，位于今定鼎南路、周公庙附近。今日周公庙内高大的夯土台即是当年应天门的残址。

应天门在隋代叫则天门，武周时期，为避武则天之讳，改为应天门，后又有神龙门、五凤楼之称谓。隋代则天门就极为奢华，其建筑形制据隋《大业杂记》记载：“寺东拒城则天门两重观。观

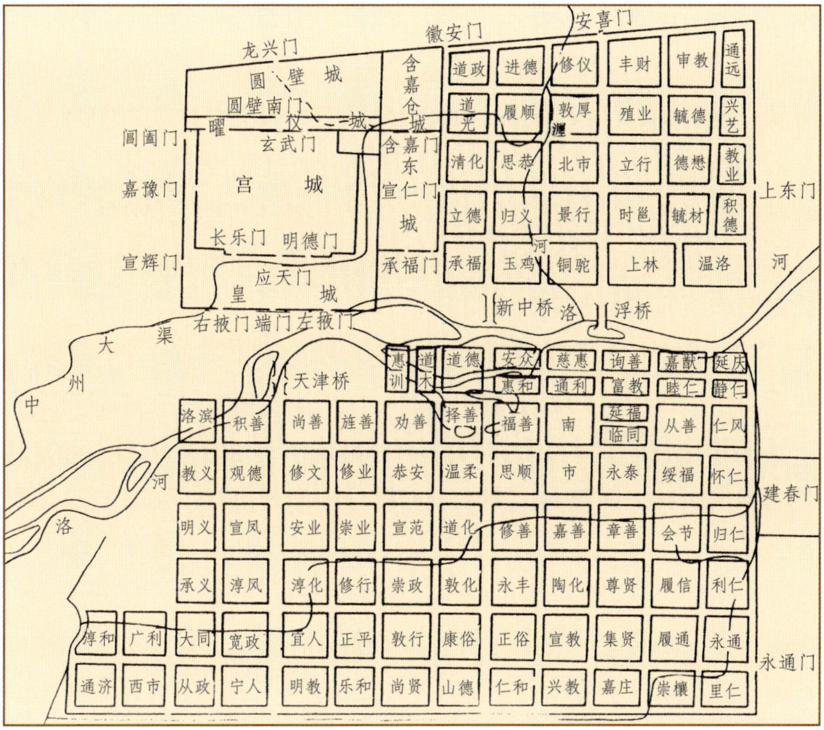

图 1-4　隋唐东都洛阳城复原图

上曰：‘紫微观’，左右连阙，阙高百二十尺。”隋末，李世民攻入洛阳，命人将其拆毁。唐高宗居洛阳时，又在原址上进行重修和营建，且规模更加壮观。从近年来的考古发掘可知，城址平面呈“凹”字形，由门楼、朵楼、阙楼组成。门址下部台基的范围东西达 120 米以上，南北达 60 米以上，城门进深 25 米。在此发现有三排门道基石，左右突出的巨大双阙为三出阙，至今保留长度仍有 35 米，二阙之间的距离为 83 米，阙的南端宽 30 米。它与城门之间有宽 17 米的城墙相连。城门东西两侧的朵楼夯土台基为边长 18 米的方形，阙楼、朵楼之间以厩庑相连。厩庑宽 11 米，高 4 米，为夯土基础，夯土基础两侧发现有整齐的柱洞，柱洞外侧有青石基础，基石外又铺设石散水，非常整齐划一。应天门残址至今仍保存有 4 米多高的夯土台基，在这样的台基上建起高 120 尺的城门，其规模的

雄伟壮观是不难想象的。

应天门为宫城的正门，它是皇权的象征和标志，每每有重大活动，皇帝即驾临应天门，颁布重要法令，接见外国使臣和接受百官的朝贺。显庆五年（660 年），唐高宗曾登临应天门楼，接受臣属献俘并当场将他们释放以显示皇帝的恩德与仁慈。690 年，女皇武则天即在此举行登基大典，宣读即位诏书，宣布改唐为周，并接受来使和百官对女皇的拜贺。

进入应天门，即为宫城。宫城的正殿为万象神宫，又称明堂。明堂正对应天门，同处于都城南北中轴线上。明堂是在唐乾元殿的基址上修建起来的，在今定鼎路和中州路相交处的东北部仍可看到其基址的残留。明堂是武则天发布政令、祭祀天地的地方，也是当时宫城内最为雄伟壮观的一座宫殿。据文献记载，其建筑分为上下三层：下层为正方形，四面配以不同的颜色，象征着一年四季；中层为正十二边形，铸十二生肖像放置其内，象征一天十二个时辰，也暗示着天下百姓尽在掌握之中；上层有以二十四根棱柱支撑起的圆形屋顶，象征着一年二十四节气。圆形屋顶周围九条云龙环卫着中部一只丈余高、昂首独立的金凤凰。整个建筑高 294 尺，方 300 尺，“去都百余里外，遥望见之”。据近年考古发掘可知，基址由夯土筑成，在基址的中部，有一圆形大坑，坑口直径 9.8 米，其内有二层台。坑底由 4 块大青石构成巨大的柱础，柱础中心有一方形柱槽，方形柱槽的西北、东南、西南各有一小型的圆形柱坑。从这些发现中我们可以想象到其昔日的豪华和气派。

明堂北为天堂。天堂建筑辉煌华丽，无与伦比，它比明堂更加奇伟，高逾明堂百尺。天堂是用来供奉藏贮大佛像的，大佛像以夹纻工艺制就，高大壮观，据说其小拇指上即可站数十人，这话虽有几分夸张，但也足以让人想象出它的高大程度。天堂遗址位于定鼎路与唐宫路相交处的东南部。据考古发掘得知，其基址由夯土筑成，平面呈圆形，直径约 648 米。台基的中部有一用青石砌成的带二层台的圆坑，直径约 4.8 米，坑底为八角形，中心有用 3 块青石拼成的柱础，圆坑之外环绕两圈柱基槽，内圈 12 个，外圈 20 个。在柱基槽的西南部，发现有为加固支撑主体建筑的 11 个砖柱坑。这些发现印证了古文献所记不虚。现今已在天堂基址上修建房屋对其进行保护，也利于人们参观凭吊。

隋炀帝在营建东都洛阳的同时，还开凿了举世闻名的大运河。大运河的开通，极大地促进了经济的发展。因此，隋唐两代国力强盛，经济发达。如要了解当时经济繁荣、国库充盈的程度，那么隋唐洛阳城内的含嘉仓城就不可不看。含嘉仓城位于宫城东部，今老城区西北部，是当时专门储藏由南方和东方运输而来的粮食的地下粮仓。含嘉仓城平面略呈长方形，南北长约 710 米，东西宽约 612 米。四面有城墙，皆挖槽夯筑而成，如今这些城墙犹存，最高仍有 6. 50 米。考古勘探在城东北部和南部已发现有 287 座大型粮窖遗迹，它们东西成排，南北成行，排列有序。城的西北部发现有房屋遗迹，应为当时的生活管理处。从已发掘的 14 座仓窖中我们知道，仓窖形制均为口大底小的圆形坑，口径一般 10~18 米，底径 7~12 米，深 6~12 米。仓窖的底部和仓壁都经过加工和修整，其方法是先夯打平整结实，然后用火烘干窖底和壁的下部。储粮时在底部和壁部铺设草、木板、席和糠等，待粮食储满后，放入记载粮窖有关情况的“刻铭砖”，其上逐次铺席、堆糠、垫草，然后用土密封。另外，还在仓窖旁立一和“刻铭砖”内容一致的牌，以便查找。这样的储粮方法简便易行，且容量大，粮食保存好。从发掘的 160 号窖内，发现有已碳化的粮食多达 25 万公斤。在 1000 多年后，其内还约含有 58% 的有机物，仓窖在防腐、防潮等方面的效能之高，几乎令所有的参观者称奇不已。

三 宗教古迹

洛阳是我国古代文明的重要发祥地之一，凝聚着华夏民族文化精华的河洛文化即是以这里为核心向全国四面八方辐射。洛阳地区有号称佛教“祖庭”“释源”的白马寺；有作为我国三大石刻艺术宝库之一的龙门石窟。洛阳还是道家学说的策源地，佛教传播的中心，伊洛理学的发源地。神秘而又代表着河洛地区原始先民最高思维和智慧的“河图洛书”发现于洛阳；儒家学说集成于洛阳；魏晋玄学兴起于洛阳。深厚的文化内涵和众多的文物古迹也使今天的洛阳成为世界上著名的古都，成为国家级的历史文化名城。不过，

图 1-5　白马寺山门

随着岁月的流逝和历史上频繁的战乱，遗存地面的文物古迹已所剩不多。但这些文物古迹同古都洛阳一样，均起源甚古，其内包含的文化积淀非常深厚。况且，如今这些可看的文物古迹多藏于名山大川，参观这些文物古迹一般都和游览风景区联系在一起。下面就让我们在这多如繁星的文物古迹中采撷几朵奇葩，从中领略一下古都洛阳的迷人风采吧！

图 1–6　白马寺大佛殿

1. 佛教古迹

永平求法，沙门东来。洛阳作为佛教文化的传播中心，自佛教传入我国后，即在这里创建了我国最早的一座寺院——白马寺（图 1–5），以后各代又陆续在洛阳周围山高林密、风景优美的地方修建了佛寺，这其中保留至今比较著名的有少林寺、风穴寺、灵山寺等。

白马寺位于今洛阳东 12 千米处，坐北朝南，背靠邙山，南望洛水。它自东汉创建以来，距今已有 1900 多年的历史了。在漫长的历史发展过程中，白马寺荣枯兴衰，历尽沧桑。不过，经过各代的不断修复，如今这里仍是宝塔高耸，红墙隐隐，楼台殿阁峥嵘，苍松翠柏森森，显得十分幽静肃穆（图 1–6）。现存的白马寺大体上是明代重修的规模，至今寺内共存各类建筑百余楹，其中主要的建筑多分布在由南向北的中轴线上，依次为山

门、天王殿、大佛殿、大雄殿、接引殿。最北处骤然隆起的高台，称为清凉台，上筑毗卢阁。在中轴线两侧，对称分布着一些附属建筑，天王殿前部两侧，东南为钟楼，西南为鼓楼，其左右两侧，东侧原为门头堂，西侧原为云水堂。大佛殿两侧，东面原为客堂、斋堂，西面原为祖堂、禅堂。

白马寺现有佛像多为元、明、清几代的作品，其中的泥塑韦力天将像（站像），夹纻干漆“韦力天将”、“韦驮天将”（站像）、十八罗汉像（坐像），三世佛、弥勒佛像，泥塑释迦牟尼像，文殊、普贤菩萨像，四大天王像，白玉佛等，无不形神兼备，有许多佛像为目前国内仅存的孤例，堪称国宝。据说，那套夹纻干漆的罗汉像等原是故宫博物院收藏的元代珍品。“文革”开始后，白马寺原藏文物遭受严重破坏。“文革”后期，柬埔寨国家元首诺罗敦·西哈努克亲王访问洛阳，希望到白马寺礼佛。经周恩来总理批准，特地将这批元代文物由北京调往洛阳，存放于白马寺内，成为镇寺之宝。寺内现存宋、金、元、明、清历代碑石共计40余方，其中的宋天禧五年（1021年）刻石《摩腾入汉灵异记》，记述了齐云塔创建过程。至顺四年（1333年）的《洛京白马寺祖庭记》，保存了有关白马寺的资料。清代如琇和尚撰文并书写的《洛京白马寺释教源流碑记》，记述了白马寺的部分寺史。这些碑刻字体或飘逸洒脱，或柔美流畅。记载内容十分丰富，具有极高的书法和史料价值。

白马寺山门以东200多米处，有一座13层方形密檐式的砖塔，高达25米，矗立在一座高台上，是为齐云塔。齐云塔本叫“释迦舍利塔”，亦称“金方塔”，其“岌若岳峙，号曰齐云”，齐云塔之名由此而来。据寺内现存的宋代碑刻记载，齐云塔创建于东汉永平年间，是我国最古老的一座佛塔之一。五代时在此建 9 层木塔，“高五百余尺”，可惜不久木塔即被焚毁。金大定十五年（1175 年）改建砖塔，即今之齐云塔，距今有 800 余年。齐云塔外形呈抛物线状，玲珑挺拔、造型雅致。如今这里还修筑了塔院，成为白马寺游览区一处重要的名胜古迹。

少林寺（图 1–7）位于今洛阳市东南、登封市西北 13 千米处，嵩岳太室山西麓的五乳峰下。此处山深林幽，水高石响。该寺因坐落在丛林茂密的少室山阴，故名少林寺，以禅宗祖庭和武术著称于世，素有“天下第一名刹”“古刹中州数少林”之美誉。少林寺的创建始于北魏太和十九年（495 年），当时孝文帝元宏为安顿印度僧人跋陀在洛阳落迹传经，特命人在这里辟基为其立寺。以后印度高僧菩提达摩又在此广集信徒传授禅宗，达摩因称禅宗初祖。此时少林寺规模宏大，僧徒众多，名重一时。相传著名的少林拳法也始于达摩。唐朝初年，在李世民攻打盘踞在洛阳的王世充时，

图 1–7 少林寺山门

少林寺和尚志操等13人奋勇助战，在轘辕关袭击了王世充的后营，生擒了王世充的侄子王仁则，受到了李世民的嘉奖。唐太宗特赐少林寺庄田，允许自立营驿、养僧兵，并特封有战功的寺僧为大将军。此时，少林寺寺院占地广，其内房屋多达5000余间，院中僧众千余人，少林武功从此名扬天下，“十三棍僧救唐王”的故事一直流传至今。晚唐时期，由于发生了会昌年间的灭佛事件，寺中殿宇、佛像大多被毁。此后，少林寺发展缓慢，直到元明之际，才又有较大发展。在元末兵火之后，明代又重建和扩建了许多殿宇楼阁，基本奠定了现今少林寺的建筑布局。但是，清末和近代的军阀混战又使少林寺的诸多建筑和文物遭受了劫难。延至当代，少林寺也曾长期破落，20世纪80年代后，由于电影《少林寺》的广为放映，更由于旅游业的迅速崛起，有关部门多次拨巨资对其予以整修，不但对寺内大部分建筑进行修复，而且还根据史料重建了许多新的建筑，使少林寺盛貌重现，复萌生机。今少林寺主体为常住院，其内主体建筑依中轴线顺山势而筑，层层叠起升高。中轴线上共有7进院落。从南至北依次为山门、天王殿、大雄宝殿、藏经阁、方丈院、达摩亭（立雪亭）和千佛殿（又名毗卢阁）。主体建筑

图 1-8　少林寺塔林

两侧附属建造有鼓楼（东）和钟楼（西）、东西禅堂和僧院等。

少林寺常住院西墙外有一高土台，名甘露寺，台西南不远即是塔林，这是我国目前现存规模最大的塔林（图 1-8）。塔林之北有一座龟背形山丘，其巅建筑有初祖庵，沿初祖庵北登五乳峰，可直达山上的达摩洞。站在达摩洞前，山下景色一览无余，少林寺巍峨壮观的古建筑群与周围的青山绿水融溶交汇，相得益彰。这里顺带要提及的是，距离少林寺不远的嵩岳寺塔，是游人们一定不能错

过的地方。这座建造于北魏孝明帝正光元年（520 年）的砖塔，不仅是我国现存年代最早的砖塔，而且是我国现存唯一的一处 12 边形密檐式塔，其建筑结构、艺术造型都有绝响之称。

风穴寺位于洛阳市东南 70 余千米、今汝州市东北 9 千米的风穴山中，创建于东汉初平元年（190 年），初名“香积寺”，因寺内常常山花芳香凝积而得名。隋代又名千峰寺。唐代扩建寺院时，传说院址本选在别处，而佛却嫌风脉不佳，故夜间骤起神风，将已备好的木料卷到今址，因“以风点穴”，故取名“风穴寺”。此处群山环抱，山下松柏苍郁，大慈泉水环绕寺院自北向南而去，山清水秀，风景宜人（图 1–9）。

图 1–9 风穴寺全景

风穴寺藏于深山，入寺路径曲折，路旁翠柏葱茏，溪水潺潺，蜿蜒三里许方见山门。寺内现存有唐、宋、元、明、清历代建筑百余间，塔 13 座，寺内建筑皆依山就势隐隐排列。由山门经天王殿可达中心院，中心院由中佛殿和毗卢殿前后排列；三官殿、韦驮殿、六谊殿、禅堂东西 16 间对称分布。由中心院拾阶蜿蜒北上，经方丈殿、罗汉殿，最后是全寺的至高点望州亭。临亭远眺，南部汝水如带，近处龙山、黄鹿山似两头猛虎左右对峙；北望玉皇山，诸峰林立；环视四周，层峦环拱，状若莲台，风穴寺端坐其上。身处其境，给人以飘飘欲仙之感。由望州亭折向东北而下，崖壁上“白云深处”四个大字映入眼帘，悬崖上一股清泉飞泻而下，形成落差数十米的瀑布，观之使人耳目一新。

灵山寺又名凤凰寺、报忠寺。位于洛阳市西南 40 千米、宜阳县城西 7.5 千米处灵山的山腰间，坐南朝北。此处北临洛河，南依灵山。相传灵山为周灵王的埋葬地，借灵王之灵，取山名“灵山”。又因山的形状如凤凰，又名凤凰山。

该寺创建于金大定三年（1163 年），寺内建筑有四进五层，主体建筑有山门、天王殿、毗卢殿、大雄殿、藏经楼以及左右配殿等。全寺东西厢房各 22 间，左右对称，十分壮观。毗卢殿和大雄殿均系金代建筑，大雄殿内的佛像为明代作品，均十分珍贵。寺东围墙外有凤凰泉。泉东有塔 15 座，是我国现存著名塔林之一。寺西沿山坡而上可至山顶。但见满山古柏，一片苍翠，北眺洛水蜿蜒东去，风景如画，江山如此多娇。

与西安、北京、南京等地相比，洛阳现存的佛寺全都距市区较远。这虽然给游人的观览带来些许不便，但寺院周围山清水秀，佛教文化氛围浓郁。我国历来有“深山藏古寺”的说法，那种静谧、幽深的环境，似乎与佛教倡导的修行环境更能吻合。从这个意义上说，洛阳城外的白马、少林、风穴、灵山诸寺，还是颇有古风佛韵的。

自北魏孝文帝迁都洛阳以后，佛教的发展在这里盛极一时。在大规模立寺造像的同时，佛教又与石窟造像艺术结合在一起，洛阳及其周围地区先后开凿了许多石窟，佛教的传播呈现出新的特点。洛阳的石窟艺术，首推龙门，其名列我国古代三大石刻艺术宝库之一，在我国文化发展史上占有重要的位置。

龙门石窟位于洛阳市城南 12 千米处的伊水两岸的山崖间，这里香山与龙门山东西对峙，山上树木葱郁，山下清澈的伊河水从两

图 1-10　龙门石窟远眺

山之间由南向北缓缓流过，山清水秀，风景独好（图 1–10）。“龙门山色”自古即为洛阳八景之冠。在敦煌、大同、洛阳这三大石刻艺术宝库中，龙门石窟是保存较为完好的一处，同时也是最得山水之美的一处。龙门又名“伊阙”和“阙塞”，它是古代洛阳的南方门户和天然关隘，历史上在这里发生过多次争城掠地的战争，同时

这里又是重要的宗教活动场所。龙门石窟的开凿始于北魏太和年间。太和十八年（494 年），北魏迁都洛阳以后，当时大规模的凿窟造像中心也由山西大同转移到这里。以后，历经东魏、西魏、北齐、北周、隋、唐、五代、宋诸朝，累计凿窟时间长达 700 多年，其中大规模的有效雕刻时间约计 150 多年。在南北绵延 1 千米的伊水两岸的山崖上，历代工匠开凿出密如蜂房般的石窟群。据龙门石窟研究院的最新统计，东西两山现存窟龛 2345 个，碑刻题记 2800 余块，佛塔 40 余座，造像 10 万余尊。其中最大的造像卢舍那大佛高达 17. 14 米，最小的仅有 2 厘米。石窟中北魏造像占 1/3，全部在西山，最具代表性的洞窟有古阳洞、宾阳洞、莲花洞、石窟寺、魏字洞、药方洞、火烧洞等。唐代造像几乎占 2/3，大部分在西山，武周时期移至东山。其中代表性的窟龛有潜溪寺、奉先寺、万佛洞、极南洞和东山看经寺洞及大万伍佛洞等。

古阳洞位于西山南部，开凿于北魏太和十七年（493 年），到北齐武平六年（575 年），前后历时 80 余年完成，它是龙门石窟中开凿最早，内容最丰富的一个洞窟，也是北魏王室发愿造像最集中的一个洞窟。此洞可谓北魏时期雕刻、绘画、书法、建筑艺术等最高水平的集中体现，著名的书法珍品——“龙门二十品”，该洞内即占十九品。

宾阳洞位于龙门西山北部，由南、北、中三洞组成，其中以中洞最为富丽堂皇。它是北魏宣武帝为其父孝文帝和文昭皇太后做功德开凿的，是北魏时期代表性洞窟。其内的精美雕刻帝后礼佛图被人盗走，现分别陈列于美国纽约大都会艺术博物馆和堪萨斯州纳尔逊艺术博物馆。宾阳南洞和北洞开凿于北魏时期，但较中洞稍晚。宾阳中洞和南洞之间的“伊阙佛龛之碑”，是唐初楷书大家褚遂良所书，是世间罕见的书法珍品。

药方洞位于西山南端，因洞门两旁刻有 140 多种古代药方而得名。窟内佛像为北齐时所凿，药方为唐代所刻。这些药方包括药物及针灸疗法，均为唐初医学上的杰出成就。

东山的代表性洞窟是位于万佛沟北侧的看经寺，它是东山最大的洞窟，开凿于武则天时期，洞内的29尊罗汉像，是龙门石窟中少见的罗汉群像杰作。

位于龙门西山南部山腰处的奉先寺，是龙门石窟中规模最大、艺术最精湛的洞窟，该窟创建于唐高宗时期，历时15年乃成。为了开凿奉先寺，据传武则天曾捐助脂粉钱2万贯。该窟南北长33.5米，进深38.7米，其内雕像布局严谨，谐调匀称。主像卢舍那大佛通高17.14米，头高4米，耳长1.9米，面庞丰满清秀，嘴角微含笑意，姿态庄严肃穆而又淳厚慈祥。该像据传是武则天自身的写照。佛左右两侧为弟子迦叶和阿难，均严谨持重、肃穆虔诚。二弟子两侧的文殊、普贤二菩萨，头戴宝冠，身披璎珞宝珠，体态婀娜，端丽矜持。北壁的天王单臂托塔，脚踏夜叉，雄壮威武。二力士蹙眉怒目，足踏小鬼，气势逼人（图1–11）。这组雕像充分展示了

▲ 图1–11　龙门石窟奉先寺力士

雕刻者的高超技艺，是对盛唐时期社会历史文化艺术的总概括，不仅在我国美术史上占有重要地位，而且也被广泛认为是世界石雕艺术的一大杰作。

2. 道教古迹

道教是我国土生土长的传统宗教，洛阳作为道教学说的策源地，其周围的道教庙观为数不少，其中著名的就有上清宫、下清宫、吕祖庵、洞真观、升仙观、中岳庙等。

上清宫雄踞邙山翠云峰巅，距洛阳老城4千米，相传这里是道教始祖李耳炼丹的地方。上清宫始建于唐高宗乾封元年（666年），其时唐高宗追封老子为太上玄元皇帝，该庙取名玄元皇帝庙。唐玄宗时为避玄宗讳改名为元元皇帝庙和上清宫，又因后人尊老子为太上老君，故名老君庙。上清宫在盛时，其内建筑瑰丽宏伟，是一座由5重殿和4进大院组成的庙观。现仅存翠云洞和洞上平台的3间老君殿。此处海拔250米，是洛阳北郊的至高点，站在平台上，洛阳景色一览无余。这里树木葱郁，苍翠如云，是洛阳北郊的一大胜地。

位于今登封市城关镇东3千米太室山南麓黄盖峰下的中岳庙，是我国现存最早，在中原地区规模最大的道教庙宇。它始建于秦，是为祭祀太室山神而建，原名“太室祠”。西汉时期，汉武帝曾令祠官加增扩筑，并以山下300户为之奉邑。武帝以后，汉代亦有皇帝到此祭祀中岳，北魏时期屡迁庙址，并改今名。唐玄宗时又增建太室祠，并奠定了今日庙址。唐宋之际，中岳庙盛极一时，庙内建筑有“飞甍映日，杰阁联云”的情景。以后又屡有修整，特别到了清代，则以北京故宫为蓝本进行重修，形成了现今规模。

中岳庙坐北向南，背依黄盖峰，面对玉案山，东为牧子岗，西为望朝岭，处于山河环拱群峰簇拥之中。庙内现有殿宇、楼阁、台榭、坊亭、廊庑、门庭等建筑400多间，其建筑布局从南至北贯穿一条中轴线，严谨匀称。院内古木葱郁，遮天蔽日，红墙琉璃瓦隐现其中。如若你到此游览，可顺经中华门、遥参亭、天中阁、配天作镇坊、崇圣门、化三门、峻极门、崧高峻极坊、中岳大殿、寝殿和御书楼，直达山顶的黄盖亭。在中轴线的两侧错落有致地分布着两座六角亭、四岳殿台基、顺山房和神州宫、祖师宫、太尉宫、行宫、火神宫、小楼宫等。这些建筑有的还自成小院，均雕梁画栋，风格奇丽（图 1–12）。

图 1–12　登封中岳庙铁人

四 文史古迹

人们常说古都洛阳是“地下文物宝库”，其实，洛阳地上犹存至今且经过整修开发的文物古迹景点数目亦相当可观，它们似浩瀚银河中的繁星，光彩夺目，数不胜数。我们在前面所介绍的古城遗址和宗教古迹，大多即属于地上文物。下面，让我们再来看看洛阳地区其他重要的文史古迹。

1. 名人墓葬

洛阳地区的墓葬之多自古有名，唐代诗人王建的“北邙山头少闲土，尽是洛阳人旧墓”的诗句，民间“邙山墓多无卧牛之地”的说法，描述的都是邙山上墓葬众多的事实。在洛阳，不论是山坡上或沃野平畴间，到处都有古墓葬。这其中，属于名人的墓葬就为数不少。

出洛阳城向东北过黄河桥时，你可能会注意到在黄河南岸，离大桥 1 千米许的地方，有一处蓊郁苍翠的古柏林，这里即是东汉开国君主光武帝刘秀的长眠之地。汉光武帝陵又称原陵，俗称刘秀坟。陵园背依黄河，南面邙山，近山傍水。原陵由祠院、神道、陵园等部分组成，墓冢位于陵园正中，为一圆形土丘，冢高 17.83 米，周长 487 米。园内古柏为隋唐时期栽植，现存有 1500 余株。郁郁葱葱的柏林使整个陵园显得肃穆庄严。陵园右侧有光武帝祠 1 座，其左前方竖立的碑刻为北宋开宝六年（973 年）所立，另外，在祠殿前左右两侧，还竖有元、明、清、民国时期的数通碑刻，它们记载了陵园的历史沿革，具有重要的史料价值。殿前甬道两侧，原有巨柏 28 株，它们象征辅助刘秀打天下、定社稷的云台二十八将，俗称二十八宿柏。

程颢、程颐是我国思想史上占有重要地位的两位哲人，他们所创立的理学为朱熹所继承和发展，世称“程朱理学”，是宋以后数百年间占有统治地位的理论体系。他们二人与其父程珦埋葬的地方即简称“二程墓”。

二程墓位于伊川县城西 1.5 千米处的白虎山下，坐北向南，平面略呈长方形，东西长 205 米，南北宽 137.5 米，总面积约 50 亩。墓园包括程墓和程祠两部分。祠庙在前，墓冢在后，四周有围墙。园内有古柏 500 余株，苍劲挺拔。墓园西北角为程氏三先生墓冢，呈品字形排列，上为二程之父程珦墓，左为程颢墓，右为程颐墓。墓前均竖有墓碑一通。墓前神道两侧置有明代增设的石刻仪仗石人、石狮、石羊等，多已残损。墓前祠庙内有大殿、卷棚、东西厢房各 3 间，均为近代建筑，祠院内两侧分别竖立有明清时期的重修碑四通。

程颢（1032~1085 年）字伯淳，后人称为明道先生；程颐（1033~1107 年）字正叔，后人称伊川先生。二程为同胞兄弟，祖籍中山博野（今河北正定），因其曾祖父死后葬于伊川，二程死后亦随祖茔而葬。后人建祠追祀，以后各代亦屡有整修，形成规模。如今这里经过多次重修，已成为洛阳著名的游览胜地。1985 年以来，程氏后裔每逢清明节即到此祭祖。

以“先天下之忧而忧，后天下之乐而乐”而闻名古今的北宋著名政治家、文学家范仲淹，是苏州人，但他的墓葬却位于洛阳东南 25 千米处的万安山下。范墓坐北向南，北依万安山，南抱曲河水，嵩山位其左，伊水出其右，山河秀丽，气聚风藏。墓区分前后两域，总面积约 60 亩。墓地内遍植古柏，现存有山门、石坊、祠堂、碑楼等建筑物。前域乃范仲淹及其母秦国太夫人、长子监溥公范纯祐墓之所在，占地约 40 亩。其前部有院落，中央为祭庙，内有祭殿 3 间、耳房 2 间。殿前神道两侧有石刻仪仗石羊、石狮及石人各二，形象逼真。殿门东西两侧各有石碑两通，均盖有碑楼，其中一

碑为北宋至和三年（1056 年）所立《褒贤之碑》，碑为宋仁宗篆额、欧阳修撰文。其后部有 3 冢，其前各立一碑，均为清代作品。后域位于前域西北 500 米处，占地约 20 亩，为范仲淹后代的墓地。其内有 3 碑 4 冢，墓地亦遍植翠柏，郁郁葱葱，庄严肃穆。

白居易墓所在地又叫白园，位于龙门东山的琵琶峰上，依山面水。墓区周围松柏蓊郁，肃穆幽静。墓冢为一直径 19 米的圆形封土，外表砌砖，冢前有砖砌的碑楼，碑中央行书题“唐少傅白公墓”六个大字，从碑文可知，该墓为清康熙四十八年（1709 年）河南学政汤右曾所重建。此处为龙门风景区内一处绝妙的游览去处（图 1–13）。

图 1–13　白居易墓

2. 祠庙会馆

洛阳地区因其优越的地理位置和自然环境不但是历代帝王倾慕乐居之所在，也是富商大贾会集的地方。因此，洛阳地区祠庙会馆也很多，其中著名的就有关林、周公庙、潞泽会馆、山陕会馆等。

关林相传是埋葬三国时期名将关羽首级的地方，位于洛阳市南 8 千米处。它创建于明万历年间，清代加以扩充增筑形成今日规模。关林（图 1–14）坐北朝南，平面略呈长方形，占地百余亩。庙内外现存各类建筑 150 余间，石牌坊 4 座，大小铁狮 110 多个，碑碣 70 余块，古柏 800 余株。真可谓殿宇堂皇，隆冢丰碑，古柏

图 1-14 洛阳关林

苍郁，景致幽雅，不愧为我国现存最完整的关帝庙之一。庙内建筑依中轴线排列，左右对称，布局严谨。中轴线上主要建筑从前至后依次为舞楼（图 1-15）、大门、仪门、石栏、甬道、月台、拜殿、大殿、二殿、三殿、石牌坊、碑亭、墓冢等，两侧对称分布有钟楼、鼓楼、华表、焚香炉、配殿和厢房等。现关林主要殿宇内彩塑有关羽站像和坐像，可以让我们去瞻仰和凭吊；而近年来定期举办的洛阳关林国际朝圣大典秉承“传承中华文明，弘扬关公文化”理念，融国际性、观赏性、群众性于一体，再现了明清帝王遣官致祭关林的古老民俗和宏大场景。

图 1-15 关林舞楼

周公庙（图 1-16）位于洛阳市定鼎南路附近，它是为纪念西周著名政治家周公姬旦而兴建的一座规模宏伟的庙宇。该庙自隋末兴建以来，累朝历代香火不断，并多有修缮。现庙内主要建筑定鼎堂、二殿和三殿均为清末大规模整修后遗留下来的。中华人民共和国成立后又对庙内殿宇及厢房进行修葺，使其焕然一新。定鼎堂内

图 1-16 周公庙

图 1-17　潞泽会馆

并有修复的周公、召公、毕公及历代名臣塑像。

会馆作为公共建筑的一类，属于世俗建筑，在清代商业贸易繁华的都市极为盛行。洛阳的山陕会馆位于老城南关马市街东傍瀍河的地方。该馆又名西会馆，是清代山西、陕西两省来洛经商者聚居的地方，始建于清代康熙、雍正年间，以后又经两次大修。馆内现存殿宇均为清代木构建筑。该馆坐北向南，从前至后依次为琉璃照壁、山门、舞楼、正殿、后殿等。正殿为其主体建筑，面阔 5 间，进深 3 间，歇山式顶，殿前有石狮 1 对，保存完好。

潞泽会馆（图 1-17）位于老城东关新街南端东侧，又名东会馆。该馆始建于清乾隆九年（1744 年），是当时山西潞安府和泽州府的旅洛商人捐资修建的，现存主要建筑有舞楼、大殿、后殿、钟鼓楼、东西配殿和厢房等。整体建筑布局采取以中轴线为中心的对称形式，层次分明，结构严谨，为洛阳市现存少数古建筑群之一。

3. 其他主要古迹

东汉时期，汉灵帝护卫京师洛阳，曾在其四周设置八关都尉，以备黄巾。闻名已久的函谷关乃八关之首。汉函谷关位于今新安县城东，为西汉楼船将军杨仆所建。史载，秦时函谷关本在今灵宝市境内，西汉武帝时，楼船将军杨仆数有大功，耻为关外民，上书请求将函谷关东移，“武帝意亦好广阔，于是徙关于新安”。由于关在谷中，深险如函，故名“函谷关”。汉函谷关初成时非常壮观，关坛高约 9 米，南北 25 米，东西 20 米，坛上建有两层楼阁，坛下为 4 米宽、7 米高的拱式通道以供行人进出，关前筑有“鸡鸣”“望气”二台，以壮其势。汉函谷关在当时北至黄河边，南到今宜阳境，关塞相连，几乎类于一个小长城，关口为出入京师的通衢要道。因此汉函谷关成为历代帝王和军事将领瞩目的武备要地，累朝均有修葺。1924 年的最后一次修葺大致保留了原有规模，可惜后来关坛上建筑均被拆毁，现仅存底平垛。现在我们看到的关城建筑是复原修复的，游人们依此可略睹此关当年雄姿。

洛阳地区的墓志碑碣为数之多在全国可以说首屈一指，位于新安县铁门镇西的千唐志斋即是这些墓志碑碣的一处集中地。这里原是国民党起义将领、新安县人张钫派郭玉堂收集历代墓志的存放地，1936 年，张钫在其故居花园“蛰庐”的两侧辟地建斋，包括 15 孔砖券窑洞，3 个天井和一个志廊。外走廊连接“蛰庐”，各天井之间以通道相连，总面积约 560 平方米。我国近代著名国学大师章太炎曾为其题额“千唐志斋”。整个建筑墙壁上里里外外镶满了大大小小的墓志和石刻，总数为 1413 件，其中唐志 1185 件，余为汉朝以来历代墓志、书法绘画、造像、经幢、碑碣等。因此千唐志斋实为我国现有出土墓志中少有的集中地之一。

我国现存最早的观测天象的观星台（图 1–18）位于登封市东南的告成镇。这里北望中岳嵩山，南依箕山，筑台周参日影，夜考星变，故此得名观星台。登封观星台建于元代，它属于当时著名的天文学家郭守敬在全国各地修建的 27 个大型观星台之一。现存观星台系砖石结构，由覆斗状的台体和台体北侧的石圭（又称“量天尺”）两部分组成。台体基面呈方形，台基边长 16.7 米，台体连同台顶上小室通高 12.62 米，顶部有小屋，两侧有石阶可盘旋登至台顶。台体北部正中砌成上下直通的凹槽，下接石圭，凹槽南壁上下垂直，东西两壁有明显的收分。凹槽直壁与台下的石圭是一组测量日影长度的元代圭表装置。郭守敬利用这套装置，推算出一个回归年为 365 日 5 小时 49 分 12 秒，与现代测定的一个回归年时间仅差 26 秒。

图 1-18 登封观星台

第二章
西上秦原见未央　山岚川色晚苍苍
——西安

“在一生当中，但愿得到一次机会，访问与我国之间因缘匪浅的古都西安，这对我和我的夫人而言是长久切盼的愿望。这次访问贵国，由于中国方面的盛情安排，长久切盼的愿望得以实现，不胜感激。”这是已故日本首相大平正芳1979年冬天访问西安时，在陕西省政府为他举行的欢迎宴会上的讲话。西安在中外人士心目中的地位，由此可见一斑。

西安古称长安，有着悠久的历史、灿烂的文化。历史上先后有西周、秦、西汉、新莽、前赵、前秦、后秦、西魏、北周、隋、唐等十余个王朝在此建都，为都时间长达千年左右，特别是强盛的汉、隋、唐以此为都，更增加了其浓厚的文化氛围。历史的积淀使西安在我们中华民族的历史长河中像一颗闪闪发亮的巨星，永远放射着耀眼的光芒。

一　西安为都的地理与历史背景

“秦中自古帝王州”，这是唐代诗圣杜甫在其《秋兴》诗中的名句。秦中，即关中，是指以西安为中心的渭河平原地区。它东有函谷关，西有大散关，南有武关，故称关中。关中地区南部为我国南北气候的地理分界线——秦岭，北部为高低起伏的丘陵，滔滔渭水贯穿其间，滋润着两岸膏腴的土地。包括长安在内的西起宝鸡、东至潼关的渭河流域，号称“八百里秦川”。这一地区土地肥沃，经济发达，人口稠密，自古以来享有“陆海”“天府”的美誉。

西安位于关中平原中部，是八百里秦川孕育出来的一颗明珠。其南部的终南山距西安最近，此山横亘百里，是西安南部的天然屏障。其支脉骊山、翠华山、南五台、圭峰山等，山势险峻，风景秀丽。西安地区河流纵横交错，有“八水流长安”之说。“八水”即指泾、渭、浐、灞、沣、滈、涝、潏八条河流。发源于甘肃省渭源县鸟鼠山的渭河在横穿关中平原的过程中，吸收了数条支流而奔涌东流，至潼关流入黄河。渭河自古为关中水上交通要道，是哺育关中数千年古代文明的母亲河。浐河发源于秦岭，流经西安东部与灞河相会，汇入渭河。沣河，两岸是西周建都之地，它汇入渭河的交汇地带也是数朝建都之地。这些河流犹如条条血脉，给长安城提供了丰富的水源，同时也带来了肥沃的土地。加上这一地区气候湿润，降水充沛，经过劳动人民的长期开发，遂成为我国古代农业发展最早、物产最丰富的地区之一。这种经济上的优势，是决定西安为都千年的基本原因。

关中地区自古号称“四塞之国”，境内有关山带河之险，沃野千里之富，具有较强的独立性和封闭性。同时，由关中东出函谷，可联络中原；西逾千陇，可沟通河西；南越秦岭，可抵巴蜀、江汉；北上黄土高原，可进入阴山南北，具有较强的开放性和外向性。因此，关中在军事战略上的重要性极大。据清雍正年间编印的《陕西通志》所言，从公元前 2095 年夏启与有扈氏之战算起，到 1644 年明朝灭亡为止，发生在西安及其附近的大小战争竟然有 380 次之多，平均不到 10 年便有一次战争。这个统计的精确度虽待商榷，但用来证明西安战略地位的重要，还是很有说服力的。

经济上的优越，战略上的重要，本来已为西安成为千年古都奠定了坚实的基础，而隋唐以前我国古代政治地理状况和民族关系的发展，又使西安的古都地位更加稳固和突出。

从蓝田县公王岭一带发现的“蓝田人”可知，早在 80 万年以前，西安地区就有了人类的活动。到了大约六七千年前，长安先民的一支，生活在今西安东部的浐河岸边，创造了灿烂的史前文化，今人称其为“半坡文化”。被视为中华民族人文始祖的炎帝和黄帝，据说也是最先活动于关中之地。夏、商以后，关中更成为许多民族和政治势力的辐辏交汇之地。到殷商末年，周人不断沿渭河而下，至周文王时代，已把国都迁至西安附近的沣河流域，称为丰京，其子周武王又在沣河东岸营建了镐京，从而初次形成了我国古代东西对峙的政治地理格局。这种格局的基本表现形式虽然由于时代变迁而有所不同，但却延续到唐代后期才告结束。在这段漫长的历史时期内，西安作为政治中心的地位不断强化并在隋唐之时达到顶峰。此外，自战国末年匈奴人崛起于蒙古高原之后，直至隋唐时期，以匈奴、突厥诸族为代表的西北少数民族，不断对中原王朝构成威胁，同时也不断激起统治者向西北方向谋求发展的欲望。这样，关中势必成为全国的军事重心之所在，西安屡为国都，由此而成自然之事。

还在唐代之时，关中地区的经济已开始走下坡路，为了应对粮荒，唐代的某些皇帝不得不率领公卿百官到东都洛阳“就食”。

而唐末频繁的战乱，又进一步摧毁了关中的农业和手工业生产，使之完全丧失了经济上的优势，全国的经济重心已经转向了江南。与此相应，在西北少数民族势力削弱之后，契丹、女真等东北少数民族又接踵而起，成为中原诸政权最主要的外部威胁，全国的军事重心随之转向东北，关中先前的战略价值下降了许多。在这种情况下，西安失去了其作为全国政治中心的地位。然而，西安仍有其独特的优势，它作为控制我国西北、西南地区重要军事堡垒的地位始终没有动摇。宋以后的历代统治者都对此有着清醒的认识，皆着意营建西安，使之成为整个西北地区的中心城市。时至现代，西安仍然对西北、西南地区的经济建设、文化建设，发挥着积极的作用。

二 古城遗迹

西安的城市历史，是与它的都城史同步开始的。沣河两岸的丰镐城，是西安历史上的第一座都城。平王东迁后，丰镐城沦为废墟。当秦孝公将国都东迁时，他选择了渭水北岸的高地作为新的城址，这即是秦国的咸阳城。秦王嬴政统一中国以后，又把咸阳城的规模扩大，使之成为横跨渭水的大都市，但秦末的兵火，又把它变为废墟。西汉开国后，利用秦咸阳的部分宫室，在渭水之南营建了一座新的都城，在连续使用了将近800年以后，于隋朝初年被放弃。隋朝新建的大兴城移至龙首原以南，唐代将其更名为长安，其规模之大，不仅为古代中国之最，在古代世界也名列前茅。唐末的战乱，给长安城造成了极大的破坏。明朝建立后，又以唐长安的皇城为基础，建起了一座西安城。这座城池，一直使用到近现代。

上述古代西安的五大城池，除去丰镐和秦咸阳城之外，都有高大的城墙和较为明确的范围，反映了中国古代历史发展的重要侧面，既是学者进行科学研究的宝贵资料，又是游人访古探幽的理想之地。漫步于今西安周围，随处可见高高的夯土残基、逶迤蜿蜒的残垣断壁。现在就让我们一起深入其间，拣两块秦砖，拾几片汉瓦，去追寻古都西安那昔日的辉煌吧。

1. 秦咸阳城与阿房宫

如果我们从今西安市驱车西北行25千米，即可看到成片的夯土建筑残址，这就是秦都咸阳遗址。这里处于九嵕山之南，渭水之北，山水俱阳，此即其名“咸阳”的由来。这里土地肥沃，物产丰富，自古又为控制关中地区东西水陆交通的咽喉之地，战略地位非常重要。自秦孝公迁都于此以后，直至秦王朝灭亡，前后计有140多年，这里一直为秦的都城。

咸阳城，其修建大体上经历了秦国与秦朝两大阶段，是一个横跨渭河而建的规模庞大的都城。渭河北岸的宫殿建筑主要是“六国宫”；渭河南岸有以阿房宫为主体，由章台宫、兴乐宫、信宫以及宗庙建筑等组成的一个庞大的建筑群。对于秦咸阳城在都城规划史上的特点，我们可以用两句话来概括，一是形法天汉，二是规模宏大。所谓“形法天汉”，是指秦始皇对咸阳城的扩建而言。《三辅黄图》载，秦始皇“因北陵营殿，端门四达，以则紫宫象帝居，渭水贯都以象天汉，横桥南渡以法牵牛”。这种取法天象的设计，不仅给城市以整体感，而且还赋予它神秘色彩和浪漫情调。所谓“规模宏大”，是指咸阳城域面积而言。从考古发现推测，当时咸阳城并无城墙，而文献记载又说明，在北至九嵕山，南至终南山，东至黄河，西至千、渭之交的广大区域内，分布着许多宫殿建筑，它们借助于驰道、复道、甬道等交通设施而与城市的中心区联为一体，给人以强烈的向外张扬的感觉。由于渭河河道两千年来不断向北滚动，秦咸阳城中心区的大部分都已被冲毁无存。今考古勘察所见的咸阳城址，位于今市东约15千米处，其东至柏家嘴，西至毛王沟，北至高干渠，南到西安市草滩农场附近，东西6千米，南北7.5千米。城内已发现有宫殿区、居住区、手工业区、交易市场区和墓葬区等。宫殿区主要集中在城址北部的咸阳原上。对于当时城内的宫殿建筑形制和规模，我们可以从已发掘的两座大型宫殿建筑基址来加以观察。据考古发掘材料可知，1号建筑基址现存东西长60米，南北宽45米，高出地面约6米。宫殿建在高大的夯土台基上，分为上下两层建筑，上层正中为主体建筑，周围及下层分别为卧室、过厅、浴室等。下层有回廊，廊下平砖漫地，檐下有卵石散水。室内墙壁皆绘壁画，壁画内容有人物、动物、车马、植物、建筑、神怪和各种边饰。色彩有黑、赭、大红、朱红、石青、

石绿等。2 号建筑基址与 1 号相对称，形制基本类似，其间以飞阁相连，共同组成一个规模宏大、巍峨壮观、富丽堂皇的宫殿建筑。不过，如果将它们和阿房宫相比较，那就是小巫见大巫了。这组宏伟的建筑群，自古即号称“秦川第一宫”，如今看来也的确名副其实。阿房宫的修建始于秦始皇三十五年（公元前 212 年），当时因咸阳宫城狭小，遂驱使数十万人在渭河南岸上林苑中营建朝宫。秦始皇在位时仅建成一座前殿，据文献记载，它东西有 500 步，南北有 50 丈，上面可以坐万人，其下可以建五丈旗。阿房宫的门阙建在终南山顶，北部有复道可直达渭水北岸的宫殿内。由此可见阿房宫规模宏大。另外，秦始皇还将收缴的兵器全部销毁，铸成 12 个铜人立在殿前，宫殿大门以磁石制成，以防有人携兵器入宫。阿房宫建筑以铜为柱，文石为柱础，“木衣绨绣，土被朱紫”，极尽富丽豪华。不过，在秦末的战乱中，项羽的一把大火便将壮丽的阿房宫化为了灰烬。现今阿房宫的遗址位于西安市西郊约 15 千米处，在面积约 4.5 平方千米的范围内，发现有密集的建筑基址，其中的前殿基址，高约 7 ~ 8 米的夯土台基东西长 1200 米，南北宽 450 米。由此可见文献所记不虚。登上阿房宫前殿残址，极目四顾，随处可见夯土台基，遥想当年阿房宫巍峨壮丽的雄伟气势，不禁使我们思绪万千。

2. 西汉长安城

龙首原是渭河以南沣河与浐、灞河之间的分水岭，也是这一地区高低地势之间的分界线。原北地势平缓，逐渐向渭河河谷下降，平坦而开阔；原南地势高敞，起伏不平。在此建都既有地理上的优势，也由于其地名独特，符合封建帝王神化自己的要求。长安原是咸阳附近的一个小乡聚之名，西汉王朝以此为都城之名，有“长治久安”的寓意。另外，秦始皇时期，咸阳城居于渭水北岸，东出山东极为不便，秦始皇扩大咸阳于渭南已有便于东出之意。汉高祖刘邦充分认识到了这一点，因此，将都城建于渭水南岸，亦是充分继承了秦始皇的这一设计思想。

汉长安城的修建经历了三个时期。汉高祖时，将秦代的兴乐宫改建并更名为长乐宫，又建起了未央宫以及北宫和武库。汉惠帝即位后，又在5年的时间内，分5次完成了长安四面城墙的修筑工程，并建成了东市和西市。第三阶段是汉武帝时期，在长安城内增筑了桂宫和明光宫并扩修北宫，城西又建造了规模更加宏大的建章宫，城西南扩充了上林苑，并开凿昆明池。这是汉长安城建设的鼎盛时期。西汉末王莽时期，拆除了建章宫和上林苑内的大批建筑，在城南修建起明堂、辟雍、宗庙等礼制建筑。东汉人张衡曾以“览秦制，跨周法”之语来概括汉长安城的规划特点。据我们的理解，所谓“览秦制”，主要是指对秦咸阳城规划的继承，这不仅表现在城址选择、以西向为尊等处，而且还体现在那种“重天子之威”的规划指导思想上。所谓“跨周法”，首先是说长安城的规划布局在不少地方与《考工记》所述礼制规定相合。其次是说长安城内城与外郭的形制，与战国时代齐、韩、赵、魏诸国都城有某种相似之处。其实，汉长安城除了对历史的继承之外，还不乏创新和特色，例如，它放弃运用天体观念规划城市的做法，城市布局以追求实用为主，虽然整体略显凌乱并鲜有生气，但却庄严肃穆，富有理性精神。

汉长安城遗址位于今西安市西北郊约3千米处，其平面形状为不规则的长方形。四面城墙除东墙稍直外，其余三面均有曲折，特别是南城墙和北城墙。南城墙在修筑时，沿着已修好的长乐宫和未央宫营建，使南墙东半部向内收缩，这就使之呈现出南斗六星的形状。北城墙在修筑时，其西北部由于受到渭河河道的限制，不得不向外曲折，使长安城缺西北角，西北部恰似“北斗七星”，故此长安城又有“斗城”的说法。（图2–1）

汉长安城的城墙高大结实，汉惠帝前后用了5年时间才修筑而成。至今地表东南垣尚较完整，残存最高达8米。墙体全部以夯土版筑而成，宽厚结实，夯层清晰可辨，全部以取自龙首原的纯净黄土夯筑，夯层厚约10厘米。城墙上窄下宽，墙基宽约16米，整个城墙周长约25千米，都城面积36平方千米。城墙外有宽8米、

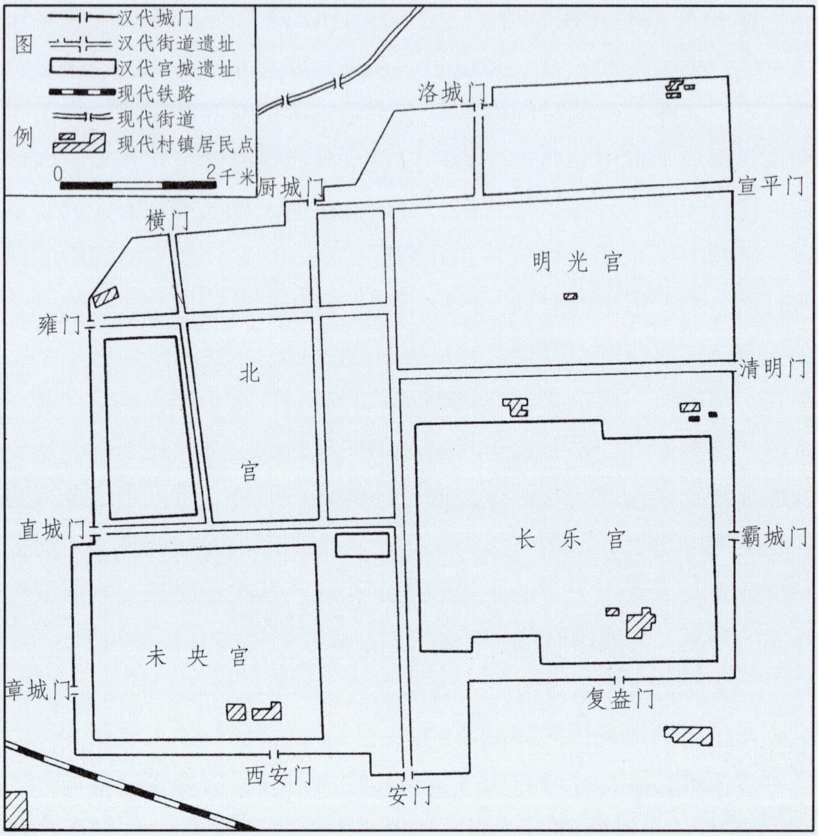

图 2-1　汉长安城图

深 3 米的护城壕。高大结实的城墙和护城壕构成了汉长安城的防御体系。

汉长安城四面各有 3 座城门，每座城门大小不一，但都依据严格的规制设计。每座城门均有 3 个门道，门道宽 8 米左右，可同时行车 4 辆。门洞前建有跨越护城壕的木吊桥。12 座城门中霸城门、复盎门、章城门和西安门是进出宫廷的大门，因此修筑得非常坚固，防卫得格外严密。其余 8 座城门以宣平门和横门最为重要，前者是长安城东去的重要城门，后者距城外的中渭桥很近，是长安城西去的主要通道。这 8 座城门均有一条大道通入城内，构成了汉长安城内的 8 条主要街道。这 8 条街道在城内纵横交错，将长安城分割成了大小不等的一块块方形或长方形的区域，这些区域内分布着宫殿区、工商业区和闾里建筑。宫殿区约占全城面积的1/3，集中于城的中部和南部，东市和西市工商业区在城西北部，城的东北角一般是居民区，史载汉长安有160个闾里，闾里各有其名。

汉长安城的主要建筑，目前遗址保存较好的是未央宫的前殿。未央宫位于城的西南部，又称西宫，为当时朝廷正式的朝会之所。前殿为未央宫的正殿，居于全宫正中，是当时的大朝之所。它利用龙首原的高台作为殿基，体现出封建帝王至高无上的威严和地位。至今在汉长安城遗址上，仍可看到这种效果。前殿的建筑，据《三辅黄图》记载，东西50丈，进深15丈，高3丈5尺。用清香名贵的木兰做栋椽，用杏木做梁柱，椽头用金箔包裹，大门上镶嵌宝石，施以鎏金装饰，墙壁上各种彩绘花纹图案交相辉映，把整个大殿烘托得富丽堂皇。唐代著名诗人王昌龄曾用“昨夜风开露井桃，未央前殿月轮高”的诗句，来形容它的雄伟壮丽。前殿前有广阔的庭院，大门内外有手持长戟的武士日夜守卫，更加衬托出前殿的肃穆庄严。前殿建筑基址南北长350米，东西宽200米，北端最高处尚有15米。这是目前我国历史上保存最完整，规模最大，最有代表性的宫殿建筑基址之一。

在修建长安城的初期，即在长乐宫和未央宫之间建造了武库，其内存放着大量的兵器。长乐宫和未央宫都居于龙首原上，为全城的至高点，占据着居高临下的优势，宫城旁边存放着大量武器，这对护卫京城的安全起着重要作用。据勘测，武库平面呈长方形，四周有围墙，东西长320米，南北长880米。其内共建有7座仓库，最大的一座长230米，宽46米，分隔成4个库房，库房地面发现有排列有序的础石，说明原来有存放武器的木架。

西汉之后，又有新莽、更始政权、前赵、前秦、后秦、西魏、北周等政权的帝王们居住在这里。同一座城市，在建成后几经战火，但仍存续了近800年，并被多个王朝用为都城，这份荣耀，大概只有汉长安城才有。

3. 隋唐长安城

581 年，隋文帝杨坚取代北周政权，建立隋朝，他在原汉长安城的南部营建了新的都城。因杨坚在北周时曾被封为大兴公，故命名该城为大兴城。唐朝开国后，对大兴城加以扩建修复并将其更名为长安，使之成为当时世界上规模最大、最为繁华的一座城市。（图 2–2）

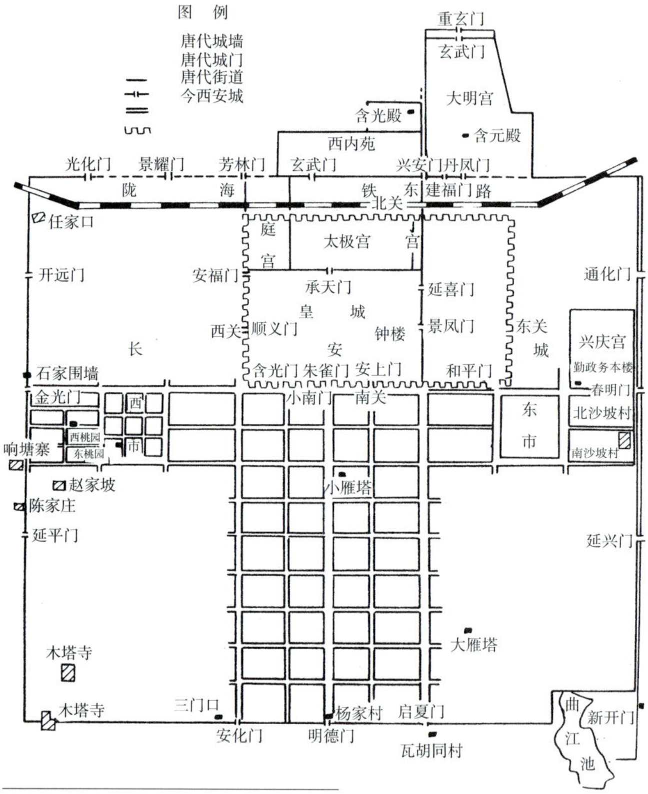

图 2–2　唐长安城址示意图

隋唐长安城位于龙首原南部，这里地势高亢，居高临下，四周山水环绕。北濒渭河，东临浐河和灞河，西有沣河，南面为终南山。此处山川秀丽，物产丰富，又紧靠贯穿关中平原的东西大道，水陆交通极为便利，实为建都的理想之地。

隋大兴城是在隋文帝开皇二年（582 年）开始修建的。工程的具体规划设计和督造人是太子左庶子宇文恺。宇文恺是我国古代城市建筑史上著名的建筑设计家，他在规划设计大兴城时，参考了北魏洛阳和东魏北齐邺城（今河北临漳西南）等都城建筑设计的优点，并利用龙首原以南地势基本平坦，但也有起伏的特点，对大兴城进行了总体的规划设计。当时龙首原以南有 6 条冈阜，称为“六坡”，“六坡”高低起伏变化极为明显，宇文恺将它们附会为《周易》乾卦之六爻，用作城市造型的基本素材。他将这六阜分别命名为“初九”“九二”“九三”“九四”“九五”“上九”，并依照易学的解释，安排其用途。把皇帝的宫殿建于九二的位置，把中央官署置于九三的位置，九五位置最为尊贵，于是建造玄院庙观以镇之。居民区和商业区皆依坡而建。整个城市显得层次分明，错落有致，十分生动。

经过宇文恺的设计，大兴城显得规模宏大、雄伟壮丽。整个城市由外郭城、皇城和宫城组成，它们之间的界线非常明显。宫城居于城内正中，所处地势又高，与皇城相距极近，既显示出了皇权至高无上的地位，又方便了皇帝对中央衙署的控制和指挥。皇城在宫城的南面，中央衙署中除个别部门有特殊情况外，几乎全都集中在这里。另外，皇城南垣内东西两侧排列着祖庙和社稷坛；外郭城平面略呈方形，四周有城墙，周长 35.5 千米。郭城内东西、南北向街道纵横交错，将城内分割成若干小块，称“里”或“坊”，作为居民区和商业区。

隋末李渊建立新的政权以后，由于大兴城没有遭到太大的破坏，因此，李唐政权对其略加修复又定都于此，从此翻开了唐长安城历史上辉煌的一页。

与隋大兴城相比，唐长安城基本上依据大兴城的框架，但在布局上有所变化，其中最主要的是大明宫和兴庆宫的增设。

唐贞观八年（634 年），唐太宗李世民在长安城北墙外的禁苑内为其父李渊修建了避暑用的宫殿——大明宫，该宫初成时叫永安宫，后改为大明宫。因其位于太极宫的东部，故又称“东内”。大明宫处于龙首原上，地势较高，地面干燥。唐高宗时，李治因患风痹病，嫌太极宫潮湿，遂扩建大明宫，并由太极宫迁居此处。自此，大明宫成了唐代高宗以后除玄宗以外时期的政治中枢所在。

大明宫平面略呈南宽北窄的楔形，四周有城墙，周长 7600 多米。城墙上有城门 11 座，南面的丹凤门为其正门。大明宫内宫殿鳞次栉比，宣政殿、紫辰殿、麟德殿等，都被时人所艳称，但位于

南端的含元殿才是大明宫的正殿，也是长安城内最高大雄伟的建筑。进丹凤门后有一宽阔的庭院，穿过庭院即为含元殿。含元殿本就建在高亢的龙首原上，其上又夯筑起3米多高的台基，使其显得更加巍峨壮观。殿前左右两侧对称地建有翔鸾、栖凤两阁，两阁与大殿之间以曲尺形廊庑相连。大殿前方有三条长约78米的斜坡台阶道，中间一条叫“龙尾道”，为皇帝御用，宽25米，两侧宽4.5米，为文武百官上朝时所用。在翔鸾、栖凤两阁及其间的廊庑衬托下，含元殿愈发显得高大雄壮，而从坡道底部仰望含元殿，更能强烈地感受到至高皇权逼人的气势。大明宫的遗址保存较好，大明宫国家遗址公园的建立正是对大明宫遗址很好的保护与利用，这颗昔日的明珠，重新绽放光芒。

长安城内另外一处辉煌的宫殿群是兴庆宫。这里本是长安城内的隆庆坊，是唐玄宗李隆基未登基前的宅邸，李隆基登基后将其扩建并移住其内，为避其名讳，更名为兴庆宫。该宫因处于其他二宫的南部，故又称“南内”。该宫的规模小于其他二宫，但其建筑之精美华丽却在它们之上。其内的勤政务本楼和花萼相辉楼非常著名。今西安市的兴庆公园，就

图 2-3　西安城墙

位于兴庆宫的范围之内。

4. 明西安城

宋代以后的长安城，虽然已经失去了国都的地位，但作为控制我国西北、西南地区的军事重镇，其重要的战略地位并未失去。明初在此设立西安府，此即西安名称的由来。出于对这个军事重镇的格外重视，明太祖朱元璋封其次子朱樉为秦王驻守西安，秦王在唐末匡国节度使韩建改建唐长安城皇城为新城的基础上，向外扩展，形成了今日西安城墙的规模。特别值得一提的是，虽然西安也曾发生了拆毁城墙的情况，但经过修复的明西安城墙，却是我国目前保存最好、规模仅次于明南京城和开封城的古城墙，其史料价值和观赏价值都很高。（图 2–3）

明初扩建的西安城平面呈长方形，四面城墙周长约 12 千米。开始修筑的城墙是用经过筛选的细密黄土夯打版筑而成，顶部及底部和墙表还用黄土、石灰和糯

米混合夯打，非常坚硬。以后在明隆庆年间和清代，又在城墙外壁和顶面砌了青砖，使西安的城防更加牢固。城墙高 12 米，顶宽 12~14 米，底宽 15~18 米，墙体厚度大于高度。城墙四面各有一座城门，门上建有城楼，南为永宁，北为安远，西为安定，东为长乐，4 个拐角还修有角楼。整个城墙外侧共建马面 98 座，各相距 120 米，恰为两箭之地，在马面上向左右两侧射箭，刚好组成交叉的火力网。每个马面宽 20 米，从城墙向外伸出 12 米，高低、结构和城墙相同。每个马面上原有供军队驻守的卡房 3 间。城墙和马面上内外侧均修有女儿墙，墙上有既能藏身又能瞭望、射击的凹口和方孔。整个西安城墙上共有垛口 5984 个，使整个西安城墙的外观呈锯齿形。城墙外侧与之平行的有宽 20 米、深 7 米的护城河，护城河上每与城门相对应的地方建有一座吊桥。城墙、城门、护城河、吊桥构成了西安城严密的防卫系统。

由城外通过吊桥跨过护城河，迎面即可看到西安城巍峨壮观的城门。城门是西安城防体系的重点，也是薄弱点，因此，城门设防非常严密。西安城门实际上由三重组成。第一重城门上面建有闸楼（也叫谯楼），用于控制吊桥的升降和打更报警，该重城门有城墙与主城墙相连，它们之间形成半月形的立体空间，这是第一个瓮城。第二重城门上面建有箭楼，这重城门也有城墙与主城墙相连，它与主体墙之间形成了又一个瓮城。第三重城门也就是主体城墙上的城门，它上面的城楼是城门的主体建筑。城楼高约 32 米，长 43.2 米，四角高翘，飞檐三重，回廊环绕，巍峨壮观。由此可见，三重城门，一道比一道严密，一道比一道坚固，建造者把城门这个城防中最薄弱的环节变成了最坚固的地方，入侵者若想从这里打开缺口确属不易。然而，无论何等坚固的城池，大概都只能在国力强盛、人心可用的情况下发挥作用。明朝末年，当李自成率领的农民起义军兵临城下时，壁垒森严的城堡根本挡不住神勇的农民军。

参观完城墙以后，对于城内与城墙同期建造的钟楼和鼓楼，我们不可不看。钟楼位于今西安市中心，以它为中心向东、西、南、北分别辐射出一条大街与明城墙的 4 个城门相连接。钟楼始建于明洪武年间，原址本不在此，明万历年间才迁建于今址。这是我国古代遗留下来的许多钟楼中形制最大、保存最完整的一座。

钟楼（图 2–4）为砖木结构建筑物，楼基平面呈正方形，从底至顶高 36 米。由基座、楼身和楼顶三部分组成。基座每边长 35.5 米，高 8.6 米，全部以青砖砌成，四面正中各辟有高宽均为 6 米的十字交叉券洞以供行人车辆通过。基座的西北角悬挂有明成化年间的大铁钟一口。基座内有阶梯可至楼身。楼身为正方形木质结构，边长 22 米，高 26 米，外部远望 3 层重檐，里边实为 2 层，四面五开间，四周有回廊，廊间竖立 36 根巨型朱红明柱。3 层重檐下均饰有斗拱。楼内大厅四角还立有 4 根高 17 米，直径 0.8 米以整根红松木制成的龙井柱（俗称通天柱）。四面开门，每面门扇上均布满浮雕画，描绘了 57 个中国历史故事。一楼大厅顶部还彩绘天花，天花上分别绘以四季花卉。二楼的西墙上，嵌有明万历年间主持迁建钟楼的陕西巡抚龚懋贤的诗碑。钟楼顶部为四角攒尖结构，上面用碧绿色琉璃瓦覆盖，顶端为 5 米高的鎏金大圆顶。

钟楼内悬挂的大钟轶闻甚多，过去的报时大钟是唐景云年间铸造的铜钟，名“景云钟”，其上有唐睿宗李旦撰写的铭文，钟声清脆悦耳，据说可传数十里。

图 2–4 钟楼

如今站在现代化的街市上，远望钟楼，重檐飞翘，攒顶高耸，四周的现代化建筑更加衬托出它的古色古香、精致典雅。不过，钟楼所处原为城内的至高处，由于近年来的城市建设，如今，钟楼四周高楼林立，高度大大超过钟楼，已将钟楼原有风貌破坏殆尽。

与钟楼相对应的是位于今西安市西大街路北的鼓楼（图 2–5）。鼓楼始建于明洪武年间，清代有过两次重修。楼内悬挂有一面大鼓，以供夜间敲击向城内居民报时，此即其名之由来。

鼓楼楼基平面呈长方形，由基座、楼身组成，由地面至楼顶通高 34 米。基座由青砖砌成，长 52.6 米，宽 38 米，高 8 米，其南北正中辟有券洞门，高、宽均 6 米，可供行人车辆通过。楼身为重檐三滴水式，外部飞檐起翘，彩绘青绿斗拱，使楼体显得层次分明。第一层楼身上置腰檐和平座，第二层楼为重檐歇山顶，上覆绿琉璃瓦。上下两层每层正面均有 10 根明柱，正面 7 开间，加上两侧走廊共 9 个开间，此即为“七间九”取形。进深均为 3 个开间，四周均有回廊环绕，凭栏可眺望全城景色。楼内厅堂轩敞，装饰典雅，朱槅门窗剔透精致，梁枋彩绘豪华奇丽。雄伟壮丽的鼓楼，实为我国古代楼阁建筑中富有典型性的代表作。

图 2–5　鼓楼

三 帝王陵墓

作为我国“七大古都”、世界“四大古都”之一的西安，历代帝王将其作为都城的时间累计可达1000余年。宏伟的城池早已成为废墟，但这些帝王长眠之地的寝宫还在。在西安周围众多的帝陵当中，遗存至今、可供我们观览的主要是秦始皇陵、汉代诸陵和唐代诸陵。这些帝陵均气势雄伟，气魄宏大，与强大的秦、汉、唐帝国相符合。但它们又各有特色，我们可以从中看出历史的变化与社会的发展。秦始皇陵是由秦始皇亲自参与设计规划和指挥修造的，因此，该陵也充分显示出他专横、残暴的性格，表现出了秦始皇的武功和霸气。不过，秦始皇陵也反映出了当时从军事转向文治的社会倾向。秦始皇陵“平地堆土成冢”，陵冢完全是一座人工土山。因此，无论是规模的宏大还是对后世的影响，秦始皇陵都是空前绝后的。西汉王朝共经历了13个皇帝，其中有9个皇帝的陵墓皆分布在渭河北岸的咸阳原上，9陵在这里从东向西一字排开，绵延100多里。汉代诸陵在修建时极讲究气势，背依高山，面临大河，遥望可及终南山，地势极为开阔，特别是汉高祖的长陵，陵冢高大，其前又分布有大大小小63座陪葬墓，犹如一个威武的大将军在指挥着千军万马，极显皇家至高无上的气势。不过，纵观汉代诸陵，都还具有一种朴实无华的风格。汉代诸陵除茂陵外皆依昭穆制度分布排列，其整体布局对后世影响极大，以后各代的帝陵皆是以汉陵为参考而修建的。唐代诸陵在修建时，渭水北岸咸阳原上的好“风水”已被汉陵所占据，于是，唐陵即向汉陵更北的方向发展。这里地势更高，唐陵多以山为陵，气势更大。唐陵的陵园布局基本上继承了汉陵的布局，这也反映出了当时以文治天下的思想。不过，唐陵陵区内文化氛围更加浓厚，同时也表现出了相当的奢华感。例如神道两侧皆排列着众多的石雕，有的帝王陵前的石雕群中还有许多蕃酋像，这一方面反映了当时中外交流的频繁，另一方面也显示了大唐帝国的世界性。

那么，就让我们走近这些帝王陵墓，揭去它们神秘的面纱，认识一下它们的真实面目吧！

1. 秦始皇陵

秦始皇陵坐落在西安市东部的临潼区东5千米处，这里背临渭河，南望骊山，堆土成陵，远望犹如一座小山，气势异常雄伟。

秦始皇（公元前259—公元前210年），名嬴政，秦庄襄王之子。他13岁即位，亲政后致力于统一战争，先后用10年时间，翦灭了“战国七雄”中的其他六国，统一了全国，建立了我国历史上第一个统一的中央集权的封

图2-6　秦始皇陵兵马俑坑

建帝国，并成为我国历史上的第一个皇帝。在位期间，他废除分封制，实行郡县制，在全国范围内统一了文字、货币、度量衡、车轨和法律等，成为对中国历史发展产生极为深远影响的罕见人物之一。秦始皇的陵墓也是我国历史上规模最大的“堆土成陵”式陵墓。据勘察，秦始皇陵的陵园分为外城和内城两部分，外城呈长方形，内城呈正方形，四周均有围墙。陵基位于陵园西南部。按照秦朝当时习俗，以东向为尊，西方为上，室内又以西南隅为最尊，是尊长居住的地方。因此，陵冢便位于陵园内城垣的西南部。整个陵区坐西朝东，面对陵区东门的大道是主干大道，两侧排列着各式陪葬坑，这些陪葬坑包括兵马俑坑、马厩坑、珍禽异兽坑以及其他尚未判明陪葬物品的坑。规模宏大，举世称奇的兵马俑坑在秦始皇陵园中所处位置与所占比重，其实并不如常人想象中的那般突出。

如今从西安通往兵马俑博物馆的公路正好从陵园中部穿过，行进在公路上，我们可以看到路南形似小山的墓冢。墓冢呈覆斗状，顶部有平台，冢北有一缓坡状台阶可至顶部。据文献记载，原冢高55丈，经过两千多年的风雨剥蚀，现存墓冢仍高达76米。秦始皇陵的修建，先后用了37年，动用了70万壮丁，到他去世时，该陵的收尾工程仍在继续。其筑陵人数之多，规模之大，随葬物品之丰富在我国历史上是绝无仅有的。据有关史书记载，秦始皇陵在历史上被大规模盗掘过5次，其中仅项羽入关后，即以30万人“三十日运物不绝”。但是，经过考古和科技工作者多年来的钻探勘察所得到的种种迹象却表明，秦陵帝宫仍完好无损，秘密通道原封未动。不过，由于现代科学技术的限制，我们还不便立刻对其进行发掘，至今它的内部构造和藏品仍是一个引人注目的历史之谜。

1973年3月，当地农民在秦始皇陵东侧打井时的意外收获，使我们发现了规模巨大的秦始皇陵兵马俑坑，从其内出土了大量的兵马俑和兵器，它的发现，堪称世界“第八大奇迹”。另外，1980年冬天，又在陵冢西侧20米处发现了一组车马坑，从中发掘出两辆精美华丽的彩绘铜车马。这些发现可以使我们管窥到秦始皇陵的巨大博厚。秦兵马俑坑是秦始皇陵大批各式陪葬坑中的一种，整个俑坑由 1 号、2 号、3 号坑和一个空坑所组成，1 号、2 号、3 号坑呈“品”字形排列。兵马俑坑是秦始皇当年强大的军事力量的具体再现，在中国军事史的研究当中有极为重要的价值。此后，秦陵考古不断取得新进展，特别是在进入 21 世纪后新的考古发现不断，先后发现了“石铠甲坑”“百戏俑坑”“文官俑坑”“铜禽坑”等，这些发现，让我们对于早已为世人瞩目的秦始皇帝陵有了更多、更新的认识，使兵马俑的热度经久不衰。（图 2–6）

2. 汉代帝陵

西汉王朝修建帝陵，有一套严格的陵墓制度，陵墓的形状和规格有统一的规定。每位皇帝登基后，即在第二年开始年年动用少府收入的 1/3 为自己修建陵墓，一直到他驾崩为止。帝王陵园占地 7 顷，四周有围墙，墓冢占地 1 顷，陵高 12 丈，墓深 13 丈。地宫内高 1 丈 7 尺，四面均有一个可通过 6 匹马驾的大车的墓道。四门均设置机关，以防被盗。地宫方 100 步，其内随葬物品也有统一的规定，死去的皇帝口含蝉形玉片，身穿“金缕玉衣”以防腐化。这些帝陵整体布局皆坐西朝东，均分布有大小不同、数量不等的陪葬墓。这些陪葬墓中如长陵的周勃墓，茂陵的霍去病墓等都非常有名。

西汉诸陵位于渭河北岸咸阳原上的 9 陵大致分布在一条直线上，这些帝陵的陵冢均用夯土筑成，都呈上小下大的覆斗形。它们自西向东依次为武帝茂陵、昭帝平陵、成帝延陵、平帝康陵、元帝渭陵、哀帝义陵、惠帝安陵、高帝长陵、景帝阳陵。

西汉诸陵中以高祖长陵最为著名。它位于今咸阳市东约 20 千米处，其东为阳陵，西为安陵。长陵东部有包括吕后冢及许多贵族墓冢的陪葬墓群，分布于从长陵一直到泾河南岸的咸阳原上，绵延 7 千米。

长陵又名“长山”“长陵山”，其建筑包括陵园、陵冢、祀庙、楼台和陵邑等。长陵坐西向东，陵园平面呈边长 780 米的方形，四周有围墙，四面各开一门，四角有角楼。长陵的墓冢呈覆斗形，顶和底部平面均为长方形，底部东西长 153 米，南北宽 135 米，顶部东西长 55 米，南北宽 35 米，冢高 33 米。长陵的陵邑在陵北 3 千米处，平面呈长方形，三面有围墙，陵邑内有官署、市场和里居。长陵的建制直接影响了以后汉陵的形制。

汉文帝是我国封建社会的“仁道明君”，他在位期间，体恤民情，减轻赋税。他在位 20 多年，期间社会安定，经济繁荣。他与后来的汉景帝，在位时期政治清明，人民生活安定，史称“文景之治”。他的灞陵位于今灞桥区，其地依山带水，势如凤凰展翅，故俗称凤凰嘴。汉文帝为自己修陵墓并不役使百姓，而是让大将周亚夫率 2 万士兵建造，陵内随葬品据说也皆为陶器。和长陵一样，灞陵也有许多的陪葬墓和陵邑。灞陵在我国古代文学作品中非常有名，许多文人学士路过灞陵都要到此凭吊一番。建安时期著名诗人王粲的“南登霸陵岸，回首望长安，悟彼下泉人，喟然伤心肝”的诗句，抒发了诗人对盛世明君的怀念和对已去太平盛世的追怀。这几句诗历来极受赞赏。

西汉诸陵中，以汉武帝刘彻的茂陵规模最大。茂陵位于今兴平市东北的渭北高原上。此地在西汉时因属槐里县茂乡，故名茂陵。茂陵是西汉诸陵中最西边的一个，也是我国历史上修建时间最长的一个帝王陵墓。

汉武帝是西汉时期最有作为的一个皇帝，历史学家常常以怀有“雄才大略”来评价这位皇帝。在他统治期间，西汉王朝进入了鼎盛时期，西汉的国土疆域基本奠定了我们中华民族生存活动的地理格局。

经济的繁荣，国力的强盛，为汉武帝大肆修建自己的陵寝提供了坚强的后盾。汉武帝在他即位后第二年即开始为自己修建陵墓，待他死后入葬时，据说陵上的树木已可以合抱了，据此可以想象其修筑的时间之长和工程之浩大了。陵址为汉武帝亲自选定。他如此违犯祖规，打破昭穆制度，主要是由于秦汉时期的方位观念是以西方为尊，其间明显流露出武帝睥睨前人，雄视千古的强烈个性。这种个性也表现在他的陵墓建造上，其他帝陵都遵循陵墓制度，陵冢高度均30米左右，唯独茂陵标新立异，陵冢高46.5米，底边长230米，顶边长40米，颇有唯我独尊的气势。

同其他汉陵一样，茂陵也有陵邑、陵园及大批的陪葬墓，其中李夫人、卫青、霍去病等人的墓还非常著名。特别是霍去病墓，墓前至今仍保留着大批西汉时期杰出的石刻艺术品，到茂陵游览不可不到此一看。（图2–7）

图2–7 茂陵霍去病墓石刻

3. 唐代诸陵

唐朝在我国历史上是一个非常强盛的朝代，它共经历了21位皇帝，统治中国长达290年。21位皇帝中，唐昭宗李晔的和陵在洛阳，唐哀帝李柷的温陵在山东菏泽，其余均在关中地区。又因唐高宗和武则天合葬于乾陵，故此关中只有18座唐陵。这些唐陵均分布在渭北高原上，整个陵区东西长达100余千米。从唐代诸陵的整体分布情况来看，唐高祖的献陵东西居中，其他则多为父子相邻。每座帝陵皆位于山的向阳一面，它们的形制大体可分为两种：一种是平地起冢，另一种是凿山为陵。无论是平地起冢还是依山而建，这些帝陵均仿照京师长安而建，因而人们通常称它们为“山野小朝廷”。每座帝陵在建造时，都以地宫为中心，在地面上修建一个方形的陵园，四周有围墙，每面正中各开一门，各有其名，分别是南朱雀、北玄武、东青龙、西白虎。每座门内均有献殿，门外有双阙、双兽。朱雀门为其正门，前有神道通向南部的双乳台，神道两侧对称放置着石刻华表、天马、浮雕朱雀、伏马、石人等，有的还有蕃酋像，象征着百官衙署和皇帝的仪卫。乳台向南还有鹊台，二台之间为陪葬区，象征着城内的官宦宅第。在关中18座唐陵当中，尤以昭陵和乾陵最为引人注目。

昭陵是唐代第二位皇帝——唐太宗李世民的陵寝。它是唐陵中第一个以山为陵的陵墓，陵寝位于九嵕山主峰之上，九嵕山山势突兀，海拔 1188 米，南临渭水，背依泾水，山环水抱，风景绝佳。昭陵陵园周长 60 千米，面积达 200 平方千米，园内散布的各类陪葬墓大大小小有 160 多座，这是我国历史上规模最大的陵园。

李世民是唐高祖李渊的次子，他继位后，励精图治，任人唯贤，广开言路。他在位 23 年，开创了国泰民安、吏治清明、经济兴旺、国力强盛的一代盛世，史称“贞观之治”。因此，唐太宗也成为我国历史上最有作为的皇帝之一，被公认为垂范千古的皇帝楷模。

同中国历史上的其他帝王一样，李世民在位时即于贞观十年（636 年）开始为自己修建陵墓，一直到他去世为止，前后用了 13 年修建昭陵。据记载，昭陵有内外两重城。外城已难寻觅，方形的内城依山势蜿蜒起伏，四面各有城门。驰名中外的“昭陵六骏”浮雕像原来即竖立在北门玄武门内两侧。昭陵的西南建有“下宫”，其内有许多宫殿建筑。昭陵南部，以陵为扇轴向南辐射成一个扇面形，在大面积的范围内分布着大大小小 160 多座陪葬墓，它们像群星拱月一样，按亲疏、贵贱列侍两侧。这其中以魏征、李靖、李勣墓比较有名。

乾陵是唐高宗李治与女皇武则天的合葬墓，这是我国至今为止唐陵中唯一的一座可以肯定尚未遭受盗掘的帝陵。它位于长安西北，属八卦中的乾位，故称乾陵。该陵位于乾县城北的梁山上，规模宏大，气势雄伟，是唐陵中最具代表性的一座。（图 2–8）

图 2-8 乾陵远眺

乾陵是我国历代帝陵中唯一的两个皇帝合葬墓，二者既是夫妻，又先后称帝。乾陵始建于弘道元年（683 年），到神龙元年（705 年）武则天入葬为止，前后修建了 23 年。该陵的陵址是武则天亲自选定的。它依山为陵，整体布局利用海拔 1050 米的梁山主峰和其南面东西对峙的两个小山峰作为框架，因而格外显得气势雄伟，布局宏大。我们知道，昭陵开创了唐陵“以山为陵”的先例，而乾陵则在此基础上将其发展成更完整更合理的陵园布局。其陵园分内外两重城墙，连接南大门和陵寝的中轴线南北长达 4 千米。陵园内建筑颇多，据记载，唐后期在乾陵内重修建筑即有 378 间，比初建时的规模显然更加宏大。如今在陵园内仍可看到残存的众多的建筑基址，神道两侧高大的门阙残基，东西对称排列的许多巨石雕成的石刻，陵东南散布的众多陪葬墓，让人感到乾陵昔日的非凡气势依然存在。（图 2–9）

通过以上观察，我们可以看到，西安周围的这些帝王陵墓同洛阳和北京周围分布的帝陵存在着较大的差异。洛阳周围主要分布着东汉、北魏时期的帝王陵墓，这些帝陵均散处各地。如今，在邙山山头上极目四顾，密密麻麻似馒头般的皆为墓冢，其气势不可谓不壮观，但它们却缺乏整体的规划布局。这些帝陵无论其形制、规模或欣赏价值及对后世的影响均无法和西安周围的帝陵相比。北京周围分布的帝王陵墓主要是明、清帝陵，这些帝陵均非常典型，

图 2–9　乾陵无字碑

且极具观赏价值，整个陵区布局都经过统一的规划，显得井井有条，排列有序。每个帝陵均修建得极为豪华、气派，与明、清帝国强盛的国力相符合。但是，无论是明陵还是清陵，它们均缺乏像秦、汉、唐帝陵整体布局的宏伟气势。清陵分布两处，明十三陵分布在面积只有4.5平方千米的范围之内，虽有形式严整之美，但也有拘谨狭促之弊。明、清两代选择陵域，皆以风水好为先，在所谓气势不凡的背后，总给人以浅薄之感。汉、唐诸陵以广阔高亢的咸阳原为基，以峻拔的九嵕山为依托，陵区东西绵延50千米至100千米，充分表现出了一种自由、洒脱、放达的风格。由于历时久远，陵墓原有的建筑和雕塑大多遭受破坏甚至无存，因而又别具一种雄浑的历史沧桑的深度，给人以更加神秘、更加动人的印象。

如前所述，秦、汉、唐帝陵，都以气势宏大为基本特征，但若细细品味，也可发现它们的不同之处：秦始皇陵的气势宏大，掺和着一种前无古人、不可一世的霸气。数千个兵马俑随葬，显然是炫耀秦始皇武功和秦王朝武力的设计。联想到秦朝的暴苛之政，便更会感到秦始皇陵的气势宏大过于强硬逼人，阳刚有余而阴柔不足。西汉统治的国策，经历了一个从黄老无为到兼用王霸再到独用儒术的变化。因此，西汉帝陵的气势宏大，就其层次来讲，显然要比前朝丰富了许多，既有长陵、茂陵的堂皇巨制，又有灞陵的简朴无华。时人对周勃曾有“重厚少文”的评语，借此来概括汉陵的特点，似乎也很合适。夕阳之中遥看汉家陵阙，总能为它们那强健、雄浑的气魄所感动，喟叹之余，又不免会觉其缺少一点生动与活力。唐陵的气势宏大，几近尽善尽美，盛世经济的繁荣、文化的发达、社会生活的丰富，都可以通过陵墓的选址及陵前布置而折射出来。因而它们别具一种沉稳而又不失活力的成熟美。由于比秦、汉诸陵更得山水形势之美，所以唐陵之旅，总能给人更多的激情和愉悦。

四 宗教古迹

作为国都的长安城，不仅是政治中心和经济中心，同时也是文化中心，教育与宗教事业的发达，是这座城市有别于其他城市的重要特征。尤其是唐代的长安，由于李姓皇帝认老子为远祖，崇尚道教，同时又有不少皇帝佞佛，所以长安城内外修筑起不少道观和寺院。岁月的流逝和频繁的战乱，使许多当年名动天下的道观和寺院荡然无存或面目全非，但历史老人毕竟还对我们有怜悯之心，在西安为我们留下了一批宗教建筑。但是，如若把它们和首都北京现存的宗教建筑相比较,我们就可以看到二者之间存在着明显的差异。北京地区的寺院庙观均规模庞大，气势雄壮，建筑精巧华丽，具有非凡的皇家气派。这是因为，其一，北京为我国封建社会后期强大的元、明、清王朝的都城，这些建筑的年代距现在较近，兵火的摧残较轻，保存基本完好；其二，北京的寺院庙观大多或为帝王御用，由皇家出资兴建，或为达官贵人、富商巨贾布施建造。财力的雄厚决定了这些宗教建筑无论规模或其内建筑都是别处无法比拟的。而西安地区现存的寺院庙观与北京地区的相比较，就显得狭小和残旧了，其主要原因，自然与西安过早失去了国都地位有关。不过，西安周围宗教建筑之中所包含的文化积淀是我国宗教史的一个重要组成部分，这是一笔巨大的财富，无论北京地区的寺院庙观如何雄伟也无法与之相提并论。

我们知道，佛教正式传入我国是在东汉永平年间。而早在西汉末年，已有佛教在长安传播的记载，当时西域佛国大月氏使臣伊存来朝，就有博士弟子景卢向其学习佛经。西晋时，月氏人竺法护在长安翻译佛经，有弟子千余人，此时长安佛法已很兴盛。后秦弘始三年（401 年），西域名僧鸠摩罗什来到长安，并在此居住了 12 年。他广收信徒，宣扬佛法，对佛教中的大乘教在中国北方的传播起了很大的作用。当时，庐山名僧慧远与鸠摩罗什常有书信来往问答，慧远把中国传统的玄学和儒学融合进了佛教之中。由于他的倡导，佛教大乘教派中的净土宗在南方得到了广泛的传播。净土宗是大乘教派中最有影响的一个宗派，由于这一派的发达，佛教才真正深入民间。历史上遗留下来的佛教遗迹大多与净土宗有关。而作为净土宗发源地的香积寺即位于西安地区。唐代贞观三年（629 年），唐玄奘去天竺取经，带回 657 部梵文经书，并在长安翻译。由于统治阶级的提倡，隋唐时期佛教传播达到了高潮。当时玄奘翻译佛经的地方就在今大雁塔所在地的大慈恩寺内，大雁塔也是玄奘创议建造的，而玄奘死后的埋葬地就在西安城南的兴教寺内。

东汉末年，道教渐兴。道教把老子李耳作为祖师爷，尊奉其为太上老君，并把老子的《道德经》作为该教的主要经典。道教在发展传播过程中与西安密切相联，这里有《道德经》的诞生地——楼观台，也有号称是道教祖庵的重阳宫等。

伊斯兰教自创立以来，发展传播很快，到唐代传入我国。安史之乱时，阿拉伯帝国应邀派兵帮助唐王朝平息叛乱，当时不少官兵落籍到了长安，唐王朝非常尊重他们的宗教信仰，并在长安敕建清真寺一座。如今西安城内的清真大寺为明代建筑物，保存完好、规模较大，是我国四大清真寺之一。

下面就让我们分门别类去寻觅、瞻仰这些宗教遗迹，从中体会它们内在的价值意义吧！

1. 佛教遗迹

西安周围的佛教遗迹为数众多，其中著名的就有作为西安象征的大雁塔、与大雁塔齐名的小雁塔、玄奘灵骨埋葬地兴教寺、净土宗活动圣地香积寺、目前世界上唯一的释迦佛骨珍藏地法门寺、白居易《长恨歌》诞生地仙游寺等。

图 2-10　大雁塔

大雁塔位于西安市南4千米的大慈恩寺内。大慈恩寺是唐代高宗为其母追荐冥福而创建的，是当时长安城内最大的佛寺。永徽三年（652年），为保存玄奘从天竺带回的佛经，唐高宗资助修建大雁塔，最初立塔5层，土心砖表，后纯用青砖改修成方形楼阁式的7层、10层，后遭战火破坏，仅剩7层。明代又在外表加砌面砖予以保护，现存大雁塔即为其遗存。大雁塔整个建筑高大雄伟，造型生动，比例协调。塔内有木梯盘旋上升可至塔顶，每层塔室四周中央各置砖券拱门。而盛唐举子们“雁塔题名”的风习，更给大雁塔增添了几分俊雅。（图2–10）

小雁塔位于今西安市南门外友谊西路的荐福寺内（现在为西安博物院所在）。荐福寺是唐高宗死后百日，宗室皇族为其“献福”而筑造的，创建于唐睿宗文明元年（684年）。唐中宗时扩建寺院，又在该寺南部修建了“荐福寺塔”，因该塔身小秀丽，与大雁塔形成对比，故俗称小雁塔。荐福寺内的藏经楼非常有名，它是唐代又一位名僧义净归国后译经、藏经的地方。寺院南部有钟楼、鼓楼，特别是钟楼里悬挂的金代大铁钟，弥足珍贵。清康熙年间，寺僧于每日清晨准时敲钟报晓，清音响彻四方，人称“雁塔晨钟”，被誉为“关中八景”之 。1994年，寺院经过修葺，“雁塔晨钟”重又响起。

小雁塔为13层密檐式砖塔，塔内每层均有塔室，室内有梯可盘旋至塔顶。小雁塔自创建至今已有1300多年，其间历经70多次地震，虽有裂缝而不倒，由此可以看出其坚固程度和建造者的高超技艺。

兴教寺位于西安市东南约20千米处的长安少陵塬畔。该寺是总章二年（669年）为唐代名僧玄奘圆寂后迁葬于此而兴建的，当时寺院建筑规模宏大，为唐代樊川八大寺院之首。整个寺院依塬俯川，殿宇巍峨，松柏苍翠，气势雄伟。在这里我们可以详细了

图2–11 兴教寺塔

解玄奘的生平事迹，还可以参观“玄奘负笈图”石碑、玄奘舍利塔等一批驰名文物。（图 2-11）

香积寺坐落在西安市长安区神禾塬畔。它是唐中宗神龙二年（706 年）为安葬、祭祀当时的高僧善导而创建的。因此，这里也是佛教净土宗活动的圣地。

法门寺位于西安市西北 110 千米处的扶风县。它是目前世界上唯一的一处释迦佛骨的珍藏地，素有“关中塔庙始祖”之誉。（图 2-12）

法门寺初建于东汉，原名阿育王寺，唐代时因寺内珍藏有释迦牟尼的真身佛骨，改寺名为法门寺，意为“佛法之门”。寺内有珍藏佛骨的真身宝塔，唐代先后 8 次迎奉舍利佛骨，均极为隆重，每次迎送完毕，皇帝均将大批珍

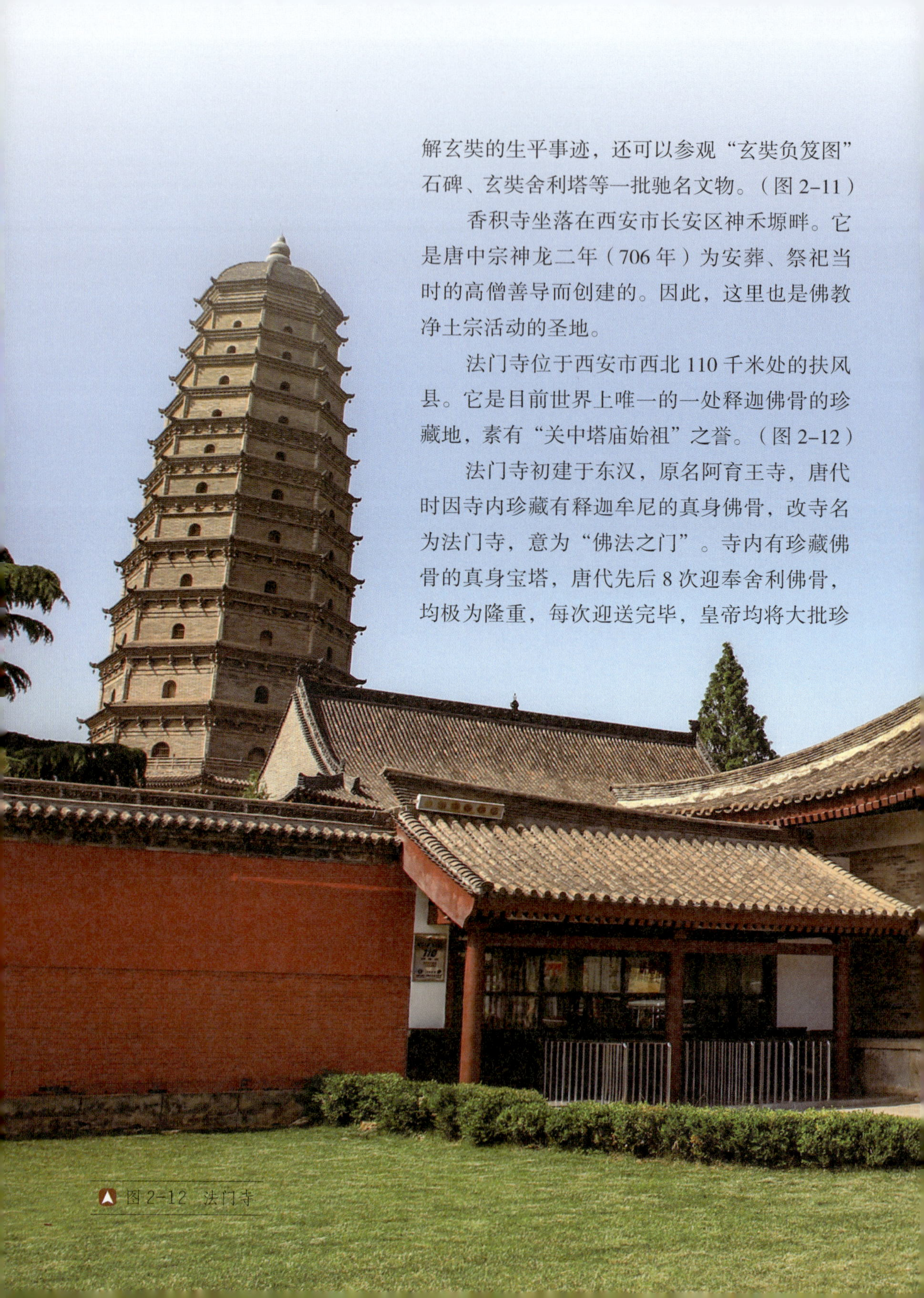

图 2-12 法门寺

宝同佛骨密封安置在宝塔地宫内。宝塔为八面 13 层仿木砖塔，1981 年 8 月 24 日，为重修这座即将坍塌的宝塔，在清理宝塔地宫时发现了数百件价值连城的珍贵文物和 4 枚佛指舍利。不但印证了史籍所记不虚，同时这批珍贵文物的发现为我们研究唐代社会历史提供了十分准确的实物资料。另外，法门寺地宫的发现，对世界佛教的发展也有举足轻重的作用。

仙游寺坐落在周至县城南 17 千米处的黑水峪口。这是一座由隋代行宫改建而成的寺院，这里四山环抱、地势险峻、风景优美，是西安地区融自然与人文景观于一体的著名旅游景点。

仙游寺现存南北二寺，分隔在黑河两岸。虽然遗存建筑不多，但是，传说发生在这里的美丽故事却十分丰富，如西周周穆王将其心爱的盛姬葬于此，并在墓旁广植翠竹；春秋时秦穆公的女儿弄玉与萧史的爱情故事也发生在这里。历代文人墨客也在此留下了许多逸闻趣事，如东汉经学大师马融发愤攻读于此，唐代著名诗人白居易在这里创作《长恨歌》等。

2. 道教遗迹

楼观台位于周至县城东南15千米处的终南山北麓。相传为周代大夫函谷关令尹喜为观测天体所建。后老子西游入关，即在此筑台授经传道，并著述《道德经》。因此，这里历来号称“天下第一福地”，被视为道教的发源地。

楼观台现占地面积约5平方千米，这里依山带水，观内茂林修竹，殿宇星罗棋布，自古即为游览的好去处。楼观台自创建以来，累朝历代对其均有增建、修葺，唐代认老子为远祖，对楼观台更是大肆扩建，基本奠定了其建筑格局。现楼观台内遗存名胜古迹很多，如上善池、说经台、炼丹炉、仙女泉、仰天池、宗圣宫、会灵观、玉真观等。楼观台内的殿宇楼观一般都与传说中道教的一些事迹有关。这是一处令人向往的道教胜迹。(图2–13)

作为道教祖庵的重阳宫位于西安市鄠邑区城西10千米处的祖庵镇北，这里是元代关中全真派的圣地，当年王重阳和他的几个著名门徒在这里传经说道，该宫也因王重阳而得名。

该宫在元代规模宏大，是当时全国72路道教的总集会处，据记载，当时重阳宫各类建筑计有5000余间，规模极大，但现今重阳宫仅存一座小小的道观。不过，其内却保存有30余通碑石，通过这些碑石，我们可以了解元代的历史和道教的发展过程。

八仙庵是如今西安市内最大和最为著名的道教观院，位于今西安市东关长乐坊、唐兴庆宫的基址上。相传其为宋代初建，以后各代均有整修，现存多为清代建筑。主要有三进院落和第三进院左右两侧的东西跨院，重要建筑有灵宫殿、八仙殿、斗姥殿、吕祖洞、药王殿、太白殿等。

图2-13　楼观台

3. 伊斯兰教遗迹

关中地区最大和最为著名的伊斯兰教寺院，是位于今西安市鼓楼北侧化觉巷内的清真大寺，这是一座具有中国民族特色的伊斯兰教寺院，也是关中地区规模较大、保存完整的明代建筑群。（图 2–14）

该寺始建于宋代，后来各代均有重修。其建筑坐西朝东，平面呈长方形。整个建筑自前至后由四进院落组成，主要建筑均位于东西中轴线上，两侧辅助建筑左右对称、布局严谨。整体布局前疏后密，气势极为连贯。寺内的明代木牌坊、省心楼、凤凰亭、礼拜大殿等建筑以及唐代的《创建清真寺碑记》是我们必看的。通过游览清真大寺，我们可以了解到世界三大宗教之一的伊斯兰教在我国传播和发展的历史过程。

2–14　清真大寺

五 文史古迹

西安周围的文史古迹，是构成西安地区整体文化结构的一个重要组成部分,在我国珍贵的民族文化遗产之中也占有重要的位置。这里有发现较早、保存完整的仰韶时期典型的村落遗址——半坡遗址；有我国现存最古老的皇家园林——华清池；有我国最大的石质书库——碑林；有“诗圣”杜甫的故居——杜公祠等。

半坡遗址位于西安市东郊浐河东岸的半坡村北，这是一处我国新石器时代仰韶文化村落遗址。该遗址发现于 1953 年，经过考古工作者的多次发掘，发掘出大面积的房屋遗迹和圈栏、陶窑、储藏窖穴、墓葬等遗存，出土各类文物万余件。在此基础上建立了我国第一座史前遗址博物馆，并于 1958 年对外开放。半坡遗址博物馆包括遗址大厅、两个陈列室和一个陶窑遗址。

半坡遗址博物馆坐东朝西，博物馆的大门是以半坡遗址中出土陶器上的纹饰为造型修建的，极为别致。走进大门，迎面为“半坡姑娘”的雕塑像，塑像两侧是陈列室，展出半坡先民们的生产工具、生活用具和其他遗物。塑像后边，登上高高的台阶，迎面即为展览大厅,其内展出原始村落居住区的一部分,面积约3000平方米。遗址大厅东侧为陶窑遗址，这是我国目前发现的最古老的陶窑遗址之一。通过参观半坡遗址及其内出土的大量精美文物，我们可以了解到处于 6000 多年前原始社会的半坡人的发明创造，从中体会到我们远古祖先的聪明才智。

沣西车马坑位于西咸新区沣西新城马王街道张家坡村附近，处于西周丰京遗址内。1959 年，考古工作者共发现有 18 处车马坑，后发掘了 4 座集中在一起的车马坑，现已建厅保护，其中保存最完整的 2 号车马坑供人们参观。

这个车马坑平面呈长方形，其内埋车 2 辆、马 6 匹、殉葬人（驾车者）1 个。两辆车各有车辕 1 根，马驾在车辕两侧。车辕向东，2 辆车南北并列。南边的一辆驾马 4 匹，两服两骖，两服正卧，两骖侧卧。殉葬人骨架压在南车车厢之下，没完全清理出。北车驾马 2 匹，四肢蜷曲正卧。6 匹马的马头恰好在车前排成一个整齐的弧线。

考古工作者根据发掘资料对这两辆车进行了复原，两辆车均为木制，车厢为长方形，四周围以栏杆，后边开门。车辕压在车轴之上，衡木压在车辕前端。北车在衡木两端各横插铜矛一件，铜矛下垂着红色织物串起的贝、蚌饰物。辕两侧的横上也装饰着同样大小的蚌泡和 8 个贝壳组成的花朵。马的头部和身上有许多铜质与贝质的装饰品和成套的马具。从马的装饰和车的形制来看，这两辆车均为当时实用的战车，就其埋葬状况看，显然是先将马和人处死然后摆放在坑内进行殉葬的。

华清池位于临潼区、骊山北麓。骊山是秦岭的一条支脉，山势矫健、风景秀丽，“骊山晚照”为关中八景之一。华清池是关中有名的温泉，其内水温常年保持在 43 ℃左右，水中含有多种矿物质。秦时即在此筑室砌池，其时名“骊山汤”。相传秦始皇在此触怒神女，被唾一脸，随即发疮，后神女以温泉水为其洗好，所以又名“神女汤”。西汉时在此增修建筑，唐朝初年在这里建温泉宫，唐玄宗时对其大肆扩建，改名华清宫。历史上华清池与“风流天子”李隆基联系密切，他在位 40 多年，先后 36 次到华清池过冬和沐浴，他与杨贵妃的爱情故事也发生在这里。（图 2–15）

图 2–15　华清池

华清池在我国现代史上极为有名，1936 年西安事变爆发时，蒋介石即住在华清池的五间厅内。如今在骊山之上还有蒋介石在石缝中躲避藏身的历史迹地和“兵谏亭”。

华清池的建设在唐代达到鼎盛，唐末被毁。以后虽有重修，终不及唐时规模。现存是在清代建筑基础上，经多次扩建和发掘复原唐代遗址后形成的。总占地面积约 8.5 万平方米，分为中区、东区和西区。华清池内山清水秀，建筑典雅、错落有致，隐隐中透出皇家气派，这是一座我国现存极少的千年名园。

碑林位于西安市碑林区三学街十五号，因其内碑石如林而得名。这里是我国藏碑时间最早、数量最多的地方。这里凝聚着我国历代无数热爱祖国文化遗产的文人志士的心血。（图 2–16）

碑林初建于北宋元祐二年（1087 年），首批移入碑林的是唐代国子监收集的 100 多种碑石，以后历朝各代对其皆有增修和扩建，其内珍藏碑石也日渐丰富。特别是中华人民共和国成立以来，经政府多次拨款整修，碑林已形成巨大规模，现已辟为西安碑林博物馆。博物馆由孔庙、碑林和中国古代石刻艺术展三部分组成。占地面积达 3 万余平方米，陈列面积 3000 余平方米。碑林内收藏有自汉以来的各种碑石、墓志 2300 方，展出 1087 方，布展在 7 个陈列室、8 个碑亭和 6 个碑廊之中。石刻艺术室内收藏有汉唐时期的陵墓石刻和宗教石刻百余件。碑林内的《开成石经》、《玄秘塔碑》、《大秦景教流行中国碑》、《大唐三藏圣教序碑》、《颜氏家庙碑》、《峄山碑》、《曹全碑》、《千字文碑》以及“昭陵六骏”等都是我们必须驻足细览的地方，通过欣赏我国历代书法大师们的这些艺术精品，我们可以了解我国特有的这一艺术门类的发展与形成，了解中国文字的演变过程。

我国历史上著名的“诗圣”杜甫的故居——杜公祠，位于西安市长安区，是后人为纪念杜甫修建的祠庙。

杜甫的一生极为清贫困苦，他虽有很大的政治抱负，但在当时却无法实现。唐代天宝五年（746 年）至乾元元年（758 年），杜甫全家一直住在杜曲附近，从事劳动生产。故此，在他的诗句中，杜甫自号“杜陵布衣”“杜陵野客”“少陵野老”等。据有关史书记载，杜公祠创建于明代，后历经数次火焚和重修。1960 年，在杜公祠原有房屋的基础上成立了杜甫纪念馆。现杜公祠内立有杜甫的塑像、石刻像并保存有诗人的遗墨，我们从中可以了解诗人的气质和高贵品格。

图 2-16 碑林

第三章
金银宫阙诸天上　锦绣山川一气中
——北京

一　建城历史及其国都地位的形成

2015年，“纪念北京建城3060年大型系列文化活动”在北京各地相继隆重举行，一座有着数千年历史的古城在喧嚣的鼓乐声中回想着自己往昔的历程。

公元前11世纪中叶，武王灭商建立周朝，分封天下诸侯。帝尧的后裔被分封于蓟，召公奭被分封于燕，后来燕并蓟，称燕国，建都蓟城，北京的雏形诞生了。从此，北京地区迈开了人类文明的第一步，一座东方伟大的城市呱呱坠地。北京房山琉璃河董家村西周燕都遗址的发掘，证明了周初燕国始封地的存在。北京最早的城垣遗址坐落在河湾地带的高平台上，东西长850米，南北宽600米，墙厚约4米，夯土版筑而成，主城墙、护城坡、护城河层层环护，防卫严密。

春秋战国时期，燕国的疆域不断扩大，作为燕国都城的蓟城城池也日趋扩大，与赵国邯郸、齐国临淄等大都市齐名，成为“富冠天下”的名城之一。秦统一后，燕地被分为六郡，蓟也降为广阳郡治所。西汉时期，蓟城时为侯国，时为郡治；东汉时蓟属渔阳郡；三国时蓟为幽州属地，是曹魏政权北方的军事重镇。西晋初年蓟为燕王封地，后为幽州治所；十六国时期蓟城成为北方少数民族争夺的目标。350 年，前燕主慕容儁攻破蓟城，即皇帝位，蓟城第二次成为国都，这也是少数民族政权首次在此建都。北魏统一中国北方后，蓟仍为幽州的治所。

隋唐时期，蓟城先后为涿州与幽州的治所，因而蓟城也被先后叫作涿州与幽州城。唐代幽州城南北长 9 里，东西宽 7 里。东城墙在今宣武门内外大街西侧，南城墙在今白纸坊街姚家井一带，西城墙在今莲花池东岸，北城墙在今新文化街一线稍南。四面共有 10 座城门，城内西南部为子城。城市格局逐步规范，内、外城规模初具。唐中叶，幽州改称范阳，成为安史之乱的策源地。安禄山在洛阳称帝后，以范阳为大都；史思明称帝后，以范阳为燕京，这是北京称大都与燕京的开始。五代十国时期战火频仍，后梁曾建都蓟城，但仅仅持续 3 年。

随着北方契丹与女真民族的强大，蓟城的地位也随之发生了变化。辽南京与金中都的先后建立，标志着北京由方国都邑、北方军镇向全国政治中心逐步过渡。

后晋天福三年（938 年），石敬瑭将燕云十六州割让于辽。辽太宗耶律德光把幽州升为陪都，称南京，又名燕京。南京是辽五京中规模最大的一座，基本沿用了唐代幽州城的城址，局部加以修筑，全城方圆 36 里，共有城门 8 座，皇城居于西南角。南京城“大内壮丽，城北有市，陆海百货，聚于其中；僧居佛寺，冠于北方，锦绣组绮，精绝天下”，一跃而成为北方的中心城市，地位显赫。

金天会三年（1125 年）金灭辽，贞元元年（1153 年）海陵王完颜亮将都城从上京迁到燕京，改称中都。从此，北京成为北部地区的心脏，一代王朝的都城。中都城不是单纯地沿袭了旧日的辽南京，而是参照北宋都城东京汴梁的规制，进行了大规模的改造与扩

建，分为大城、皇城、宫城三重。大城略呈方形，周长37里，墙高40尺；城为三重壕堑，壁垒森严，城周共有13座城门。大城东、西、南三面比南京旧城大大向外扩展，北城墙没有变化。东墙在今永定门以北至翠花湾一带，西墙在广安门外西南的凤凰嘴及其以北一线（10丈长的城垣遗址犹存，今天辽金城垣遗址博物馆就位于此处），南墙在凉水河以北，北墙已无踪迹，空留下会城门的地名。中都城内街道齐整，3条大道贯通东西南北，宫城居中，御道贯穿全城。北部为繁华的商业区，城外还有朝日坛、夕月坛等祭祀性建筑。金中都城是在北京早期城市旧址上发展起来的最后一座大城，成为北京向全国性政治中心过渡的重要标志。

一代天骄成吉思汗创建了蒙古帝国，疆域广阔，忽必烈秉承大志，建号大元，定都北京，当时称作大都。经过金、元之际频仍的战事，金中都已残破不堪，忽必烈决定放弃中都旧城址，以金代的琼华岛离宫为中心，另建新的大都城，城址的勘定、规划主要由刘秉忠及其助手赵秉温、赵铉等人负责，从至元四年（1267年）四月开始，到至元三十年（1293年）通惠河与大运河连通，大都城的营建工作用去了27年的光阴。

大都的设计，完全遵从《周礼·考工记》中“左祖右社，面朝后市”等皇权至上的城市规划原则，体现了在中原立国的少数民族统治者适应形势、推行汉法的指导思想。大都城在建筑规模、建筑艺术、城市布局和工程水平上，都是当时其他城市无法企及的，从而成为一座举世闻名的国际性大都市。元大都规划严整，规模宏大，平面为长方形，由宫城、皇城、外城三重方城组成。全城以琼华岛为中心，宫城在太液池东，皇城在外城南部中央偏西，太庙居东（今朝内大街北），社稷坛在西（今西四附近），这与明、清两代将太庙与社稷坛建于皇城内有所不同。外城最大，共有11座城门，周长达60里。城墙底部宽，顶部窄，用夯土筑成；夯土中又加入了“永定柱”（竖木）和“纴”（横木），十分牢固；同时墙壁上蓑以芦苇，防止雨水冲刷（元大都城墙约有12000米尚存，如今称作土城）。城墙四周建有角楼，外侧等距离建有马面，加上宽阔的护城河，确是固若金汤。大都城以一条中轴线贯通南北，东西建筑对称排列，城中街道整齐划一，泾渭分明，为明清北京城奠定了坚实的基础。

明代北京城是在元大都的基础上，参照南京城而修建的。城垣的修建经历了洪武、永乐、正统、嘉靖四个时期。洪武元年（1368年），大将徐达攻克大都城以后，将原大都城的北城墙向南收缩了5里（约3千米）另建新墙一道。据说这是为了削减大都的"王气"，使它不致超过南京城的规模，实际上却是因为大都北部空旷萧条，易受北元的攻击，因而才向南收缩的。新建的北城垣西端正好是河床地带，地势低、土质松，由于形势紧迫来不及填平夯实，只好将城垣改道，形成现在北京内城西北缺一角的奇怪形状（风水先生则附会说，西北乃艮位所在，艮为山，为高耸状，故令陷而取平）。永乐十七年（1419年）修建皇城，为把五府六部置于皇城前，于是将南城垣向南前移2里（约0.8千米）。大规模对城垣与城楼进行修筑是在正统年间（1436—1449年），新建了城楼、箭楼、角楼。新建城门比元代的更加雄伟坚固，同时将原来的名字一并改换。因城垣南移，城门较元大都减少了2座，共有9座城门。它们是南边的正阳门、崇文门、宣武门；东边的东直门、朝阳门；西边的西直门、阜成门；北边的安定门、德胜门。这些名称一直沿用至今。从洪武年间开始的在城垣内外壁砌砖的工程也在正统时期完成。嘉靖年间（1522—1566年）开始进行外城的修筑，但因财力不济，只修了南边一面，从此北京城就形成了"凸"字形，外城以里有内城，内城之中有皇城，皇城之内有宫城，层层包护，护卫森严。（图3-1）

明北京城布局严谨，以中轴线贯穿南北，南起永定门，北至钟、鼓楼（钟、鼓楼是北京城中明、清两代的报时中心，至今已有500多年的历史。鼓楼在南，钟楼在北，同在一条轴线上，体现了严格的封建礼制，是其他古都的钟、鼓楼所不能比的），皇城居中，左祖右社，面朝后市，五坛八庙星布城周，构成一座体系完整、井然有序的东方古都。清代北京城全部继承了明代北京城的格局与规模，

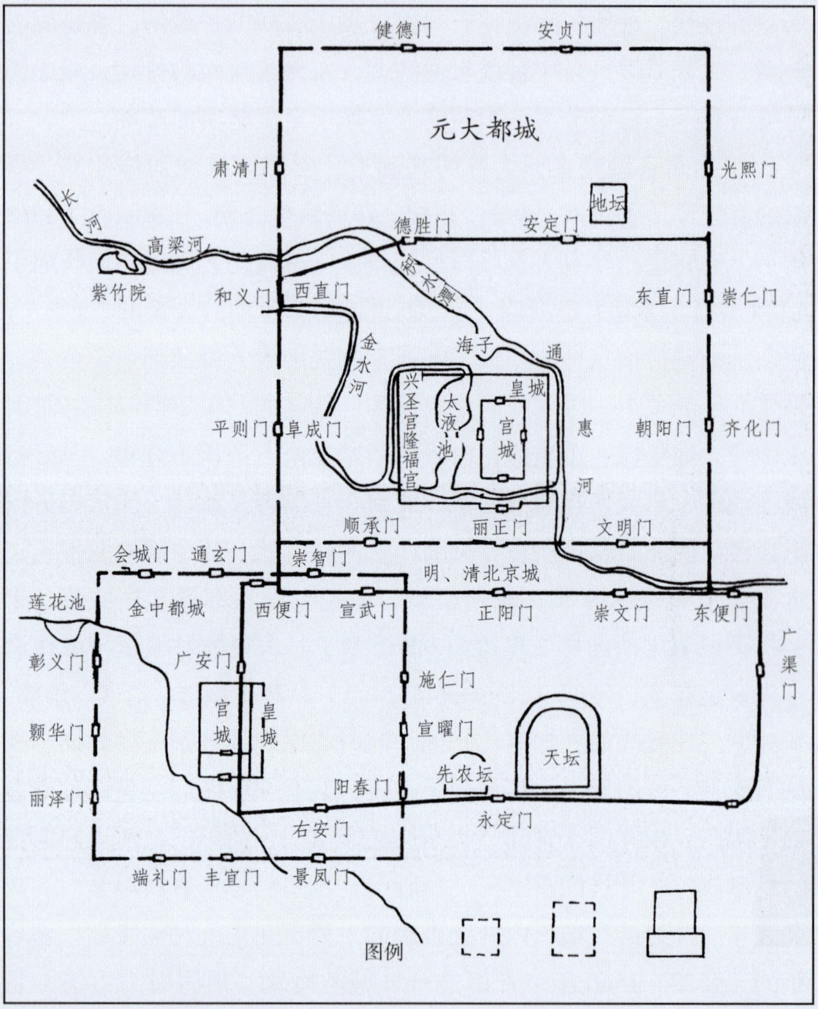

图 3-1　金元明北京城址变迁图

仅在局部进行了调整与修缮。（图 3-2）

综上所述，北京作为都城的历史，可以远溯到燕国的蓟城，从西周到战国末年，作为方国都城约达 800 多年，此后又先后成为慕容儁前燕，安禄山、史思明大燕与刘守光大燕的国都，历经辽、金、元、明、清直至新中国。然而元以前的北京，仅是局部地区的政治中心，从元朝开始它才真正成为全国统一政权的皇都。一座城市，在数千年的时间里作为都城而长盛不衰，这是北京优越的地理位置与中国历史发展相结合的结果。从自然环境看，北京地区的西面，是由山西、河北延伸过来的巍巍太行山的北段；它的北面和东面，横亘着燕山山脉，这条犹如一张弯弓的山脉，由西南伸向东北，在内蒙古高原与华北平原之间构成了一道天然屏障，而当其逶迤东至渤海一带时，又将东北平原与华北平原分隔开来；它的南面，是广阔的华北平原。北京地区气候温凉干燥，四季分明，永定河、潮白河、北运河、大清河、蓟运河等五大水系保障了北京有基本充足的水源。所以，北京地区不仅是关联华北平原、内蒙古高原和东北

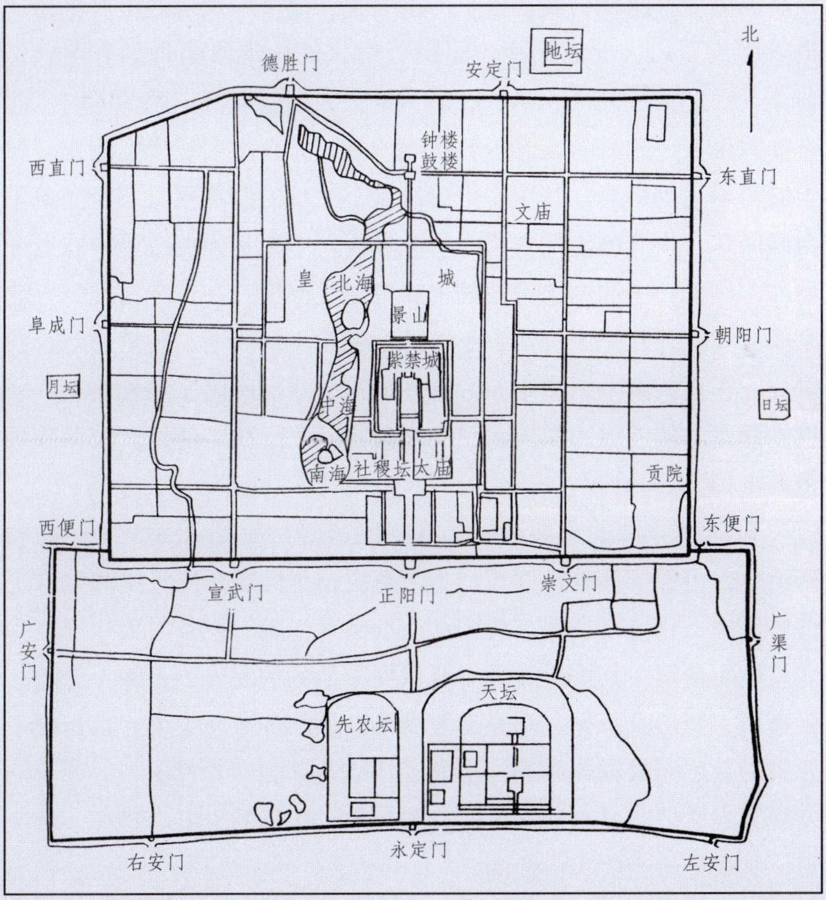

图 3-2 清代北京城平面图

第三章 金银宫阙诸天上 锦绣山川一气中——北京

平原的交通枢纽，还具有关隘险要、高山环峙、可攻可守的战略优势，而且在经济上也有其优越之处。

但在隋唐以前，北京的政治地位始终不高，究其原因，大约有二。首先，隋唐之前，北京地区东南一带水网稠密，湖泊和沼泽星罗棋布，由华北平原北上，唯有沿着太行山东麓一线的高地才能进入北京地区，这就使得南来北往十分困难，限制了北京地区与中原诸地的经济、文化交往，进而也就影响到北京地区自身的发展。其次，隋唐之前乃至唐朝初年，中原封建王朝面临的军事压力，主要来自北部偏西及西北地区，北京地区偏在东北，如果不是作为征伐高丽的后方基地，其军事上的重要性，显然不及河西走廊等地。进入中唐以后，北京的地位迅速上升，这种现象的背景有两点：首先，在北方王朝的军事、政治力量大大超过南方王朝的同时，北方少数民族，尤其是东北少数民族的崛起，在很大程度上改变了中国的军事地理格局；其次，中唐以后，中国的经济重心已经完成了由西向东、由北向南的转移，与此相应，中原王朝的政治中心也开始向东移动，中国的政治地理格局也随之改变。在这种情况下，北京作为我国封建王朝统治中心的地位就基本形成了，随着契丹、女真、蒙古诸族南下入主中原，这种地位就更加巩固、更加突出。所以，北京才能够成为我国古代连续为都时间最长、建都政权民族最多的古都。

以北京为都的主要弊病，在于脱离经济重心太远，京师的物资供应，主要依靠外地调运。为了解决这个问题，历代王朝采取了许多措施，首先是确保京杭大运河的畅通无阻，使京杭大运河成为北京的生命线；其次是致力于北京周围地区的发展，天津、保定、张家口、唐山、承德、秦皇岛等城市，从某种意义上说，都是由于北京的发展而带动起来的，形成了环绕北京的“首都圈”。而它们发展起来之后，又对北京城的发展产生了积极的影响。这样一种决策，是很值得当代人借鉴的。

二 宫殿坛庙

1. 明清紫禁城与宫殿

如果你站在景山之巅向南眺望，或是从高空俯瞰北京城，那么就会有一片片金黄映入你的眼帘，它们在阳光的照耀下，闪闪发亮，这就是明清北京的宫殿群。正是这一座座宫殿，使得今日北京与其他古都明显不同，使它拥有一种雍容华贵、富丽堂皇的皇家气派，使它拥有一种活泼的生命力，让每一个走近它的人都肃然起敬，啧啧赞叹。

从辽南京开始，北京城内的宫殿建筑就以其恢宏的气度一脉传承。辽南京宫内的元和殿、昭庆殿、嘉庆殿、临水殿、长春宫等揭开了北京皇宫建筑的新篇章。金代中都城内的皇宫金碧辉煌，城中宫殿九重，层层环护，重重拱卫，彩绘龙凤，金钉朱户，依主线次第排列，轻重有别，尊卑有序。元大都的宫城殿宇更是较前期有过之而无不及。萧洵的《故宫遗录》记载："凡门阙楼台殿宇之美丽深邃，阑槛琐窗屏障金碧之流辉，园苑奇花异卉峰石之罗列，高下曲折以至广寒秘密之所，莫不详具该载。"大都宫殿主体建筑分为南北两部分，分别以大明殿和延春阁为主要宫殿，金铺朱户，丹楹藻绘，蔚为壮观。

然而，这些杰作已经随着朝代的更迭与战火烽烟而不复存在，现今人们只能从史籍与画帛中一窥其点滴风采。幸好，我们还拥有一座更为辉煌的宫殿建筑群——明清北京故宫（图 3–3）。在这里你尽可以领略帝王皇宫的熠熠光彩，去感受一份昔日的辉煌。

明太祖朱元璋夺取天下后，建都南京，改元大都为北平，并

拆毁了元大都内的宫殿。燕王朱棣通过靖难之役夺取政权之后，于永乐四年（1406年）开始营建新北京城宫殿，到永乐十八年（1420年）紫禁城宫殿建设基本告成，第二年明成祖迁都北京。紫禁城位于北京城中心，是明清两朝的皇宫，为我国现存最大、最完整的古建筑群。

天安门广场上北边的天安门与南边的正阳门为大屋顶古建筑，东西两侧是西式风格的庞然大物，广场中央的人民英雄纪念碑与毛主席纪念堂是两座现代纪念性建筑，每一个建筑物单独看起来都颇具风采；它们组合在一起，其建筑风格虽古今不一，但却是不同历

图3-3　故宫角楼与神武门

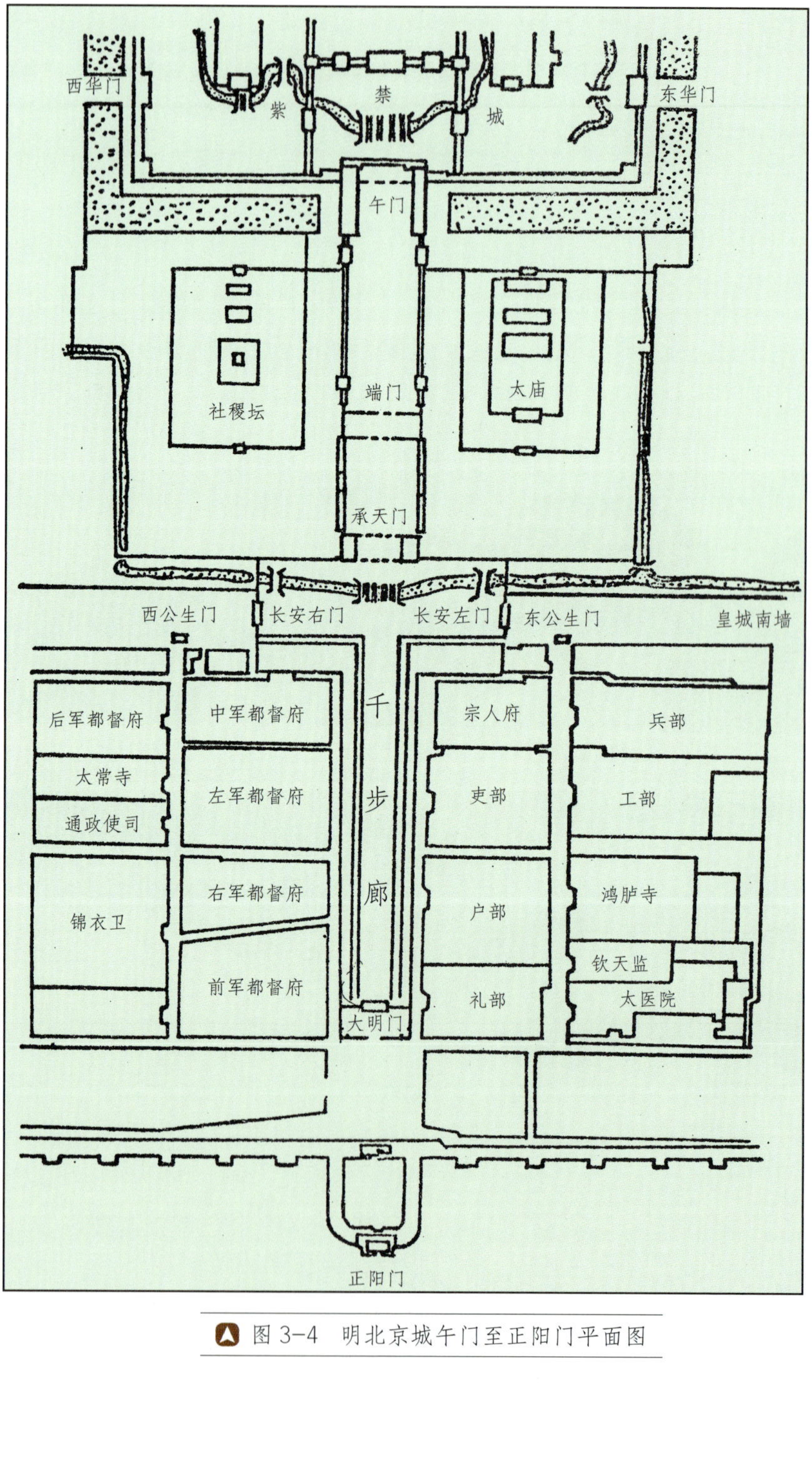

图 3-4　明北京城午门至正阳门平面图

史时期的印迹。新中国成立后对天安门的几次修缮，使它的高度比清代还增高了 83 厘米。宏阔的广场、壮丽的天安门，凝聚了千百年来劳动人民的智慧，更是中华文明悠久历史的象征。古代的封建统治者当初确是把天安门的神秘庄严与高大烘托得淋漓尽致。天安门城楼的位置，大体上就是元大都之正南门——丽正门的所在。明代在此建筑了皇城正门，时称承天门，是一座三层楼式的木牌坊。清顺治八年（1651 年）又重建皇城正门并改称天安门，其样式大体如今。为了表现出磅礴的气势，清代的天安门高达 33.87 米，而且还精心设计了一个狭长的“T”形广场，对天安门城楼进行烘托。这个广场当时称作天街，人们习惯上叫其千步廊。（图 3–4）《唐土名胜图会》卷 2 上说，千步廊“各长一百十间，向北折，又三十四间”，其南北长度从天安门前金水桥到正阳门以北的大明门（清代称大清门，今毛主席纪念堂南），东西宽与天安门宽度相仿，仅北部一线较宽，相当于长安左门到长安右门（今中山公园大门到劳动人民文化宫大门）的距离。在这块狭长的“T”形广场两侧集中分布着六部及其他中央衙署。在明代，东侧有宗人府、吏部、户部、礼部、兵部、工部、鸿胪寺、钦天监和太医院；西侧有五军都督府、太常寺、通政使司和锦衣卫。这些衙署建筑联檐通脊，低矮单调。从南向北排列下去，正中笔直而狭长的大道直通天安门下。与两侧低矮的衙署比起来，天安门的雄伟与壮丽自是非同一般，低小与高大、简陋与豪华的反差对比效果十分强烈。中心大道的纵长深远与大道尽头一带横街平阔开展的空间变化，很好地衬托出了帝王宫殿的华贵与尊严。

穿过天安门，经端门，入午门，便来到了名副其实的紫禁城中。紫禁城按照南京宫殿的规制和“左祖右社，面朝后市”的古制建造，南北长 961 米，东西宽 753 米，占地达 72 万余平方米。在这广阔的地面上密布着富丽堂皇的宫殿屋宇 9000 余间，总建筑面积达 15 万平方米。难怪民间传说紫禁城房屋有 9999 间半，只比天上的玉皇大帝少半间。宫殿沿京城南北中轴线排列，并向东西扩展，左右对称；建筑多为木结构，红墙、黄瓦、青白石座，加上绚丽的彩绘，把整组宫殿群衬托得金碧辉煌，色彩绚丽。

紫禁城宫殿以乾清门为界分为前后两部分：前部叫外朝，是皇帝和大臣们举行各种礼仪盛典及政治活动的所在；后部称内廷，是皇帝处理日常政务及帝后、嫔妃、皇子公主们居住、游玩、奉神的场所。外朝宫殿以太和、中和、保和三大殿为主，文华、武英两殿为翼，建筑高大，庭院宏敞，强烈地表现出了皇权至高无上的地位。（图 3–5）进入太和门是一块宽阔的广场空地，一眼望去，高高的三层须弥基座上，太和殿巍然稳坐，气势凝重；青色的地面，白色的基座，红墙金柱黄瓦，在蓝天白云的映衬下，轮廓分明，色彩鲜艳，主体突出

而醒目。为显示皇权的至高无上，整座大殿规制高大，面阔 11 间，进深 5 间，高 35.03 米，是我国现存最大的木结构建筑物。重檐庑殿顶、黄色琉璃瓦、饰龙金扉、金锁、沥粉双龙和玺彩画都是等级最高的装饰形式。皇帝登基，宣布即位诏书，每年元旦、冬至、万寿节，册立皇后，皇帝大婚，宣战出征等重大礼仪都在太和殿举行。太和殿后是中和殿与保和殿。中和殿是一座单檐四角攒尖黄琉璃瓦鎏金宝顶的亭形方殿，是举行大典前皇帝休息的地方，皇帝在这里接受内阁、礼部等官员的朝拜，然后再去太和殿。保和殿是宴饮王公大臣的所在，清代从雍正开始在此进行科举考试的最后一项——殿试。

图 3-5　紫禁城宫殿

图 3–6　乾清宫内景

跨入乾清门便可进入内廷。乾清宫、交泰殿、坤宁宫被称作后三殿，也叫后三宫；皇帝住乾清宫（图 3–6），皇后居坤宁宫。后三宫两侧分列东西六宫，每宫都是标准的两进三合院，嫔妃们居住于此。景仁宫、承乾宫、钟粹宫、延禧宫、永和宫、景阳宫为东六宫。慈安皇太后曾住在钟粹宫，因而被称为东太后；光绪帝的爱妃瑾妃、珍妃也曾在此住过。永寿宫、翊坤宫、储秀宫、太极殿、长春宫、咸福宫是西六宫。权倾一时的慈禧太后就曾住在长春宫，因而被称作西太后。慈禧刚入宫时，以贵人的身份住在储秀宫，同治亲政后，她从燕禧堂搬进了长春宫。西六宫至今仍然保持着清代后妃居住时的格局。东西六宫的北边还有五组形式大致相同的宫殿，称作东西五所，是供皇子们居住的。东六宫东面的皇极殿、宁寿宫、养性殿、乐寿堂、颐和轩被称作外东宫，西六宫西面的慈宁宫、寿安宫、英华殿则被称作外西宫，专供太后、太妃、太嫔们居住。此外，东六宫的南面有奉先殿、斋宫、毓庆宫，西六宫之南有养心殿。（图 3–7）

故宫的宫殿建筑在空间与实体上无不表现着帝王的至尊与高贵，宏大的宫殿建筑群以一条中轴线南北展开，均衡而对称。以太

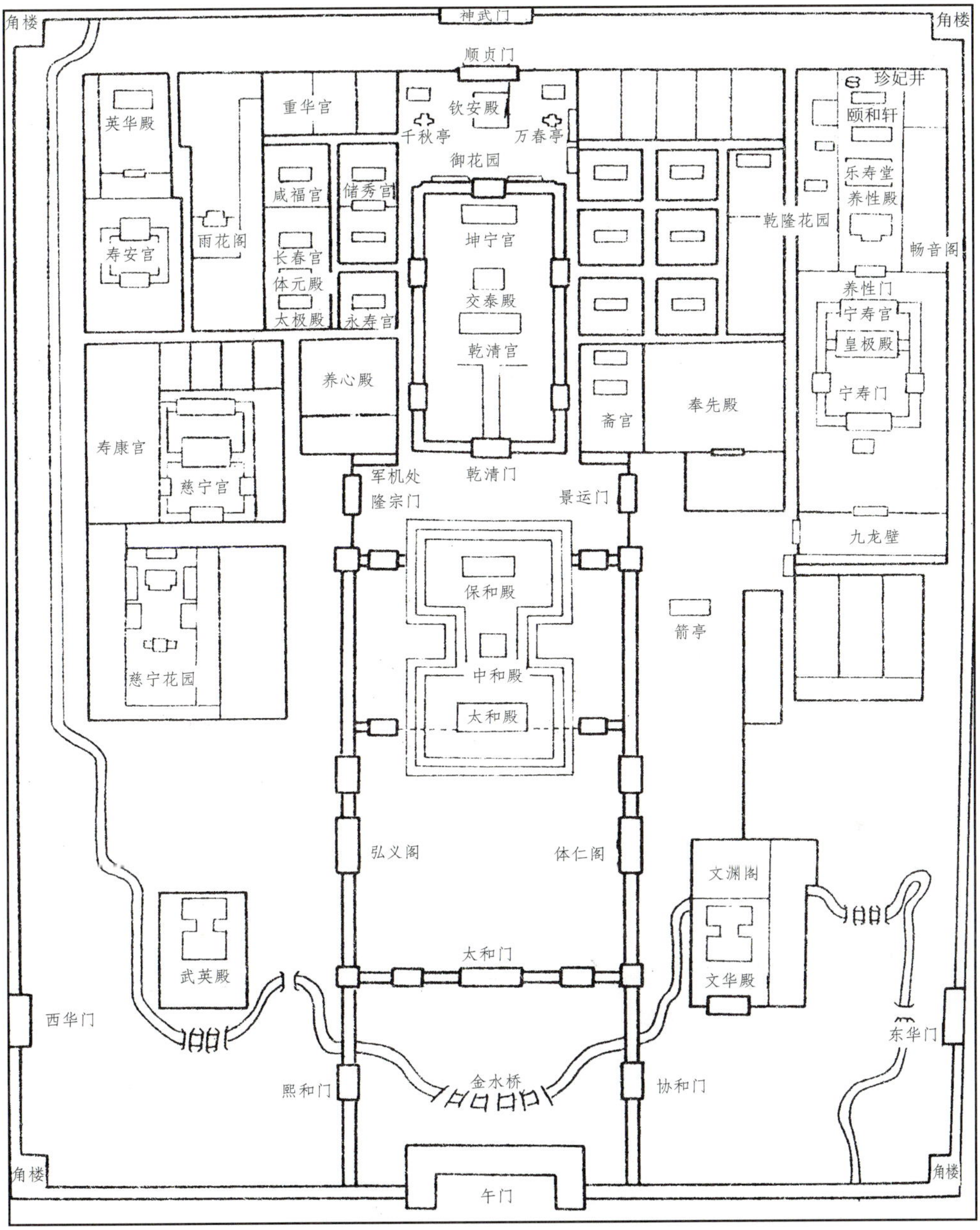

图 3-7 明清北京故宫示意图

图 3-8　太和殿内檐斗拱、梁枋及彩画

和殿为中心和重点，深、宽、高都集中于此，纵深的传统布局模式加重了建筑物庄严肃穆的色彩，宽阔的空间变化赋予建筑物宏大的气势，而高大的台基和殿宇则直接表现了帝王的至尊。深、宽、高的手法使整组宫殿群产生了扑面而来的威慑力，给人以久久难忘的震撼。宫殿内巧妙运用光线的明暗对比，烘托出帝王的神圣地位，殿堂内光线昏暗，与殿外的明亮形成强烈对比，神秘气氛油然而生。（图 3–8）皇帝是上天之子，“天高其位而下其施，藏其形而见其光”，帝王借此而深藏，神秘与朦胧更增添了至尊之气。龙是皇权的象征，皇宫内完全是龙的世界，龙无处不在，天子的威仪也无所不在。据统计，仅太和殿一处，就有龙 12654 条，若是把整个皇宫内的龙加起来，那可就更多了。龙体现了宫殿建筑的等级规范。

皇宫内的屋顶用黄琉璃瓦，三大殿台基高达 8 米以上，甚至大门门钉的数目也是最多的，这些都是皇宫最高级别地位的体现，也是帝王九五之尊的表现。（图 3–9）

图 3-9　故宫太和门前铜狮

明清故宫是封建宗法礼制的象征，代表着帝王的权威，成为我国古代一处既具实用性，又有极强象征意义的礼制建筑群。作为世界上最大的皇宫，故宫是最优异、最独特、最辉煌的建筑物，它那充满魅力的古典风格和东方情调，使它成为中国古老文明的绝好象征。

2. 坛庙建筑与祭祀

明清皇帝主要的政务都在皇宫内处理，但有一些事情却必须要去皇宫以外来办，这就是作为国家重大礼仪活动的皇家祭祖、祭天地等一系列敬天敬祖的活动，这些祭祀活动都在城内外的坛庙中进行（图 3–10）。坛庙是宫殿式的祭祀性建筑。北京的九坛是明清时期北京城所独有的礼制性建筑，这在其他地区是没有的。无论是社稷坛、祈谷坛、圜丘坛、地坛、日坛、月坛还是先农坛、太岁坛、先蚕坛，都无一例外地体现着皇都的神圣地位。其中，天坛、地坛、先农坛、日坛、月坛与历代帝王庙、太庙、堂子、宣仁庙、昭显庙、凝和庙、寿皇殿、火德真君庙又被称作五坛八庙。这五坛八庙都是敬天法祖的礼制建筑，或祭天、地、日、月、风、雨、云、雷，或祭祖宗、帝王、功臣，都属国家大祀，地位隆显。坛庙与宫殿交相辉映，以宫殿为中心，坛庙环布于宫殿四周，如星辰拱月。天坛（包括圜丘坛、祈谷坛）、先农坛（包括太岁坛在内）在南，地坛在北，日坛在东，月坛在西，社稷坛与太庙紧依皇城，形成“左祖右社”的格局。皇城两侧有凝和庙、宣仁庙、昭显庙、堂子。一系列的精心安排，让上天与祖宗护祐自己的江山社稷，各种自然神（风、云、雷、雨）环护四周，保证风调雨顺，国泰民安。八庙与五坛并称足以显示出二者在国家政治生活中的重要地位。这里所说的“庙”与寺庙之“庙”意义不同，它有国家祭祀的内涵，有着很高的政治地位。

皇家祭祖是件大事，因此把祖宗的神灵安放在皇城的左方，与右方社稷坛形成“左祖右社”的格局。在古人看来左为尊位，而社稷却置于右方，古人真是把祖宗看得比社稷还重！太庙是皇帝祖

先的宗庙，因而成为王朝都城规划中的核心建筑之一，其规格超过各种建筑形制。北京太庙建于明永乐十八年（1420 年），坐北朝南，平面呈长方形，占地面积约 200 多亩，整个建筑群被三道黄琉璃瓦顶的红墙分隔成三个封闭式的院落，主要建筑由南向北依次排列在中轴线上，古朴而典雅。浓郁的民族风格与紫禁城的格调极为协调，加上封闭的院墙，浓荫的古柏，衬托出一种肃穆庄重的氛围，正体现出了皇家祭祖建筑的性质。面阔 11 间，进深 4 间的大殿是全部

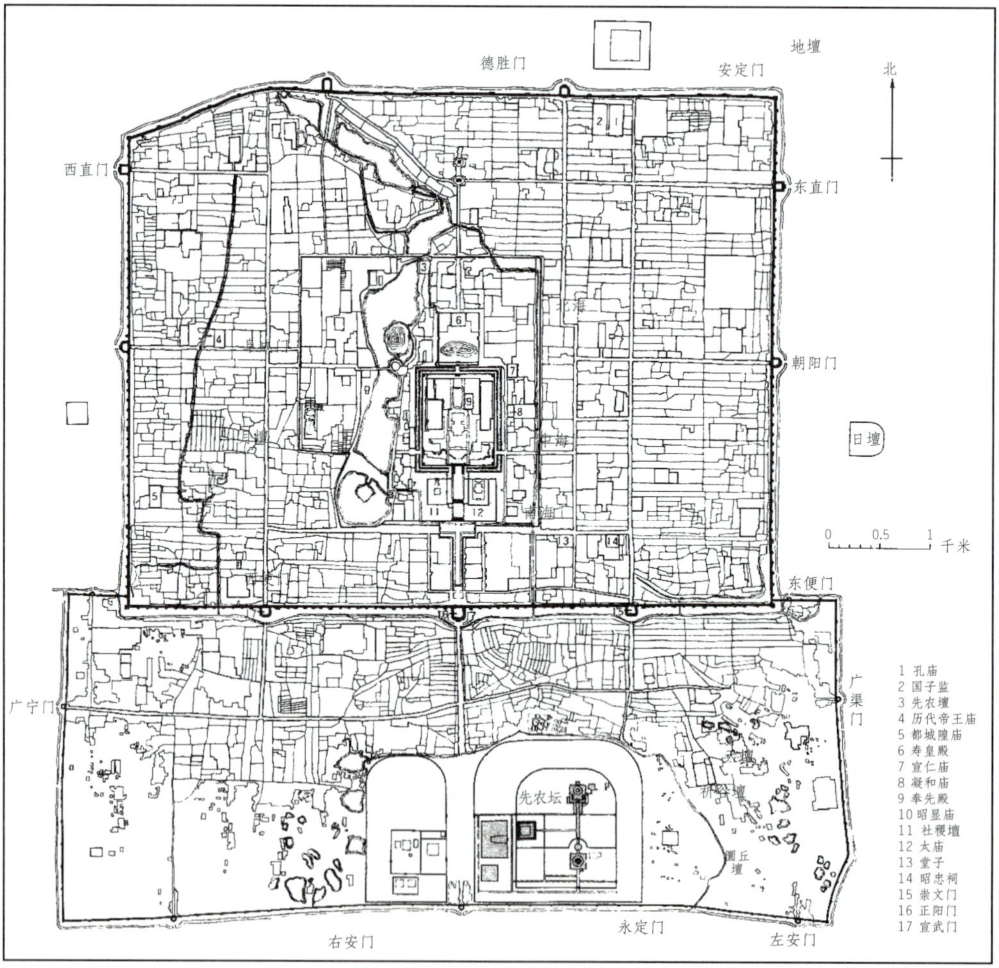

图 3-10 清代北京坛庙分布图

建筑的中心，为更好地突出宗庙祭祀性建筑的特色与效果，大殿梁柱外面都用沉香木包裹，其他构件都用金丝楠木，明间和次间的殿顶、天花、四柱全部贴赤金花，极尽富丽奢华。每年四月初一、七月初一、十月初一、皇帝生辰、清明节、七月十五以及先皇的忌辰日都要在此举行庄严而神圣的祭典。昔日庄严宁静、无人敢越雷池一步的地方，而今却是人声鼎沸的劳动人民文化宫，虽然一处处不甚显眼的新建筑零星散布其间，但每当人们跨进这座古代庭院时，那种凝重感、威严感仍会扑面而来。

位于北京市西城区阜成门内的历代帝王庙规模不小，是明清两代朝廷供奉和祭祀历代创业帝王和历代开国功臣的地方。这处古迹历经风雨，保存尚算完整，曾长期与一五九中学的莘莘学子朝夕相处，在经过重新修缮整治后，目前已经以其本来的面目向公众开放。景山内的寿皇殿供奉着清朝历代皇帝的神像，保存完整并已移交故宫，而现在的寿皇殿已成为北京市青少年的乐园（少年宫所在地）。而宣仁庙（位于北池子大街）、凝和庙（亦在北池子大街）、昭显庙（位于北长街）、火德真君庙（位于地安门外）似乎就没有这样的好运气，虽然得到了修缮，但仍是只可远观。最可惜的要数堂子了，这座位于南河沿大街附近的满洲神庙早已踪影皆无，代之而起的是豪华的北京贵宾楼饭店，人们只能眼望贵宾楼去回想当年皇家神庙的模样了。

相比之下，北京的祭坛就更为人们所熟悉一些，因为它们基本上都已改成了公园。这些祭坛都是以坛为中心的宫殿式建筑，但又不同于皇城宫殿，它所包含的各种形式的建筑都是从祭祀的目的与功能出发，与之相适应，为其服务的。一般说来，坛内的建筑都相对少而集中，简洁明快，竭力营造一种体现神灵与苍生感应的神秘气氛。就说天坛吧，进入天坛要经过两重墙门，每重墙门之内都是茂密葱郁的柏树林，远离市井尘嚣的脱俗感与肃穆、静谧的氛围油然而生。登上丹陛桥，向北是祈年殿，向南是圜丘坛，四周低矮的蓝色琉璃瓦墙衬托出了主体建筑的高大与神圣。各主要建筑屋顶的琉璃瓦以蓝色呈现，恰如蓝天，一望无际的松柏把祭坛与尘世相隔，如身在天际（图 3-11）。北京这些祭坛建筑群中都有一座具体的“坛”作为整组建筑的中心建筑物，圜丘坛、方泽坛、先农坛、社稷坛、朝日坛、夕月坛各具特色。圜丘坛为圆，其余都呈方形，方圆之别，正体现了古人“天圆地方”的观念。同样是祭坛，也有等级之分，以圜丘坛的规格最高，坛台共 3 层，地坛、社稷坛为 2 层，其余为 1 层。斋宫也是祭坛内必不可少的一处建筑，为表示对天地神灵的敬重，行祭的帝王都要在斋宫斋戒沐浴，不敢有丝毫的懈怠。此外还有诸如具服殿、神库、神厨、宰牲亭等一系列服务性建筑。

祭坛在封建时代为帝王服务，是神圣又神秘的场所，普通百姓是不能跨入其中的。时过境迁，现在的诸坛已失去昔日的威严，敞开怀抱迎接着四方的宾客。来到北京，没有谁不想去昔日的皇家禁地一窥其神秘的，但是这种神秘已随岁月的流逝而一去不复返了。人们最流连忘返的还是天坛。然而人们到此一游的热点并不是当年皇帝与上天通话的圜丘坛，在普通人眼里，这不过是一处极平常的圆台子罢了，吸引他们的倒是祈年殿、皇穹宇、回音壁。祈年殿立于高高的 3 层台基之上，在蓝天白云的映衬下，雄美而壮伟。回音壁是围绕皇穹宇的一道圆形垣墙，高一丈八尺，圆半径有九丈七尺五寸，墙壁面整齐光滑。当你对着墙说话时，即使声音很小，站在墙壁另一处的人也能够听得清清楚楚，就好像是从墙里发出的声音一样。在皇穹宇殿前到围墙大门前有一条石板路，从北向南数的第三块石板正好是垣墙的中心，站在这块石板上击掌一声可以听到三声回音，所以叫三音石。同时，皇穹宇内又一世界奇异的声学现象“对话石”被发现并被“破译”其传声机理。当你站在皇穹宇殿前甬道的第 18 块石板上轻声呼叫，位于 36 米直线距离之遥的东配殿东北角或西配殿西北角的同伴会立刻做出回应，二人虽被配殿所隔而不能相见，但对话的声音却清晰有如电话在握。人们在惊喜之余又不禁要问：古老的天坛究竟还深藏着多少未被发现的秘密？

图 3-11　天坛祈年殿

三 宗教古迹

北京有句老话，说是“先有潭柘寺，后有幽州城”（幽州即北京），足见该寺庙在北京的历史是十分悠久的。的确，古都北京包容了多种宗教信仰的传播，因而也留下了众多的宗教古迹。无论是佛教、道教，还是伊斯兰教、基督教，都在北京这块沃土上找到了自己合适的位置，得到了长足的发展。

1. 佛教古迹

佛教在北京发展得很早，因而北京地区的佛教文物古迹历史久长，有很好的延续性，以明清时期的最多。从史籍记载看，东汉

图 3-12 卧佛寺琉璃牌坊

时北京地区就已经有佛事活动了。北朝时期的幽州是佛教聚兴之地，光林寺“依峰带涧，面势高敞”，至今国家博物馆还藏有北齐天统四年（568 年）光林寺尼静妃石造像座。在海淀车耳营村保存的北魏太和年间那高大精美的石造像，是北京地区现存最古老的石佛造像（目前陈列在首都博物馆佛像厅中）。隋唐时期，北京政治、军事地位的上升，带动了经济文化的发展，而统治者对佛教的关心与崇护，更直接推动了佛教在北京地区的发展，因而留下了大量的实物遗存。北京地区的佛寺在此期间有两个特点，一是集中于城市之中，一是向山区发展。城内留存至今的有悯忠寺（即今法源寺），山区则有云居寺、潭柘寺、戒台寺、红螺寺等。继隋唐之后，佛教在辽代十分盛行，当时辽南京（即北京）城内外庙宇众多，仅大的寺庙就达 36 所，但现在北京城内尚能见到的辽代佛教遗迹已为数很少。名动天下的天宁寺塔孤零零地矗立在京城广安门外，当你从车水马龙的立交桥上向林立的楼群中搜寻时，还不难发现它的身影。这座砖塔是辽代在旧塔址上建造的，当年规模宏大的寺院已是斑斑点点，所剩无几。

金代中都的佛寺以禅宗寺院居多。到了元代，繁盛的大都城内各种佛教宗派同时流行，但藏传佛教备受元朝统治者的崇信而极其兴盛，皇帝后妃们捐建的佛寺遍布京城，规模宏大，装饰豪华。明清两代，佛事更加频繁，大批西藏和蒙古的喇嘛来到北京城，一大批具有藏、蒙建筑风格的寺院不断出现，汉式的佛寺也有增无减，使北京城的佛国风光更加旖旎多姿。

北京的佛寺建筑精美，规模宏大，风格多样，显示了皇都的气魄与风范。中国的寺庙一般都采用宫殿式的建筑，北京的寺庙亦不例外。虽然是修持佛法的圣地，但在建筑上也颇为讲究，特别是明清时期的佛寺尤为显明。隆福寺的藻井雕刻精美，远近闻名。潭柘寺大雄宝殿大脊两端的巨型碧绿琉璃鸱吻上，系以高达 2.9 米的鎏金长链，光彩耀人，气势轩昂。香山十方普觉寺（即卧佛寺）前四柱七楼琉璃牌坊华美庄严（图 3-12）。木雕、石雕、砖雕各尽

图 3-13 大觉寺

其妙，金、银、珠、玉各显光华。而宏大的寺院规模更增添了帝都佛寺的气派。潭柘寺内外占地达 13.7 公顷，大觉寺（图 3-13）前后达六进院落，智化寺共有五进院落，万寿寺占地也达 31800 平方米。北京的佛寺为重重院落组成的四合院形式，以中轴院落为主线，两侧有附属院落，左右对称分布。寺院内以佛堂殿宇为主，又各自依照具体情况建有其他建筑物，布局或严谨庄重，或错落有致，或兼而有之。北京的佛教寺庙风格多样，禅宗寺院、律宗寺院、藏传喇嘛寺院各领风骚，甚至一座寺庙会随时代的不同而成为不同宗派的寺院。辽代盛行律宗，大的寺庙都属于律宗寺院，后来随禅学的传入而禅宗寺院兴盛。元、明、清三代各种宗派寺院都蓬勃发展。如妙应寺（白塔寺）就是先为喇嘛庙后来又成为禅宗寺院的（图 3-14）。塔是佛教的一种标志性建筑物，北京的塔多姿多彩，几乎囊括了中国古塔的各种类型。良乡的昊天塔为楼阁式塔；天宁寺塔、慈寿寺塔、万松老人塔是著名的密檐式塔；北海白塔、妙应寺白塔是喇嘛式塔；房山陀里花塔建于辽代，是时代较早的一座花塔；真觉寺塔、碧云寺塔是全国仅存的几座金刚宝座塔中的两座；居庸关云台过街塔虽仅存台座，但却有着重要的历史价值；昌平银山塔林、潭柘寺塔林、戒台寺塔林更加丰富了北京古塔的造型。

北京地区的佛寺还是一座座精美的文物宝库，文物数量多，价值高。许多寺庙建筑本身就是珍贵文物，加上其内收藏、陈设的各种宝物，更使寺院身价百倍。这些文物可以粗分为佛经、雕塑、壁画及其他四类。云居寺的石经历经千年雕刻而成，共有经板10000余块，是当今世界释家丛林中绝无仅有的瑰宝。妙应寺白塔中发现的龙藏新版《大藏经》、法源寺的历代经版都备受世人瞩目；香山十方普觉寺（卧佛寺）的卧佛、雍和宫的迈达拉大佛、碧云寺的500罗汉和大慧寺的塑像，让人赞不绝口；法海寺的《礼佛护法图》叠晕烘染，沥粉贴金，是北京现存历史最久、保存最完整的寺院壁画，在我国壁画史上有着重要的地位；觉生寺永乐大钟为世界之最；有"活文物"之称的智化寺京音乐28代一脉相传，是我国现存最古老的音乐之一。北京寺庙文物数不胜数，大量的书画真迹、金银法器、碑碣石刻不一而足。

北京地区佛教文物古迹众多，虽然有一些已经随着岁月的流逝而无从查考，但大部分还是经过历代不断重修、扩建而传延至今，汇聚成一条北京地区佛教文化的长河，折射出中国佛教的发展历程。

图3-14 妙应寺白塔

2. 道教古迹

京城中能与佛教争胜的宗教，要属中国土生土长的道教了。道教在唐以前就已传入了北京地区，从唐末、五代初年开始兴盛，经辽代的过渡，在金朝时达于极盛。金代统治者极为重视道教，王重阳创立了全真教派，萧抱珍创立了太一教派，朝廷重修了天长观、玉虚观（今西城区菜市口以西路北一带），建造了玄真地、五华观。

图 3-15　白云观

元代全真教大兴，而江南的正一派北上大都，在朝野影响极大，逐渐超过了全真教而位居第一。同时，太一教也逐渐与正一教合流。但明、清两代并未能承袭元代道教兴盛的局面，仅沿其余绪而已，故现今北京城内所能见到的道教古迹远不如佛教古迹多。然而在七大古都当中，北京还是保留道教建筑最多的城市，而且这些道观庙宇的规模、建筑及收藏的文物都在全国道教文物当中很有地位和影响，如白云观与东岳庙就是其中明显的两处。

位于广安门北滨河路的白云观由数进四合院落组成，坐北朝南，分为中、西、东三路(图3-15)。中路灵宫殿、玉皇殿、老律堂、邱祖殿、四御殿一线排开，东路为寮房，西路供奉民间俗神。正门前“洞天胜境”坊华丽秀美，邱祖殿内真人安坐，四御殿端庄凝重，石刻碑碣林立，赵(孟頫)体《道德经》独享盛名。白云观以其显赫的地位与瑰丽的宫殿式建筑享誉道教丛林，与一般道教建筑朴素而不尚华丽的特点形成鲜明对照，显示了皇都宫观的气派，成为明代以来道教全真派的第一丛林，是北京最大的道观。位于朝阳门外的东岳庙是正一教派在京城的圣殿，全庙分为正院、东院、西院三部分，主祀泰山神东岳大帝

图 3-16　北京东岳庙琉璃坊

（图 3–16）。正院内从戟门开始向北环绕庑殿的地狱七十二司（实为七十六司，八十四神），俗称十八层地狱，塑像生动，造型逼真，地府百态，尽现眼前，足可与丰都城地府相媲美。东院的花园内花果飘香，怪石嶙峋；西院内殿宇百态纷呈，各显其妙。东岳庙内殿宇 600 多间，为华北地区正一派第一道观，虽屡经修建，元代风范依旧。自元以来香火旺盛，皇室重视，民间崇祀，使之成为京都一大古庙。北京的其他道教古迹也不在少数。大高玄殿曾是明清两代的皇家道观，吕祖阁、吕祖殿、吕祖庙香火不断，而为数更多的还是那些民间俗神庙，关帝庙、药师庙、城隍庙、文昌庙等，曾经遍布京城，现在大多踪迹难寻，空留其名供人遐想。

3. 伊斯兰教古迹

伊斯兰教与基督教的古迹遗存较多，是北京异于其他古都的又一特色。

早在辽代，伊斯兰教就已传入燕京，元代的大都成了伊斯兰教的活动中心，政府还专门设有管理伊斯兰教的回回掌教哈的所，既有掌管全国教务的伊斯兰教大师，又有管理普通教徒的哈的大师。这样，伊斯兰教就在京城扎根并广泛传播，拥有越来越多的信徒。京城清真寺众多，形成了许多回族聚居区。东四清真寺、花市清真寺、清真永寿寺、清真普寿寺、清真法源寺、安外清真寺、清真女寺灿若群星，其中最亮的一颗就是牛街礼拜寺。该寺坐落在北京最大的回民聚居区——牛街，是北京规模最大、历史最久的清真寺，创建于辽圣宗统和十四年（996 年），明代奉敕赐名“礼拜寺”，所以只有牛街的这座寺称为礼拜寺而不叫清真寺，以示有别。该寺规模宏伟，既有中国传统建筑的风格，又不失伊斯兰教的装饰艺术。礼拜殿宽敞宏大，邦克楼威严庄重，望月楼轻巧别致，每逢伊斯兰教传统节日，这里就是虔诚教众欢聚祈祷的地方（图 3–17）。

4. 基督教古迹

基督教远远比不上其他宗教在中国的历史长，但其发展速度却令人刮目相看。明清时期西方传教士的活动带动了基督教在北京的发展，特别是在清末，基督教迅速扩展。到 1948 年底，北京已有天主教堂 65 座，基督教新教教堂 72 座，其中又以四大堂（北堂、南堂、东堂、西堂）最为有名。前门西大街的南堂是北京最古老的天主教堂，为利玛窦创建；东堂在王府井大街；北堂在西什库大街（又称西什库教堂）；西堂在西直门内；位于东直门北大街的圣尼古拉教堂是北京最早的一座东正教教堂。这些西方的古典建筑夹藏在中国的传统建筑中，在当时的人们看来或许很刺眼，多少有一些不伦不类，但也确实让那些难得出国一看的老北京人见了一回真正的西洋景。每当圣诞之夜，人们就会听到古老教堂中悠扬的管风琴声与圣徒们的歌唱声。

北京，这一古老的都城，以其博大的胸怀，接纳了顶礼膜拜着不同神灵的人们，任其发展壮大，为古都留下了一串串光辉的印迹。

图 3–17　牛街礼拜寺邦克楼

四 园林庄苑

长时间被拘囿在都城里的皇帝、其他皇族成员及官僚士大夫们，由于严格的礼制和宗法的限制，在政事之暇，也不能够尽情尽兴地休闲。为寻求一个避喧游憩的场所，他们把眼光放到了京城之外的广阔地区，大量的离宫别馆、私园庄苑应运而生。

1. 北京园囿的发展

早在战国时期，燕国以宁台为中心的地区是蓟城西郊著名的园林风景区，成为燕昭王礼贤纳士的好地方。汉代燕王刘旦曾在此设行围的大猎苑，三国时期北京地区的私人桑园十分兴盛。辽、金时在此大建园苑，金中都皇城西侧（今广安门外以南）引西湖（今莲花池）洗马沟中的河水，营建起13处大型庄苑。同乐园、大宁宫、鹿园、香山行宫、金山行宫各臻其妙，而以金章宗的八大水院与燕京八景最为著名。元代大都的名园主要集中在西南郊，且以私人园林最为出色；今天北京右安门外丰台草桥花乡是元代园林荟萃争胜的地方。万柳堂、玉渊潭成为人们游赏的风景胜地。

明清两代，从帝王到文人士大夫都倾注大量财力物力兴造园林庄苑，极一时之盛。明代有西苑三海（今北海、中海、南海），因袭元代的太液池发展而成，是皇城内风景优美的皇家园林。皇城内还有东苑（今南池子、北池子、南河沿、北河沿）及宫后园（今景山）；城外则有南郊的南苑围场和西郊的好山园。私人园林当属武清侯李伟所建的“清华园”（今海淀镇西北，北京大学西墙以外，非今日之清华园），号称“京国第一名园”；与之并立称雄的是大画家米万钟亲自设计建造的“勺园”（今北京大学内）。当时人称

"李园壮丽，米园曲折；米园不俗，李园不酸"。有清一代，把北京乃至中国的古典园林营建推进到了一个前所未有的辉煌时期。皇城的园林仅是琐小的枝节，京郊连成一片的园林才是蔚为壮观的主流。与香山、玉泉山、万寿山并称三山五园的静宜园、静明园、清漪园、畅春园、圆明园（包括长春园、万春园），园域广阔，建筑宏伟，景色幽雅，艺术高超，集古今之盛，汇南北之长，空前而绝后。皇室宗族、官僚文士的园苑点缀其间，别开生面；淑春园、镜春园、鸣鹤园、朗润园、蔚秀园、承泽园、近春园、熙春园等数不胜数，遗迹尚存。

北京的园林经过了千年的发展，从小到大，汇集精华，品类齐全，更由于元、明、清帝都的延续，使之发展久盛不衰，时至今日我们仍然能一睹其熠熠风采。北京的园林庄苑包括了中国古典园林的各个品类，就现存园林状况来看，可以分为皇家园林、私家园林和祭祀园林三大类，而皇家园林又有皇城御园和离宫别苑之分，私家园林则有府第名园和京郊私园之别。

2. 皇家园林

皇城御园是位于皇城之内的皇家园林建筑，包括御花园、宁寿宫花园（即乾隆花园）、慈宁宫花园和建福宫花园以及北海、中海、南海。前者位于紫禁城内，后三者在紫禁城外。御花园、宁寿宫花园、慈宁宫花园和建福宫花园由于是建造于大内宫殿群中，更多的是一种点缀。而其实际的怡情养性的作用可谓微乎其微，有多少人置身其间会有回归大自然的舒畅感呢！御花园位于紫禁城中轴线的尾部，以钦安殿为主体建筑，斋、堂、亭、阁、叠山、水池布列其中，在严谨庄重的宏大宫殿建筑群中可算是一块福地，但可以明显地看出宫殿建筑轴线布局的均衡与对称，体现出极浓的宫廷味，带有不可避免的刻板的感觉。堆秀山与石子路可算是御花园中的点睛之作。堆秀山在御花园东北部，用各种奇形怪状的石头堆砌成假山，依墙拔地而起；山前有两头石狮，石座上各雕一条卧龙；山上御景亭内有两个大铜缸，每当帝后们游览御花园时，太监们就挑水上山

贮于缸内，水便顺着管道从山下卧龙口中喷出，水柱高达 10 多米，不失为宫中奇景。而石子路是园中的一条甬道，用黑、白、褐、灰等各色石子精心设计镶嵌而成各种图案，人物、风光、建筑各臻其妙，花卉、鸣禽、走兽各具风姿。细细去寻，你还会找到十二属相、关羽战黄忠等熟悉的内容，这些图案约有 900 多幅。堆秀山、石子路为谨严、拘束的御花园平添了不少乐趣。

宁寿宫花园位于宁寿宫的西北角，这个花园是乾隆皇帝为自己退位后做太上皇而专门修造的，故又称乾隆花园，共有四组不同意境的区域。古华轩淡雅清丽，禊赏亭曲水流觞，遂初堂幽静简朴，萃赏楼挺拔秀丽，符望阁端庄华美；园中山峦环抱，古木参天，亭台秀丽，游廊曲折，清幽而谐适。乾隆花园虽然不大，但却匠心独运，形成融南北园林特色与皇家气派于一体的具有中国自然风韵的宫廷花园。慈宁宫花园位于慈宁宫南部，这里是太后太妃们吃斋念佛、

颐养天年的地方，园内空旷宁静，楼阁内供有佛像，宗教气息浓厚。建福宫花园在雨花阁后，也是一处充满宗教意味的建筑，1923 年不幸毁于火灾，曾经这里只剩下遗迹可寻，直至 2006 年这处花园复建完成，我们可以一睹其昔日风采。

位于皇宫西侧的西苑三海较之宫廷花园要自由、随意得多，水面宽阔，树木浓荫，湖光山色，尽收眼底。三海中以北海规模最大，历史最久，风景最秀，也是最怡人的地方。北海由水面与琼岛两部分组成，兼收并蓄各种风格。蓬岛瑶池是北海中最具特色的部分，琼岛上的白塔已成为北海的标志（图 3–18）。这里本来的建筑是广寒宫，与蓬岛瑶池暗合，但在清顺治八年（1651 年）皇帝听从西藏喇嘛恼木汗的建议，把广寒宫改建成为西藏密宗格鲁派的喇嘛佛塔，俗称白塔。“乱弹琴”的粗鲁做法使千百年传统的北海蓬莱岛的仙宫神话境界

图 3–18　北海白塔

被破坏得一干二净。但今天我们好像已经是见惯不怪，反以为美了，究其原因，主要是白塔的修建并未破坏北海作为园林的整体美。整体建筑与自然山水和谐统一，轴线布局与自然分布合而为一，高耸的白塔、玲珑的山石与各种建筑融为一体，东、南两面有石桥

与岸相接，和景山、皇宫相映成趣。过了金鳌玉蛛桥便是中海与南海，虽然也有宽阔的水面，但仍以宫殿建筑为主。三海之中最为人们津津乐道的当属居燕京八景之二景的太液秋波与琼岛春阴。

“太液秋波”御碑立于中海之内的水云榭中，“琼岛春阴”御碑立于北海白塔东北、倚晴楼南面的山坡之上。三海继承了我国古代造园艺术的传统布局形式，体现了很高的艺术水平。

图 3-19 圆明园遗址

皇城之内的这些御园并不能完全满足皇帝、后妃们的游兴，于是他们便在京郊广阔地区大建离宫别苑。首屈一指的非圆明园莫属。号称“万园之园”的圆明园是我国古典园林中的杰作，历经雍正、乾隆、嘉庆三朝 100 多年的营造，形成了一座规模空前的皇家园林（图 3-19）。嘉庆时期面积达到 5200 余亩，建筑物面积达 15 万平方米。它兼具避暑、游憩、居住等多种功能。皇帝曾长期居住于此，处理政务，因此它既与皇宫

御园有别，也不同于其他的离宫别苑，是兼备园苑与宫廷性质的御苑。圆明园包括圆明、长春、万春三园，都是水景园，水面占全园面积的一半以上。景物以水为题，因水成趣，集堆山理水手法之大成。园内集小景为大景，建筑群组合变化丰富（图 3–20）。著名的有圆明园四十景，绮春园（即万春园）三十景。蓬岛瑶台、方壶胜境、夹镜鸣琴等极具风采。圆明园集古今中外园林之长，第一次将西洋的建筑放在了中国园林之内。长春园北的西洋楼景区别有韵致，谐奇趣、蓄水楼、养雀笼、方外观、海晏堂、远瀛观均属欧洲文艺复兴后期的巴洛克式风格，但在细部装饰又采用了许多中国传统手法，其融合中西的功力，要比现在北京城内的“大屋顶”建筑强之百倍（图 3–21）。咸丰十年（1860 年），圆明园

在遭受英法联军劫掠后又被焚毁，因此，圆明园废墟就成为北京城最有历史感的文化遗迹了。它既保留了清朝宫廷园林造园艺术的历史信息，又是帝国主义侵略者野蛮而贪婪的历史见证。可怕的是，这里现在正经受着商业性开发利用的摧残，那一派繁华与混乱的景象，快要把它特有的残缺美破坏殆尽了。余秋雨先生曾经感叹：“中国历来缺少废墟文化”，圆明园的近况，似乎又在印证余先生之言的千真万确。

图 3-20　圆明园柳浪闻莺石刻

图 3-21　圆明园大水法遗址

佛香阁

颐和园以万寿山前景区和昆明湖一带最具园林特色。佛香阁高踞万寿山头，成为园中的标志性建筑之一（图 3-22、图 3-23），山下长达 700 米的长廊如一条丝带穿插其间，把湖光与山色连在了一起；昆明湖上龙王庙、十七孔桥与万寿山遥相呼应，湖西长堤连桥在垂柳的映衬下宛然江南山水；远处借景西山，玉泉塔遥遥在望。玉泉山静明园内有玉泉垂虹、天下第一泉等胜景；香山静宜园 28 景旧痕难寻，西山晴雪依稀可见，年年的红叶成了这里的主角。修建最早的皇家离宫畅春园位于今北京大学西门外，在英法联军的炮火中烟消云散，现只有孤零零的恩佑寺、恩慕寺山门伫立在道旁，诉说着畅春园昔日的辉煌。

3. 私家园林

在皇室建造园苑的同时，皇亲贵胄、官僚士子也不甘寂寞，争相营造自己的世外桃源，虽不及皇家气派，却也别开生面。北京城内现存的王府还有不少，这些建制宏大、精美考究的王府宅第属于四合院民居样式，大部分都建有花园。这其中要数恭王府花园最为有名。恭王府在什刹海岸边，花园在府邸的北部，名唤萃锦园，它的前身是乾隆的宠臣和珅在一官家废园上建立的花园，属北方皇族私家园林的典型代表，表现出较浓郁的北国神韵。整个花园由南北轴线贯穿，蝠

图 3-22 颐和园佛香阁

厅、安善堂居中，戏台、吟香醉月、沁秋亭与观鱼台分居东西两路，飞来石、翠云岭、垂青樾点缀其间。轴线将府与园有机地联系在一起，但又各成体系，主次分明。园中景物采用隔景、藏露、因借等多种手法来布置，丰富了层次，突出了变化，减弱了轴线布局所带来的凝重感。此外，小翔凤胡同还有恭亲王的别邸鉴园。文人士大夫们更是利用修园造景而吟风弄月，他们的府宅园林别具文人的气息。金鱼胡同那桐府花园内东、南、北三面回廊环绕，遍植榆、槐、合欢、圆柏等花木（现在被圈进了和平宾馆之中）。可园在鼓楼南帽儿胡同，是清末大学士文煜的宅园，园中以建筑为主，山水为辅，北方园林特色鲜明。李渔是清代著名的造园专家，半亩园与

芥子园就是他的佳作。半亩园在东城黄米胡同，此园富丽而有书卷气，叠石垒土，导泉为池，山石曲折，典雅而古朴，颇有气质（现在是中国美术馆的一部分）。芥子园是李渔在北京的住所，位于宣武门外梁家园韩家胡同。园虽小而具体，可惜原貌无存，只剩下两块西湖石为证（在原九十五中内）。除此之外，还有位于东厂胡同与翠花胡同之间大学士瑞麟的余园（今中国社会科学院考古研究所内），民国时曾是大总统黎元洪的私邸。近代风云人物盛宣怀在小石桥胡同建有盛园（今为竹园宾馆）。

图 3-23 颐和园转轮藏

城中府宅毕竟地域有限，不能让贵胄官僚与文人学士尽情挥洒，于是他们在京郊也大辟私园。这些园林大都集中于西郊海淀，陪伴着皇家园林。明代武清侯李伟的清华园与大画家米万钟的勺园开启了私园兴建的先声。清代继之不衰，在今天北京大学的范围内就有不少私园遗迹：和珅的淑春园，嘉庆时惠亲王的鸣鹤园，庄静公主的镜春园，恭亲王奕訢的朗润园，醇亲王奕譞的蔚秀园，寿恩公主的承泽园；清华大学内的近春园为咸丰帝做皇子时的园子。这些昔日名园随同圆明园一起成为了历史，只能从现存的翼然亭、石舫等遗物去想象它们的全貌了。这类私园大都有宅院、戏台、亭台廊榭等建筑，环山抱水，更多地体现了中国古典园林的自然美与意境美，反映出了一种回归大自然的意趣。

4. 祭祀园林

最后一类园林是祭祀园林，指的是以寺观、坛庙、陵寝为主而形成的园林区。这一类园林与前四类在功用上有根本的不同，它突出的是肃穆、庄重的氛围，并非是为生者提供娱乐的场所，是我国古典园林中较为特殊的一种。这类园林多属于祭祀性建筑，其选址讲究“风水”，往往山清水秀，景色清幽。在建筑布局上采用传统的轴线对称式，突出其应有的严谨，常绿的松柏是这类园林普遍栽种的树木，浓荫蔽日的效果更加重了它的神秘感。从数量上讲，这类园林是最多的。

5. 北京园林的特色

北京的园林庄苑为谨严的都城增添了活力，作为留存至今的皇都胜景自有其与众不同的地方。北京的园林往往占地广，表现出宏大的规模与壮美的气势，这一点皇家园林表现最为突出。即使贵胄官士的宅园也在满足物质和精神享受的同时，竭力追求与自身地位相当的气派，这与南方园林追求超凡脱俗的意境有明显的不同。北京的园林常常突出主体建筑物的造景作用，以一处或几处作为园林的主要形象。颐和园的佛香阁，北海的白塔，静明园的玉泉塔等，特色鲜明。园林以得水为贵，北京的园林内或大或小都有一定的水面，特别是京郊的园苑往往选址于靠近水系的地方。圆明园有福海，颐和园有昆明湖，静明园有泉水流涌，水面在园林中占有很大的比重。北京的园林，由于其所处地位的独特，能够集大量的财力、物力、人力来营造，因而有力量全面吸取江南园林的特色，融汇南北而能冶于一炉，独具风采。在保持北方传统建筑风格的同时，大量使用江南园林中常见的游廊、水廊、爬山廊、拱桥、舫、榭、洞门、花街铺地等造园手法；江南堆叠假山的技法也大量运用，假山所用的材料也来自南方（也有使用北京附近出产的石料的，以私家园林为多），以青石、太湖石为主。江南名园的某些主题被移借、摹写，在京都园林中再现；甚至直接仿建江南名园。颐和园的西堤及堤上的六座桥是有意识地摹仿西湖的苏堤和苏堤六桥；圆明园内的坐石临流仿自浙江绍兴兰亭的崇山峻岭、茂林修竹、曲水流觞；而颐和园中的谐趣园是直接照无锡寄畅园仿建的园中之园。

北京的园林庄苑历史悠久，源远流长，积淀深厚，在不断地吸取与聚合过程中，逐渐丰富、成熟，集古今名园之大成，融汇南北风格于一体，形成博大精深的园林体系，以其独有的风姿与辉煌的宫殿群相映成趣。

五 皇陵名寝

北京有着豪华的地面宫殿群以满足皇裔贵胄们的享用，同样，他们也为自己死后准备了奢华的住所。生前享用不尽，死后也要风光无限。

1. 明以前北京皇陵

虽然在北京建都的政权有不少，但并不是每朝统治者都把自己的陵寝建在这里。北京地区发现较早的帝王陵寝是汉代的诸侯王墓，即丰台黄土岗的大葆台西汉墓和石景山区的老山汉墓。大葆台汉墓是目前发现的规模最为宏大、结构完整、建筑工艺精美的汉代地下宫殿之一，采用了“黄肠题凑”的葬制。由于“黄肠题凑”属天子葬制，因而可见此墓主人之不一般。虽然此墓主人是诸侯王，但葬制却用天子礼，从某种意义上说，这也可算是一座“皇陵”了。统治者将自己的陵寝建在北京境内的始于金代。从完颜阿骨打建立金国到最后一个皇帝完颜承麟亡国，一共有 10 个皇帝。金陵内葬有从东北迁葬的始祖以下 13 个皇帝及居于中都的 5 个皇帝，陵内还有妃陵及诸王陵寝。金陵坐落在北京房山西北的云峰山，此地群山环抱，峰峦起伏，九条山脉如云龙奔腾而下，号称“九龙”，陵寝依云峰山南麓绵延百余里。昔日红墙耸峙、宫殿巍峨的帝陵，今天虽已是断壁残垣，一派荒凉景象，好在已经得到了很好的保护。金陵始建于海陵王时期（1149—1160 年），以后不断加修扩展，至章宗末年，陵区各地下宫殿和地上建筑都已建成。陵域内设有围墙，每隔一定距离建一座土堡。金元之际陵区遭到破坏，明代天启年间，女真后裔建立的后金国对明朝不断取得军事上的胜利，天启皇帝听信术士的鼓动，认为后金的兴起与金陵的气脉相关，于是停止金陵的祭祀并派兵拆毁了陵寝建筑。目前陵区尚有一座清代重修的三合土宝顶以及相应的享殿、碑亭、神路等遗存，各种石质、砖质的建筑构件、琉璃瓦件、石质灵床棺椁残件比比皆是；近年来又出土了银龙饰红漆棺、鎏金银面具等精美的物品。八百多年前规模宏大的金陵地宫还深藏在云峰山的莽莽林海之中，2001—2002 年考古工作者对金陵进行了科学发掘，我们终于可以揭开它神秘的面纱，一览其真容了！

元朝虽然在北京经历 11 帝 98 年，但却并未留下一座帝王的陵寝，这与蒙古贵族死后不起坟、葬毕以马蹂之使平的葬俗有关，因而北京是否有元陵的存在，至今还是一个难解的谜团。

2. 明十三陵

北京地区现存最大的帝王陵寝应该说是明十三陵了。这里埋葬着明代自成祖朱棣开始直至明末的 13 个皇帝，只有景帝朱祁钰的陵寝孤寂地躺在西郊的金山。十三陵坐落在昌平区天寿山下，占地约 40 平方千米，规模宏大。陵园以天寿山为屏障，东、西、北三面群峰耸立，虎山、蟒山恰如门阙守护南方，中间盆地好似天然庭院，温榆河从中流过。当年成祖朱棣决定迁都北京，皇后徐氏却先死于南京，明成祖派人到北京选取陵地；几经周折，才选定了昌平北黄土山为吉壤，遂改黄土山为天寿山。从永乐七年（1409 年）开始建造陵寝，到明末共建成十二陵，明亡之后，又建成末帝崇祯的思陵，因而有了“十三陵”的称号。

十三陵体系完整，布局严谨，规划整齐，主次分明，大明帝国的空前统一与皇权的高度集中在此得到了充分而具体的表现。13 座皇陵以成祖的长陵为中心，其他 12 陵分列左右，然而却并不是按左昭右穆的古制排列，而是随山势向东南、西南布置，各倚一座小山峰。左方是景陵、永陵和德陵 3 座陵寝。而在右方分列其他 9 陵：献陵、裕陵、茂陵、泰陵、康陵、昭陵、定陵、庆陵和思陵。经过 200 多年的经营，陵区逐渐形成以长陵为中心的环抱之势，突出了

长陵的中心地位。13座陵寝同居一园，是一个统一的整体，但又各成体系；一条总神路直通长陵，贯通12陵，一道围墙环护陵园。长墙因山而设，沿途关卡林立，精兵把守，普通百姓休想跨进一步。一园、一道、一墙共葬13帝，这是中国皇陵史上不曾有的现象，成为明陵的一个显著特点，与其他时期的帝陵形成了鲜明的对照。汉、唐帝陵往往相距较远，没有形成一个统一的陵区，而宋代、清代帝陵虽很集中，但主从不明且各陵自有其独立的神路和石像生；只有明十三陵集中分布在封闭的山谷中，环形布置拱卫主陵（长陵），神路的选线和路上的设置又加强了主陵的中心地位。明十三陵是中国现存古代帝陵中整体性最强、最善于利用地形的一座。

十三座皇陵的建造分三种情况，一是皇帝即位后开始营造，这类陵的修造时间往往较长、规模较大，因为要接受皇帝不时地视察，所以一般都修造得较为奢华，如长陵、永陵、定陵等即属于此类。二是皇帝死后营造之陵，由于葬期紧迫，此类陵墓的规模较小，而且工程也比较简单，如献陵、裕陵和茂陵等。第三种情况较为特殊，是皇帝生前死后都没有建陵，尸体最后葬在了他人的墓中。如明光宗朱常洛在位29天即死，当时因国库空虚，加上神宗万历皇帝尚未下葬，所以便把明光宗葬在了景帝朱祁钰为自己修造的陵墓中，称为庆陵。至于崇祯皇帝，则是葬在了他的田贵妃的墓中，称为思陵，很是有点名不副实。

十三座陵寝整体布局匀称，排列有条不紊，虽然规模大小不同（长陵最大，永陵其次，定陵再次，裕陵、茂陵、泰陵、康陵再次，献、景二陵随其后，思陵最小），却都保持着相同的规制。大红门为整个陵园的门户，各陵都建于小山之前，如长陵背依天寿山，定陵背依大峪山，永陵背依阳翠岭。各陵又自有红墙围绕成长方形陵院，依次排列陵门、碑亭、祾恩门、祾恩殿、棂星门、石五供、明楼、宝城及地宫。碑亭内除长陵、思陵有文字外，其余皆立无字碑，大概都在效仿女皇武则天于乾陵立无字碑吧！明楼内立碑上刻皇帝的庙号与谥号；宝城中填黄土，下掩地宫。每座陵园内还有管陵太监的监房、种植祭祀用的瓜果的园子和其他附属设施。

明代的葬制是一帝一后合葬，但各个帝王的情况又各有所不同，因此各陵园的情况也各自有别。长陵、献陵、景陵、泰陵、康陵、德陵恪守祖制，埋葬着一帝一后。从裕陵开始，情况发生改变，出现一帝二后合葬，甚至一帝三后合葬的现象，这是因为一位皇帝一生并非只有一位皇后，有继立为后的情况，也有新皇帝追尊其生母乃至祖母为后的做法。这样，在大行皇帝的陵寝中就不限于一位皇后陪伴了。茂陵葬有宪宗朱见深和皇后王氏、纪氏（孝宗母）、邵氏（世宗祖母）；永陵葬有世宗朱厚熜和皇后陈氏、方氏（继后）、杜氏（穆宗母）；思陵则较为特殊，葬有崇祯帝朱由检和皇后周氏、妃田氏。这样一算，十三陵内共葬有 13 个皇帝和 24 位后妃，同时，陵园内还有专葬宫妃的东、西二井。明初曾有宫妃陪葬的法令，每当皇帝崩天后，诸妃都要被勒令从葬。因为这些宫妃的葬地只有圹穴，没有隧道，棺椁由上直接放入穴内，就像下井一样，所以称其墓为井。东井在德陵东边，西井在定陵西北，共葬有 16 位妃子。直到英宗末年，宫妃从葬的制度才被废除。

十三陵从 1409 年开始建造至明亡，历时 230 多年，历经风雨沧桑，与明朝命运休戚相关。崇祯九年（1636 年）、十七年（1644 年）德陵、景陵及十三陵部分享殿毁于战火。清军入关后捣毁了明陵，尽管从顺治四年（1647 年）开始，清政府对明陵加以修葺，但直至清末，十三陵长期荒废，除长陵以外，地面建筑大部分早已非完璧，仅留下地宫沉睡百年。

长陵神路是十三陵的一串明珠，南北伸展，脉络清晰，显示着帝王的至尊。神路后段分为若干支线，通向其他各陵。神路又称御路，全长约 7 千米，是整个十三陵的总神路，为全园的中心大道。这种设计与布局，完全是明代中央集权高度集中的体现，突出了永乐皇帝以长陵为主陵的做法。神路最南端耸立着一座 5 门 6 柱 11 楼的汉白玉石仿木结构牌坊，是我国现存最大的一座石牌坊。蓝琉璃瓦顶在白云的衬托下格外醒目，石柱上精雕细刻双狮戏球、麒麟

如意、龙腾海浪等各种吉祥图案，让人驻足流连。穿过石坊，进大红门、过碑楼，眼前豁然一亮，左右排列整齐的石像生便展现在面前。陵墓前放置石人石兽的做法早在秦汉时代就已经出现。十三陵前的石人石兽共有36尊，体积硕大，由整块石料雕琢而成，最大的连座体积可达30多立方米。雕刻工艺精湛，手法纯熟，形象生动。狮、獬豸、骆驼、象、麒麟、马各4尊，均为两立两卧；石人又称石翁仲，文、武、勋臣各4尊。这些石像生形态各异，在翠柏的衬托下，肃穆、庄严的气氛跃然而出，起到了引导空间、烘托主体建筑的作用。

长陵就在神路的北端，是十三陵中建筑最早、规模最大、保存较为完整的一座陵寝。祾恩殿恢宏壮丽，与故宫太和殿不相上下，大殿的主体建筑用贵重的金丝楠木建成，这些金丝楠木巨柱最高的达14.3米，直径都在1米左右，为园内最大的楠木大殿。殿内装饰不尚华丽，宽敞而庄重，以适合祭祀的用途。殿中北部雕龙神龛内供奉成祖与徐皇后灵位，前设供案。出祾恩殿，入内红门，过棂星门，便是明楼，高大而挺秀。登上明楼远眺，陵区历历在目，气势非凡。地宫就在宝城之下，到底地下情况如何，众说纷纭。殊不知，当年有人欲发掘长陵，而周恩来总理却谨慎地批准将定陵作为试掘目标，长陵赖此而保全了自己最大的机密。

定陵是十三陵中唯一被打开地宫的一座皇陵（图3–24），它坐西北朝东南，埋葬着神宗朱翊钧即万历皇帝和孝端、孝靖两位皇后。整个陵寝的修造耗费白银800多万两，其奢华程度可想而知。定陵的地面建筑仅存明楼、宝城等，但人们往往无心在这些地方久留，最吸引他们的是那令人神往的地下宫殿。地宫距离墓顶27米，由前、中、后、左、右5座殿堂组成，全部用石块砌筑，双曲拱券式结构，总面积1195平方米。中殿内石室宝座前的龙缸内满贮香油，长明灯依旧；帝后三棺高置于金井之上，外髹朱漆。大量的随葬品让人惊叹皇家的奢豪，帝后冠服世间罕有，金玉珠宝耀眼夺目，首饰佩件小巧玲珑，丝绸织绣绚丽多彩。定陵展现在世人面前的是一

图 3-24　明十三陵定陵

座富丽的地府，历经 300 多年的沧桑，依然宏伟壮丽。然而，由于缺乏必要的文物保护技术，当年定陵地宫内出土的文物有许多都已经彻底损毁，让人追悔莫及，不得不引起人们深深的反思。时下一些人仍热衷于向帝王陵墓进军，希望以此来促进当地旅游业的发展，殊不知，地下陵墓一旦打开，文物保护不到位，将得不偿失。就目前的情况看，以地下陵墓来招徕游客，获取一时的经济效益，实在是一种短视行为。当慎而又慎，三思而行！

十三座皇陵静静地躺在青山的怀抱之中，有参天松柏相伴，错落有致，富丽而凝重。一代皇朝，兴亡尽在苍山皇家之中。（图 3–25）

大明王朝在闯王义旗与清军马蹄的双面夹击下成了过去，清统治者坐在了昔日朱明皇朝的宝座上，上演着中国王朝帝国的最后一幕。也许是北京地区有明十三陵存在的缘故，清廷没有把自己的陵寝放在帝都之内，而是将其建在了离京城尚不算远的河北遵化与易县。虽然清陵本身不在北京地区，但仍在皇都的辐射区内，与皇廷有着密不可分的联系。

北京的皇陵与皇宫、皇城一样展示着皇都的气派与威严，冥冥之中述说着那古老的话题……

图 3–25　明十三陵石牌坊

六 北京的长城

长城是我国古代建筑史上的奇迹，令中国人自豪，让外国人赞叹。它穿山越岭，蜿蜒穿行于北方广阔的大地上，北京就是它走过的重要一站。

北京周边地区最早的长城是战国时代的燕长城，但其遗迹已十分难寻，我们今天登览的长城主要是明代修筑的长城。

北京地区的长城全长约 629 千米，横跨北京北部山区的平谷、密云、怀柔、昌平、延庆和门头沟地区，形成半环状的分布状态。东西、北西两个体系组成了北京地区长城总的走向，两线长城在怀柔旧水坑西南的分水岭上汇合为一体。分水岭以东为东西向长城，多数为单层状，环状、多层状仅在隘口附近出现；分水岭以西为北西向长城，情况较为复杂，除主要隘口附近为多层状、环状城墙外，在延庆盆地和北京平原之间为两道平行的城墙，构成双重的纵深防御体系。从山海关东来的长城在平谷将军关附近进入北京，向北过密云黑关，沿曹家路、新城子、古北口、白马关一线的北部山区分水岭延伸，再经冯家峪、北石城、南石城到达怀柔神堂峪、慕田峪。从慕田峪向西在黑坨山附近分为两支：一支经延庆四海至暴雨顶分为东西两路出北京；另一支分为南北两线在青水顶汇合，向西南延伸。北京长城沿线上共有城台 827 座，一般分为方形、长方形、圆形三种。此外还有关口 71 处，营盘 8 座。

北京地区的长城以明代修造的为主，明以前汉、魏、北齐和金的长城遗存仅有 7.3 千米，主要有镇边城以南大村、老峪沟、禾子涧、十三陵北部西岭、黄土梁、外桃园一段以及石峡、青水顶、金山岭及曹家路几段，除大村、老峪沟、禾子涧一段离明长城的城墙较远外，其他几段长城几乎都分布在明长城沿线。

北京地区明长城的修造开始于明朝初年。朱元璋建立明朝以后，元朝势力并未被清除干净，他们逃回了漠北老家，时时南下侵扰，伺机东山再起；而东北的女真族又再次崛起，虎视大明江山。有鉴于此，北方的防务成为朱明王朝颇为重视的问题，长城的修建正是出于防御蒙元与女真的考虑。大将徐达攻下元大都之后，就受洪武皇帝的派遣主持修筑居庸关、古北口、喜峰口等处长城。隆庆年间，宰相张居正调抗倭名将戚继光、谭纶为蓟镇总兵与蓟辽总督，负责修造长城。蓟镇内 1200 多里的长城就是戚继光亲自筹划并督修完成的。屏障京师的长城成为明朝北方的重要军事设施。明统治者为了加强防务，便于调遣长城沿线兵力，把长城分为了辽东、蓟、宣府、大同、山西、延绥、宁夏、固原和甘肃九镇，各镇有总兵辖治，其中的蓟与宣府二镇辖治北京地区。从居庸关到西洋河的北西走向长城属宣府镇管辖；山海关至居庸关的东西走向长城属蓟镇管辖。

八达岭长城（图 3–26）构建宏壮，是明代长城中十分有代表性的一段，也是北京地区最早修复并作为旅游景点对公众开放的一段古长城，在国内外的影响很大。它是居庸关的前哨与门户，向南可通南口、昌平、北京，向北可通延庆、永宁，向西可达沙城、宣化、

图 3-26　八达岭长城

张家口。以此为中心，四通八达，故而有了“八达岭”的美称。因其在居庸关的北面，也称作北口。这段长城高大坚实，居高临下，地势险峻，是京城的重要屏障。城墙表面用条石砌筑，内部用泥土碎石填实，顶部用城砖铺平，十分宽阔，可以五马并驰或十人并肩行进。八达岭长城以其卓绝雄姿令世人瞩目，游人如织。登上雄关，“不到长城非好汉”的宿望终于实现。远望苍茫群山，长城宛如一条银龙穿梭其间，蜿蜒起伏，一股豪情油然而生。长城附近风景秀丽，居庸叠翠、关沟七十二景引人入胜，尤以燕京八景之一的居庸叠翠最令人神往。每当春夏之际，百花盛开，草木繁茂，山野一片葱翠郁茂；居高而视，碧波翠浪，景色清幽。怡人美景为这一剑拔弩张的险地融入了一丝和平的春意。

随着北京旅游事业的不断发展，长城以其独具的知名度与号召力吸引着国内外人士，由于“爱我中华，修我长城”活动的推动，许多长期无人过问的长城遗迹又重新焕发了光彩。慕田峪就是一处专为发展旅游而修复的长城。慕田峪长城在怀柔境内的三渡河，这里的长城兼有八达岭长城的雄伟和金山岭长城的险峻。此段长城修筑于明代隆庆、万历年间，由戚继光、谭纶扩建加固，具备了巧、险、多变的特点。城墙和敌楼多选择外侧险峭之处，紧靠崖边建筑，一方面增加了高度，易守难攻，另一方面又节省了工料，这就是巧；某些地段占据制高点，长城从悬崖上通过，如东南的涧扣就是一例，这是险；楼台顺山势而建，或疏或密，或大或小，三孔楼、四孔楼、九孔楼等形式多样，内部构造各异，这就是多变。慕田峪风景秀美，长城壮伟，群芳争艳，柳绿桃红，珍珠泉、莲花池、龙潭泉四季涌流不断，真是一处山水胜境。

北京地区长城以密云境内分布最多，古北口长城、金山岭长城、司马台长城近年来都成了诱人而响亮的名字。

古北口两侧山势陡峭，西有卧虎山，东有蟠龙山，两山对峙，紧护关门。关门以北为河北滦平，以南就是北京，古北口以其险要的地理位置成为中原北部的重要门户和边关重镇。以古北口为中心的长城发挥着护卫京师的重要作用，历来为统治者所看重。早在春秋战国时期，燕国就曾经在古北口筑城设关，后来，北齐、金、元等朝也在此设重兵把守。现在的古北口关城建于明洪武十一年（1378年），永乐八年（1410年）又加修了古北口、小关口、大关口等关塞设施。弘治八年（1495年）又在古北口添修了大墩、烽火台、壕堑等防卫体系。水门关设在潮白河上，湍急的河水破三门而入关，形成万里长城中唯一的水关奇景，与铁门关一同担任起“南控幽燕，北捍朔漠”的重任，有了“京师锁钥”的美称。古北口不仅关城险固，而且风景秀丽，文物古迹众多，成为塞外的旅游胜地。

从古北口向东南行进，便可到达金山岭长城。金山岭之名，史书并无记载，据传说，金山之名得自后川口西部的大、小金山敌台的修筑。这两座金山楼是由跟随戚继光北上戍边的3000名江浙士兵修建的，他们因常年守卫边塞，十分思念故乡，才把镇江大、小金山岛的名字用在这里，借以寄托对故土的眷恋之情。金山岭长城的重要关口从西至东排列有桃春口、桃春楼、五眼楼、西梁砖垛楼、西方台、东方台、小金山楼、大金山楼、将军楼等18座。经过精心修复后，金山岭长城以全新的“旧”貌展现在世人面前。

司马台长城是后来异军突起的一处游览胜地，以前并不为人知晓的司马台，忽然间成了热闹的地方。司马台长城在金山岭长城以西，是戚继光、谭纶等精心设计、重点增修的一段长城。现存城墙、敌台都是万历年间的原物，清代以后未曾修葺。20世纪80年代以来，修复司马台长城的工作开始进行，尚幸只有少部分被“整旧如旧”，不知日后这段难得的原貌长城的命运是否会与慕田峪、八达岭一样！但愿我们能永远欣赏到这历史的本来面目。司马台长城沿山脊修造，高低起伏，左右盘旋，尤其是司马台水库将长城一分为二，恰似双龙探水，极为壮观。“险、密、巧、奇、坚”成为司马台长城的重要特色。险，墙体矗立于刀削斧劈般的山脊上，云梯、天桥险中套险。坡陡、墙窄，最窄处不足半米，云梯直上直下，两侧万丈深渊，令人不寒而栗，稍不留神，就会“一失足成千古恨”。

密，楼台建筑式样奇而多，敌楼全部为空心楼，每隔 15 ~ 16 米就有一座，远远望去，几乎是楼挨着楼。从外观看，有单眼楼、双眼楼、四眼楼、五眼楼；楼有单层、双层、三层之分；从建筑材料看，砖的、砖木的、砖石的各种各样；从内部结构看，单室、双室、多室功用齐全。房间布局或“四”字形，或“日”字形，或“井”字形，或“川”字形。楼顶或平式，或穹隆式，或八角藻井式，或复斗式，变化多端；门窗也丰富多彩。巧，障墙步步为营，进可攻退可守，在 20 多米的垂直落差内，一支箭能从最顶上的障墙箭孔射出穿过所有障墙的孔眼，到达最底层的障墙，精巧绝妙，令人叹服。奇，因山设险，因地制宜，奇妙生焉，扣人心弦。坚，城墙用土、石、砖三种材料筑成，坚固异常。司马台长城奇巧精妙，集军事、建筑、艺术于一体，成为万里长城中的热点。来司马台长城必登仙女楼、望京楼，不然则会有似未曾登临的感觉。仙女楼与望京楼一段是司马台长城最为险峻的一段，一道直上直下的通天石阶只能容一人攀登，似天梯一般，两侧悬崖峭壁，令人胆寒，真是一夫当关，万夫莫开！望京楼是司马台长城的最高点，因站在楼上于晴天夜晚能看见京城灯火，故名望京楼。登楼远眺，好一派北国风光。壮哉，巍巍长城！

北京地区的明长城因北京的国都地位而备受统治者重视，由于它具有拱卫京城的特殊作用，因而成为明长城中最精华的部分，代表了中国古代长城修造的最高成就。近年来，随着旅游事业的发展，长城得到了较好的开发利用，北京地区可供人们观览的长城也相对较多。古风依然的长城，张开臂膀迎送着八方游客。

第四章
舞影歌声散渌池　空余汴水东流海
——开封、安阳

一　开封

在中国古代诸多名画当中，北宋张择端的《清明上河图》，大概是最广为人知的一幅。画家所描绘的飞桥卧虹、舟船往复、店铺林立、人烟稠密的兴旺景象，给古往今来所有的观者都留下了极其深刻的印象，让他们牢牢记住了这座繁华都市的名字——东京城。

北宋国都东京城，即今河南省的开封市。在历史上，除了北宋之外。战国时期的魏国，五代的后梁、后晋、后汉、后周诸国以及灭掉北宋的大金国，都曾在此建都，所以开封城也就有了“七朝古都”的雅号，跻身于七大古都的行列。

1. 开封的历史概况

开封又名汴梁，历史上曾有启封、大梁、浚仪、东京、汴京、祥符等名称。它位于河南省东部黄河下游的南岸，西依郑州，南接许昌、周口，东与商丘、山东毗邻，境内河流纵横，灌溉发达，气候温和，交通便利，战略地位较为重要。

开封之地，春秋时期属郑国所有。郑庄公为图霸中原，在其封国东北部即今开封城南约25千米的古城村，修筑了一座规模不大的驻兵屯粮之城，名为“启封”，意为“开拓封疆”。后来，启封城规模有所扩大，西汉时为避景帝刘启之名讳，更名为“开封”。这座开封城，一直沿用到唐代，它与在今开封市区范围内的魏都大梁城和宋东京城并非一地。开封，虽然早在五六千年以前就已经存在较为发达的新石器时代文化，但城市的出现却相对较晚。楚怀王十一年（公元前318年），韩、赵、魏三家联合在大梁击败楚军，大梁遂为魏所有。魏惠王六年（公元前364年），惠王将国都从安邑迁到大梁，使开封获得了较大的发展。然而好景不长，秦王政二十二年（公元前225年），在秦统一六国的战争中，大梁被秦将王贲决鸿沟水灌城攻破。从秦至隋漫长的800多年间，开封的发展相对迟滞，仅仅是一个普通的州、县级地方城市。隋唐时期，炀帝开运河，开封居于运河的中心，其地位不断上升。经五代的过渡，在周世宗柴荣的全面改造下，开封终于在北宋时期达到了城市发展史上的鼎盛时期，但金兵的铁骑又将这难得的百年风流踏成一片碎梦。后来，开封又为行将灭亡的金朝充当了20年的都城，以一种回光返照式的华彩，为自己的国都地位唱起了凄凉的挽歌。在元代以后的各个时期，开封虽然还是地方首府，并且能间或重温一下繁华富贵的旧梦，但总起来看，仍是处在不可遏制的衰败之中。

开封历史发展的上述特点，当然是受制于中国历史发展的大趋势的，但也与其周围的地理环境有着密切的关系。

开封的地理环境，其内在矛盾是十分突出的，一方面，这里地当要害，四通八达，自古以来就是经济较为富庶的地区，具有重要的战略意义，为兵家必争之地；另一方面，这里地势平坦，地形简单，莽原一片，无险可守，从军事的角度看，其先天不足是十分明显的。

这种内在的矛盾性，使得开封这座城市缺乏作为国都的坚实基础。魏国迁都于此，首先是为了躲避日益逼近的秦国兵锋，其次是因为当时这里恰好是齐楚两个大国之间的缓冲之地，客观上允许魏国的存在。所以，尽管这里并不是建都的理想之地，但魏惠王还是毅然决定迁都于此，其中颇有几分无可奈何的味道。至于金朝末期定都于开封，也主要是为了远离蒙古骑兵的冲击，是一种被动的应急之策。秦汉至隋唐历代统治者都不曾有过以开封为都的设想，赵匡胤建立北宋后，又几番欲迁都洛阳，原因都与开封的先天不足有关。然而，开封毕竟又在五代和北宋时期成了都城，这主要是由于唐末的战乱，西安、洛阳两地已残破不堪，战争又彻底破坏了整个北方的社会经济，使得北方政权更加依赖运河漕运，而开封正是汴河、黄河、惠民河、广济河这 4 条漕运河的集中点，具有其他地方不可比拟的经济优势。同时还要看到，唐代以后，西北少数民族日渐衰落，而东北少数民族则日益强盛起来，中原王朝军事防御的重点开始从西北转移到了东北。加之此时中国的经济重心也正在加速向南方转移，所以就出现了一种将政治中心由西安、洛阳等偏西之地向东方移动的客观要求。在这一系列的转移过程中，通道和桥梁是必不可少的，开封恰好充当了通道和桥梁的角色。从这个意义上说，开封作为国都，具有某种过渡性质。元代以后，中国的政治中心和军事重心都移至北方，而经济重心依然在南方，地处中原的开封虽然还没有失去其通道与桥梁的作用，但也仅仅是在通道和桥梁的意义上具有某种重要性，它只能眼睁睁地看着一批又一批英雄豪杰匆匆而过，但却不能吸引他们在此长居久驻。特别是在开封黄河水患形成之后，不要说无法承担起国都的使命，甚至连地方首府的地位也难以保住了。

开封的黄河水患，是天灾与人祸交互作用的结果。北宋初年，黄河是从渤海南部入海，宋人称之为“京东故道”。太平兴国八年（983 年），黄河在滑州（今滑县）大决口，经澶州（今濮阳）、濮州（今苍县）、曹州（今菏泽）、济州（今巨野），东南流至彭城（今徐州）界入于淮，时人称为“东流”。庆历八年（1048 年），黄河又于澶州决口，形成了新河道，河水经大名府(今河北大名东)、冀州（今冀州区）、深州（今深州市南）、永静军（今东光县）至乾宁军（今青县）入海，时人称为“北流”。宋臣就“东流”“北流”利弊曾经反复争论，一派大臣从防辽的目的出发，力主回河东流，但三次回河努力都以失败而告终，这虽然不利于开封城的军事防卫，但因黄河河道距城远达 200 里，却无水患之虑。

建炎二年（1128 年），南宋赵构政权为阻止金兵南下，决开黄河自泗入淮，加速了“北流”河道的淤积。金明昌五年（1194 年），黄河从阳武改道，距离开封城仅有 40 余里。端平元年（1234 年），南宋军队攻入开封，元军在城北的寸金淀决开黄河，不仅淹没了开封城，而且还造成了黄河东南入淮的大势，引发了元代频繁的河患。文献记载的 280 多次决口，多数发生在河南，黄河水曾经八九次冲进开封城内。由于黄河泛滥，开封一带河湖淤没，地貌尽改，形成了无数的沙丘和碱地，原来优越的地理条件丧失殆尽。

明初十年曾以开封为陪都，称为北京。但河患却严重阻碍了开封的发展。明代 277 年中，黄河决口的年份多达 246 年，而且大部分是在开封上下河段。黄河河道步步南徙，距离开封城仅有 30 里左右，而且河道高出地平面八九米，成为地上河、城上河，黄河水曾经 6 次侵入城内。明末崇祯十五年（1642 年）九月十六日，官军决黄河以淹李自成军，开封城顿成一片汪洋，城内居民 37.8 万余人，幸免者不到 2 万人，形成了一场空前绝后的浩劫。清代以后，黄河河道进一步南逼，距城最近处仅有 20 里左右，黄河水患有增无减。在中国古代都城当中，还没有哪一座城市像开封这样饱受水患之苦的。

从某种意义上说，开封犹如一个不太成功的弄潮儿，虽然一度冲上了浪尖，但很快就被长久地抛进了谷底。不过，这并不影响开封在中国历史发展中占据的重要地位。北宋时期的东京城，完全抛弃了隋唐都城的封闭式结构，在许多方面改变了古代中国城市的结构和功能，是我国封建社会后期城市的典型代表。它虽然没有隋唐都城那般宏大的气势和规整的布局，但它却是第一座较为适合平民百姓居住的国都，是第一座充满了人情意味和生活气息的国都。东京城的规划，给其后历代都城以巨大的影响，从这个意义上讲，开封跻身七大古都完全是理所应当的。

2. 古城遗迹

“开封城，城摞城”，这是开封人常说的口头禅。话虽简短，但却抓住了古都开封城市发展的基本特点。所谓“城摞城”，是指古代开封的几座城址的叠压状况而言。据考古勘察，战国魏的大梁城、五代的汴州城、北宋的东京城、元明的汴梁城和清代的开封城，虽然形制、面积各不相同，但它们的位置却变动不大，基本上都集中在今日开封市区的范围内。由于黄河水的多次冲淹，宋代的东京城已被深埋于今日开封地面之下 8 米左右，明代的汴梁城遗址在地下 5 米左右，清代开封的地面在今日地表之下 3 米左右。这种“城摞城”的现象，是其他古都所不见的。从某种意义上说，这种现象可以看作是古代开封灾难深重的象征。

北宋的东京城虽然深埋于地下，但由于它在中国古代都城发展史上的重要地位，所以我们仍要在此为它重重地写上几笔。

赵匡胤陈桥驿（今开封东北）兵变，黄袍加身，建立北宋，定都开封。沿袭了后周都城规模，并在其基础上不断完善发展，形成了二重方城（皇城、内城、外城）的新结构（图 4-1）。皇城居中，原为唐代军宣武节度使治所，后梁称建昌宫，后晋为大宁宫。内城是沿用唐代汴州城基稍加修葺而成。由于它们已不复存在，这里就不再赘述其昔日金碧辉煌、巍峨壮丽的繁华景象了。

北宋东京城最主要的是在城市规划上发生了重大变化。其一，隋唐时期封闭式里坊制度是政治高度集中的产物，却限制了经济的发展和文化的交流，而北宋东京城取消了里坊之隔，形成了新的街市。商业区不再是唐代长安、洛阳集中的一二处“市”，而是沿街均可设店，商贩串街走巷，买卖方便。这种开放式的城市布局对宋以后的都城，特别是对南宋临安城的影响极大。另外，皇城内宫廷两侧的千步廊（又称“御廊”），是宋以前中国宫廷所没有的长廊

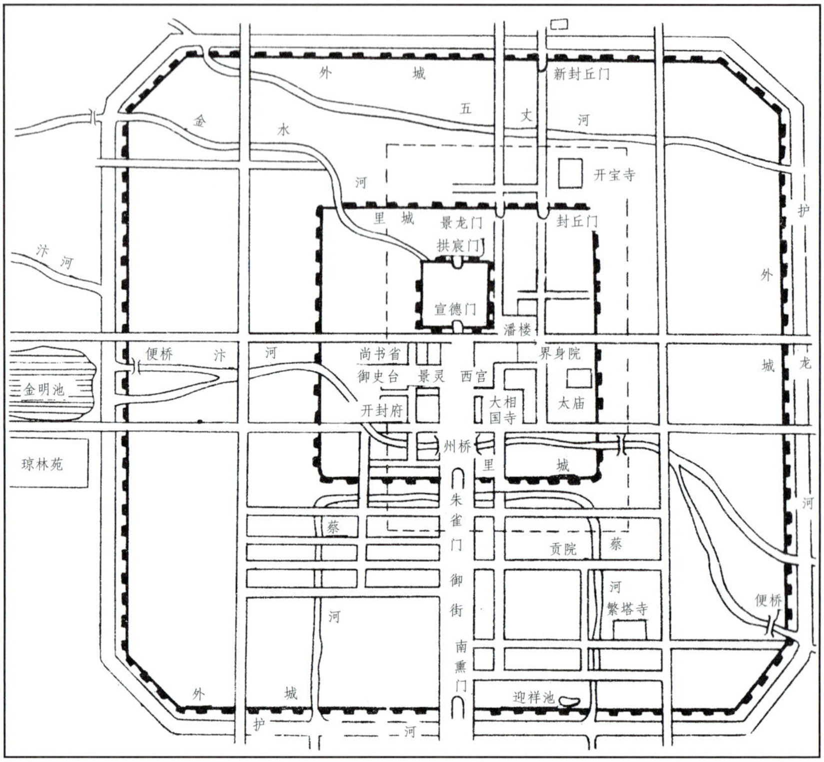

图 4-1　北宋东京城示意图

建筑，自此伊始形成一种宫制，历代相袭不绝。其二，开封“地平无山”，但北宋东京城却是军事防御色彩非常浓厚的都城。中国历代对都城的地理形势极为重视，宋以前的隋唐两代，均恃山河之险，以四塞为固。长安地处关中，右控陇、蜀二地，左扼崤、函两关，前有终南、太华之险，后依渭水、黄河之堑；东都洛阳，位在伊洛盆地，南临伊阙，北靠邙山，东有虎牢关，西为函谷关。入宋以来，辽、西夏、金不断南下中原，骚扰掳掠，对于无险可守的北宋来说，京城的防卫就更为重要了。就是因为开封不据山河之胜，无险可守，宋太祖在定国之初西幸洛阳之时，萌发了“据山川之胜而去冗兵，循周、汉故事以安天下”之念，曾经提出迁都洛阳、长安之大略，若不是诸臣的再三劝阻，恐怕北宋都城已非开封了。开封虽地处四平，无名山大川之限，但又为四通之地，据水陆要冲，控江淮漕运之咽喉。为弥补自然条件的缺陷，就以人为的方式来加固开封城。开封东京城的外城可谓军事防御的典型体现。城高四丈，城基宽五丈九尺。城墙之外，敌楼相望；城垣之上，女墙密植，马面、战棚百步相接（女墙、马面、战棚、敌楼皆为古代城防建筑）；城墙以内，榆柳成荫，每二百步置一防城库，内贮防守之器，利刃横排，钩矛并列；城墙四周护城壕宽五十步，深一丈五尺，两岸杨柳成行，戒备森严，禁人往来。而且，都城周围屯兵数十万人。显然，当时是以城池之固替山河之险，恃甲胄之众代关塞之扼，用人工设置的重重障碍，拱卫着北宋的京师所在、天子所居。其三，东京作为一代名都，其苑囿园圃在中国园林史上占有特殊的地位。北宋时开封方圆百里之内，大小园林星罗棋布，甚至连小酒铺也有“花竹扶疏、潇洒可爱”的小园圃。可见观赏园林已成为时尚。园林中最著名的要数皇家园林金明池、琼林苑和艮岳（又称万岁山）。这些园林大都为人工造景，从江南移来名贵花木，耗巨资从安徽宿州的山上和江苏无锡的太湖运来奇石，舳舻相衔，日夜不绝，历史上称之为“花石纲”，并成为北宋末年方腊农民起义的导火线。纵观中国古代都城，东京城开创了花园城市的先河，自此以后，都城的园林特色就更加突出了。尤其是它地处长江以北，无自然之优势，其景皆属人为，而且巧夺天工，实在难得。

东京城内有 4 条人工运河（五丈河、金水河、蔡河、汴河）穿城而过，构成了四通八达的水路交通网。有河必有桥，架桥以通途，4 条河上有大小桥梁 34 座（根据杨宽《中国古代都城制度史研究》一书统计）。“飞虹跨玉带”成为东京一大景观，其中以虹桥和州桥最为著名。我们可以从《清明上河图》中看到虹桥的壮观及其周围的繁华景象，而州桥已经深埋地下，幸赖现代考古使其遗址重见天日。州桥遗址在今开封市州桥街，州桥南北长约 17 米，东西宽约 30 米，桥面、桥墩、桥底全用青石砌筑，桥下拱洞，三券三伏，跨度近 6 米，券高 6 米多，其桥面宽度在古桥中实属罕见。州桥最早建于唐代，正名为汴州桥，五代时称为汴桥。北宋时改桥名为天汉，又名御桥（因正对宫城宣德门，坐御街之正中）。因御路宽阔，气势甚为壮观。近桥两岸，石壁长列，“雕镌海马水兽飞云之状”（引自《东京梦华录》），若琼玉金碧，焕然辉煌。宋时州桥附近设立夜市，买卖食品直到三更，名为州桥夜市。桥在金代与御街俱向东移，明代将桥改成高拱，船过皆不去桅。明末黄河水淹，桥便淤没。南宋时范成大出使金国，途经州桥，曾作诗云：“州桥南北是天街，父老年年等驾回。忍泪失声询使者，几时真有六军来。”

北宋东京城毁于金兵入侵，金人虽曾以此为都，但毕竟极其短暂，大内宫殿以外仍残破不堪。元代，开封更名为汴梁路。元末，红巾军曾在此建都一年。明初，开封又做了 10 年的陪都。经过明末农民起义战火的弥漫和清道光年间两次大水的冲刷，开封城已深埋沙砾，失去了昔日的繁华。不过，明清开封城虽然几乎遭受了灭顶之灾，但与北宋东京城相比，仍保留了较多的遗迹，尤其是其城墙和城市街道布局。今天，开封能给游人留下古色古香的强烈印象，即与此有关。

今天我们所看到的开封市区四周的城墙，就是明清开封城城墙遗迹（图 4-2）。明清开封城是目前我国现存的第二大古城（仅小于南京城）。城墙总长约 14.15 千米，高约 8.6 米，上宽约

图 4-2　开封城墙

5 米，底宽约 6.6 米，内外砌巨型青砖，每块重约 36 千克。所存城墙基址为南北朝时所建。明代以前的开封城墙均以土筑成，只在城门一段才用青砖漫砌。明代城墙是在金元内城的基础上用青砖包砌而成的，这在技术上是一大进步，使得城墙能够保存至今。城墙外有宽深的护城河，敌楼、角楼、星楼、炮楼、窝铺、垛口等军事设施遍布城上。城门 5 座，互不对应，东面一门偏北，一门偏南，南门偏西，西门正直，北门偏东，称作“五门不对”。这种格局源自当时所谓的地象风水，汴梁地脉自西而来，西门正直是为了纳河洛过来的王气，而其余四门屈曲旋绕，意在使进城的王气不致走失。从开封城整体来看，形似卧牛，西门为牛首，其余四门为牛足。五行中，牛属土，土能克水，可镇河水泛汜。显然，这里反映出的是金元以来黄河为患对开封城市发展所造成的影响。

3. 文物古迹

自魏都大梁至今两千多年的历史，给开封留下了众多的宗教名胜和文史古迹，犹如一颗颗耀眼的明珠装点着古城。

佛、道是中国文化的主要内容之一，而开封的佛教建筑相国寺、铁塔（祐国寺塔）、繁塔、兴国寺塔，道教建筑延庆观，以及犹太教清真寺遗址成为古代开封宗教历史的见证。

相国寺不但是开封的名胜古迹，也是全国乃至全世界闻名的佛教圣地。寺名为唐睿宗题赐，以纪念自己由相王登上皇位。相国寺的建筑宏丽精巧，壁画、雕塑等“精功妙技为古今绝手”

（《东京梦华录》）。唐代大书法家李邕撰的《大相国寺碑》称其“棋布黄金，图拟碧络，云廓八景，雨散四花，国土盛神，塔庙崇丽，此其极也”。寺内钟亭的铜钟重逾万斤，美称“相国霜钟”，是汴梁的八景之一。唐代的相国寺已是中外佛教文化交流的重要场所，日本佛教僧侣空海曾长期在大相国寺内学习中国书法。北宋是相国寺历史上最繁盛的时期，宋太宗还御笔亲题匾额“大相国寺”。这个时期也是宗教经济的成熟时期，宗教渗入到经济活动中，在相国寺及其周围以自发的形式形成了定期交易的庙会，万姓交易，热闹非凡。至清代，相国寺的庙会性质更加突出，从北宋的每月 5 次、金朝的每月 8 次，到清代每日开放，并且寺内有了固定的店铺。这种情况为其他寺庙所少有。到了民国时期，相国寺变成了真正的商场。相国寺的定期集市开了后世城市中大型庙会的先河。

铁塔和繁塔是科学技术发展到相当高水平的产物，是塔中精品，也是开封的象征。所谓“铁塔”，并非用铁铸就，而是因塔的外表全部以褐色琉璃砖瓦镶嵌，远看酷似铁色，故从元代起俗称“铁塔”。其前身是木塔，现存“铁塔”为砖石仿木结构，色泽晶莹，富丽堂皇。琉璃砖上的 50 多种花纹图案，是宋代砖雕艺术的佳作。令人惊叹的是它的建筑设计，西安小雁塔、香积寺和四川彭山塔都有开裂现象，而它在 900 多年中，历经多次地震、水患、风雹、兵火，始终安然无恙，至今仍昂首挺胸，巍然屹立。其原因在于：外形为八角，减少了风力的影响；各层明窗方向不在同一直线上，逐层转移，使壁体重量分布较为均匀，有利于抵抗地震；各种不同用途的外壁琉璃面砖构件通过蹬道与塔心柱紧密衔接，浑然一体，形成强有力的抗震体系。“铁塔燃灯”是古代开封奇景之一。宋元以来，每逢中秋佳节，铁塔每层都要遍点灯盏，辉煌炫目，有如火龙。清人周劼有诗赞云：“繁塔难齐铁塔高，铃声遥带野风飘。年年八月中秋夜，万点明灯彻九霄。”“铁塔行云”为汴梁八景之一，登塔眺望，古城风貌历历在目，清风徐来，铁瓦叮咚，使人心旷神怡（图 4–3）。

图 4-3 祐国寺塔

繁塔是开封现存年代最早的古建筑，始建于北宋开宝七年（974年）。它的形状奇特，明显呈上下两部分，远远望去，形似古代的编钟。据塔铭及题记所载，原塔高240尺（约合今76米），共9级，比铁塔还要高出20多米。所以开封民谣说："铁塔高，铁塔高，铁塔只到繁塔腰"。明初为消除元朝统治的影响而"铲王气"，大折繁塔，使之只剩下3层平台。清初在上面补修了一座六角七级小砖塔，即今日所见到的繁塔，虽然形状古怪，却新鲜别致。其砖雕造像极为精美，形象生动，姿态各异。塔内还嵌有珍贵的石刻。繁塔历来是拜佛游乐的胜地，历代文人的题咏比比皆是。如北宋诗人苏舜钦有《和邻几登繁台塔》："我来历初级，穰穰瞰市衢。车马尽蝼蚁，大河乃污渠。跻攀及其巅，四顾万象无。迥然尘坌隔，顿觉襟抱舒。俄思一失足，立见糜体躯。"对塔的雄奇、高峻作了真切的描绘（图4-4）。

图4-4 繁塔

兴国寺塔在开封市尉氏县兴国寺内，因塔体内外嵌有栩栩如生的佛像而负盛名。自宋太平兴国年间（976—984年）建造至今，一千多年来历经沧桑，屡遭破坏，而今多次修葺，面貌一新，向游人展示着它的风姿。

延庆观为我国著名道观之一。北宋时，东京城内道教建筑百宫对峙，千观林立，如今只留下延庆观独居古城，似乎在向后人证明北宋东京城确曾浸润于道教文化的氛围之中。金朝时，这里是道教全真教派始祖王喆的传教之地。由于全真教“敬天保民”和“清心寡欲”的教义深得成吉思汗的赏识，延庆观与燕京太极宫同为当时道教著名宫观，名重天下。如今，延庆观内仅存一座下方上圆、瑰玮奇特的玉皇阁，它既有宋代山花之秀，又具元代穹窿之奇，更显明代阁亭之丽，三朝精粹，凝于一阁，是蒙古包与楼阁建筑的巧妙结合。虽玲珑小巧，却不失为中国古代建筑中的瑰宝。

我国的宗教主要有佛教、道教和伊斯兰教。北宋时期有一支犹太移民来到东京，在城内定居，于金大定三年（1163 年）建礼拜寺，其遗址在今开封教经胡同，现已改建为医院。这是我国目前仅存的几处犹太教遗址之一。

古城开封，文史古迹众多，所有的古建筑中最重要的一处，就是位于开封西北隅的龙亭。龙亭一带的历史，几乎就是开封从五代以来作为六朝古都的皇宫史，所以它几乎成了开封的象征。现在的龙亭，保留了清代的建筑格局，是一座雄伟的宫殿。两侧又有潘、杨二湖清碧的湖水和精雅的园林，使龙亭成为开封最大的一处公园，也是开封最美的游览胜地之一。

明清时期，在商贸繁盛的地区，以居住实用功能为主、兼作娱乐性场所的会馆广为流行，在今开封徐府街中段路北的山陕甘会馆就是其中之一。它建于清乾隆三十年（1765 年），为山西、陕西、甘肃三省同乡集会之所。“大义参天”牌楼高大耸立，金莹耀目，整个会馆的砖雕、石雕、木雕内容丰富，色彩各异，具有很高的艺术价值，为清代雕刻艺术珍品。

提及开封，人们最容易想到的便是包公。他为官清廉、执法严峻、不畏权贵的事迹在民间广为流传，成为话本戏剧的题材，成了家喻户晓的传奇人物。包公死后，人们为纪念他，在开封府衙修建了包公祠。其遗址在今开封市政府后院内，今日所见包公祠在开封城西南角。当你踏入祠内，便会肃然起敬。

岳飞是中国著名的历史人物，他与开封也有着密切的联系。

位于开封西南、明清时期曾与广东佛山、江西景德、湖北汉口合称四大名镇的朱仙镇，就是昔日岳飞抗金的战场。郾城之役后，岳飞的前锋曾大战金人于牛头山。岳飞被十二道金牌召回临安，屈死狱中，所以人们对杭州的岳飞庙比较熟悉，而朱仙镇的岳飞庙却知者甚少。明代共有4所岳飞庙，朱仙镇岳飞庙建于明成化十四年（1478年）。庙内有简霄的《过朱仙镇谒武穆祠》碑："金牌十二乱如麻，挥泪旋师岂为家。铁骑纵横胡世界，锦帆飘泊宋天涯。乾坤遗恨容秦贼，父老欢呼尚岳爷。公道人心真不死，古今成败重咨嗟。"词意真切，书法亦佳。

开封的不少名胜古迹都与黄河水患有关。开封历史上屡遭河患，人民深受其害，所以就特别怀念大禹治水的功绩。明嘉靖二年（1523年）在今开封市郊东南隅改碧霞元君（泰山山神）祠为禹王庙。这里在此之前名为古吹台，相传春秋时晋国双目失明的大音乐家师旷曾在此鼓吹奏乐。西汉时成为梁孝王所建梁园的一部分。唐天宝三年（744年），诗坛上的三颗巨星李白、杜甫和高適在汴州相会，同登古吹台，饮酒赋诗，吊古讽今，成为千古佳话。北宋定都开封后，又在古吹台上建起二姑庙，成为春游踏青、重阳登高的胜地。现在的禹王台已辟为公园，园内亭台玲珑，花木扶疏，环境幽雅，风景宜人，是一处优雅的游览胜地。

为镇水害，明正统十一年（1446年），河南、山西巡抚于谦铸镇河铁犀安放在今开封市东北的铁牛村。犀即神牛，牛属坤畜，坤为土，土能克水。为了增强治黄的信心，又在犀背铸上了于谦撰写的《镇河铁犀铭》："百炼玄金，溶为真液。变幻灵犀，雄威赫奕。填御堤防，波涛永息。安若泰山，固如磐石。水怪潜形，冯夷敛迹。城府坚完，民无垫溺。雨顺风调，男耕女织。四时循序，百神效职。亿万闾阎，措之衽席。惟天之庥，惟帝之力。尔亦有庸，传之无极。"铁犀面河背城，高踞月台中央，俨然是威不可犯的镇河金刚。

二 安阳

“洹水安阳名不虚，三千年前是帝都”。郭沫若的如椽巨笔，一目了然地描绘了七朝古都安阳的悠久文明。

1. 地理环境和历史沿革

安阳位于河南省最北部，晋冀豫三省交界处，西依太行，东濒卫河，北临漳河，南跨淇水，向来被称为豫北咽喉，是一座具有三千多年辉煌文明的历史名城。

早在旧石器时代，我们的祖先就在此繁衍生息，创造了著名的“小南海文化”。进入新石器时代，这里的聚落遗址更为密集，其中以著名学者梁思永先生主持发掘的后岗遗址最为著名——它首次解决了仰韶在先、龙山居中、小屯在后的历史顺序，在学术界被称为“三叠层的发现”。安阳在夏代为相地，属冀州，商代叫北蒙，也称殷，自盘庚迁都于此后，经八代十二王，历 273 年。商代末期，武王伐纣，殷商遂亡。小屯一带的都城日渐荒芜，遂成废墟，故后人称之为殷墟。西周时，安阳属卫地，称东阳。春秋战国时期先属魏，后属赵，称邺、宁新中。秦昭襄王五十年（公元前 257 年），秦军攻克宁新中，更名为安阳——安阳之名自此开始。秦统一后，安阳分属上党、邯郸二郡。汉初废安阳入汤阴，属河内郡。三国时曹操定都邺，安阳乃京畿重地。西晋时，复置安阳，属魏郡。南北朝时先后有后赵、冉魏、前燕、东魏、北齐在此建都。北魏时安阳并入邺县，称邺，兼立相州。北周大象二年（580 年），杨坚焚邺，迁安阳，称邺为相州。隋代复称安阳，为相州，后废州改称尧城，为魏都。唐仍称安阳，属相州。宋代安阳仍为相州治。金改称彰德

府，元朝改为彰德路，明初又复彰德府，并改建府城。自殷商以降，共七朝在这里建都，历经 399 年。1988 年安阳被列为中国七大古都之一。

2. 古城遗迹

殷墟 商王盘庚为了扭转商帝国的衰颓气象，平息王室贵族内部纷争，削弱王室贵族的势力，巩固王权，重振国力，力排众议，于公元前 14 世纪末“震动万民以迁”，率领族众迁都于殷，自盘庚徙殷至纣之灭 272 年间“更不徙都”（《竹书纪年》）。因此，历史上常把商朝后期称为殷商。殷商以帝都殷为政治、经济、军事、文化中心，尽力开拓和发展，很快将我国的青铜文化推向鼎盛时期。

殷商亡国后，今安阳小屯一带的都城逐渐沦为废墟，湮没地下。在这片废墟之上，至迟在明代已出现了村落，而平静地在这片“废墟”上生活了数百年的人们谁也未想到，他们赖以生存的这一块土地，3000 多年前竟是锦绣帝都，他们的脚下竟蕴藏着沉睡千年的中国古代文明。直到 20 世纪初，以甲骨文的发现和认识为契机，殷墟——商代后期的都城遗址才被发现，并立刻轰动了世界。

清光绪二十五年（1899 年），金石学家王懿荣不慎患疾，从北京宣武门外菜市口达仁堂买回要服的中药，竟意外地发现那味被称为“龙骨”的中药上刻有古代文字，字体古拙，非篆非籀，他认为这是难得的异宝，遂重金求购。但古董商们为发横财，诡称甲骨出于河南省汤阴或朝歌等地。直至 1908 年，另一位金石学家罗振玉才得知甲骨“出土之地为洹滨小屯”，并数次派人前去小屯搜集甲骨。罗氏对甲骨文进行了初步考释，考订商王名号，认定小屯即为殷墟，奠定了甲骨学的基础。而后王国维对甲骨文中所见到的商先公先王的精湛考证，进一步证实了小屯就是盘庚迁殷到纣之亡这 273 年的殷都所在。古代文明在沉寂了 3000 多年后再一次显示出光彩夺目的魅力，并纠正了自唐末产生的这一带为盘庚先祖河亶甲城的误传，1000 余年张冠李戴的错误得以昭雪。而小屯这个原本名不见经传的小村庄，忽然成为殷商文明的代表，声震遐迩，名传天下。

殷代社会的最大特色之一是“尚鬼”，即迷信人世的一言一行都必须取得“上帝”的允许。为了验证“上帝”是否应允，便烧灼龟背甲、腹甲、牛肩胛等，以得到的兆纹来判定吉凶祸福，并把事情的前因后果及占卜的前后经过如时间、地点、占卜者姓名、所问事项、商王视兆后所作的判断、应验情况等刻于甲骨之上，这就是轰动世界的甲骨文。甲骨文文字本身，字体大小错落有致，书法雄浑，峻峭各异，朱墨相间，色彩斑斓，实为绝妙的艺术品。而甲骨文中的众多记载，如天时、农业丰歉、战争等使得今人可以基本复原殷商的历史。至今发现的甲骨文单字已超过5000。它本身已是十分成熟的文字，中国传统的分析汉字形体规律的“六书”即象形、指事、会意、形声、转注、假借，在甲骨文中已全部具备，而且与语音有一定关系的形声字和假借字已占了很大的比例。

殷人由于笃信鬼神，所以事无巨细，莫不占问，内容涉及当时社会生活的每个方面。如对祖先和自然神的祭祀和求告；风雨阴晴等天时的预测；年成好坏；与邻国的战争与交涉；商王的狩猎、游止、疾病；对今夕来旬的卜问；等等。甲骨文对研究殷墟有着十分重要的意义，不仅因寻找甲骨文导致了殷墟的发掘，更因依据能明确断代的甲骨文与其他器物同出等关系，使殷墟文化分期的绝对年代的确定成为可能，把我国有文字记载的信史提前到了商代。

经过数代人近一个世纪的不断发掘和研究，对殷墟的范围和分布情况已基本搞清。它西起北辛庄，东到洹上村，东西约5.6千米；北起西北岗、后小营村，南达铁路苗圃、郭家湾，约4.5千米；其中心部位即今小屯村一带，总面积已超过了24平方千米。此范围乃殷代青铜器和甲骨出土最集中之地，居住遗址及墓葬群十分稠密。洹南小屯村的东北地是殷墟的中心，殷王室的宫殿宗庙就坐落于此，王宫外围发现有较大规模的手工业作坊遗址。洹北侯家庄西北岗、武官村北一带是历代殷王的王陵和贵族墓葬所在地。围绕着宫殿和王陵区，有许多分散的居民点。小屯村西约200米处发现有一条巨大的壕沟，考古人员已经探查了 3750 米长的一段，沟宽为 7~21 米，深 5~10 米，由西南蜿蜒伸向东北。大壕沟离宫殿宗庙区很近，看来这是人工挖成的防御设施——很难设想这样井井有条的布局是任意的行为。（图 4–5）

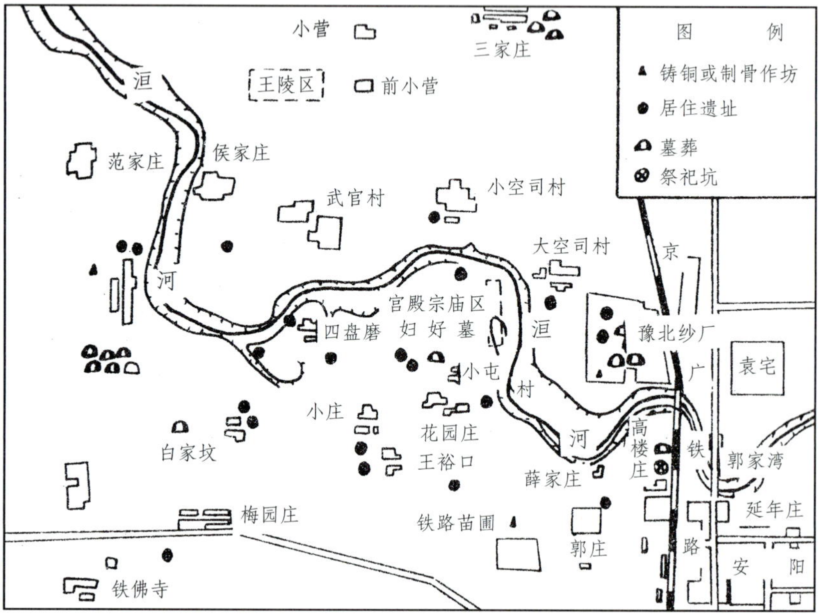

图 4–5 安阳殷墟平面图

殷墟的中心是商王居住的宫殿区，坐落在洹河南岸小屯村北一带。虽然地面上“宫墙文画、雕琢刻镂”的“广室高台”早已因战火和历史长河的流逝而荡然无存，但幸存于地下的建筑基址仍能使我们想象到当年帝都的繁华。在南北 280 米、东西 150 米的范围内，集中而有规律地排列着 50 多座大型建筑基址。这些布局周密的宫殿基址大致可分为 3 个建筑群：北端的建筑群基址已有部分毁于洹水；商王室之宗庙在居中的建筑群内；宗庙西南是祭祀“上帝”和自然神的处所，以一大型夯土台为中心，其四周对称规则地围绕着 16 座建筑。这些建筑基址或者排列成行，或者相互连接。据发掘资料推断，这些建筑物在厚实的夯土台基上，由夯土墙、木质棵柱、门户廊檐、四柱屋顶等部分组成。宫殿基址多种多样，有矩形、方形、凹形、凸形等，最大的南北长 85 米，宽约 14.5 米。殷墟宫殿建造的过程基本上是先奠基后置砖础，置础时先挖一方坑或圆坑，夯打后即放置柱石，柱石直径在 10~13 厘米之间，部分甚至用铜础。柱子则直接安立于柱石之上，其中一座规模较大的宫殿就有 3 行 34 个基础。与后世一律向南的宫殿不同，殷朝的宫殿以东西向居多。（图 4–6）

图 4–6 殷墟宫殿宗庙遗址

根据宫殿基址而复原的部分宫殿——殷墟博物苑（图 4–7），就建在当年的宫殿区内。透过令人叹为观止的亭台楼阁不难发现，后世的中国建筑与之是一脉相承的。宫殿区内的生活设施完备，上有用小石子铺成的路，下有排水系统。种种遗迹表明，当时的宫殿

图 4–7 殷墟博物苑

确如前人描绘的那样，“锦绣被堂”“金玉珍玮”。在殷墟出土过许多建筑用的大块白石雕刻、精美的柱下装饰、刻花涂朱的大木板。最引人注目的是一堵白灰面墙的残墙皮，它的白灰底子上绘有红色花纹和黑色圆点，组成对称的图案，线条较粗，转角圆钝。这证明殷代宫殿内已有了壁画，比咸阳的秦壁画早了800年，显示了我们祖先的高超艺术成就。

相信人死后其灵魂在另一个世界里如同生时一样地生活，是殷商社会宗教领域的一个显著特点。殷王作为帝国的最高统治者，为了死后能继续享用同现世生活一样的金碧辉煌的宫殿，生前就驱使大批奴隶营造王陵，以便统治冥间的天下——这种思想和行为对其后数千年封建帝王的生死观念及行为产生了极其深远的影响。

洹水北岸的西北岗，地势稍高。在这块东西450米、南北250米的区域内，分东西两区集中了13座按一定规律排列的大墓，这就是殷商王陵区，与小屯宫殿区南北相对，隔河相望。王陵西区有8座大墓，东区除了5座大墓外还有一大片祭祀场。有一座大墓，既无墓道亦未葬人，称之为假大墓，这是殷纣王生前所建，因国破身焚未及享用。殷王陵规模宏大，结构完整。例如王陵西区的1001号大墓，是一座有4条墓道的“亚”字形大墓，深10米，总面积达713平方米。墓室中有椁室，椁室的底部及四壁都用木板搭成，木壁极其华美，不但刻有花纹，而且还涂上艳丽的红色，在主要的装饰点线上又镶嵌了野猪牙雕成的装饰品。盗余物品中仍可发现不少铜器、玉器、白陶等珍贵物品的残片，还有殉葬人骨架100多具，马骨架10多具。武官村大墓面积更达1800平方米，深15米，工程规模之巨，可见一斑。

殷王陵无一不被盗掘，随葬物品几被盗尽。数千年前的辉煌毁于不肖子孙之手，令人扼腕长叹。但1976年发现的幸未被盗贼盗取的妇好墓还可以使我们想见商王陵的极度奢豪。妇好墓因其出土物中有“妇好”铭文而得名。它不在洹北王陵区，而位于洹南小屯村北略偏西100米处。面积仅22平方米，深7.5米，与王陵根本无法相提并论。妇好是商王武丁的配偶，乃武丁时期一位极其显赫的人物，她不但主持重要的祭祀活动，而且亲自率军冲锋陷阵，甲骨文中记载的用兵最多的一次伐羌战斗，就是由这位三千多年前的女统帅指挥的。妇好墓上面有类似享堂的建筑基址。墓内棺椁十分讲究，椁上覆盖着红黑相间的帐幔，棺木上则涂上了红色和黑色的漆。随葬物品既多又精，除6000余个海贝外，还有各类器物1928件。单青铜器就有468件，几乎包括了殷墟出土青铜礼器的全部品种，数量之多超过了数十年殷墟发掘的总和，总重量达1.6吨。755件玉器，更是精美绝伦，前所未有。由此推彼，商王陵的随葬物品的数量和质量就不难想象了。

武王伐纣的战火焚毁了雕梁画栋的宫殿，但毁不灭3000多年前的灿烂文明。然而，在这文明的“背后”，与这种高超的建筑艺术共同存在的，却是野蛮的杀戮和掠夺。商朝盛行的人殉和人祭，使我们更直观地了解到奴隶制度的黑暗和残酷。

人祭是把奴隶或战俘等当作牛羊一样的牲畜杀死以祭祀祖先和神灵祈求降福，人殉是商王和贵族在死后把自己的妻妾奴仆一起装进墓穴。大凡宫殿的奠基与落成，祭祀祖先，商王下葬，以及其他一些重大活动，都有这些令人不寒而栗的仪式。人祭除奴隶外，以战俘为主，殉葬除了供杂役的奴隶外，还有主人生时宠信的弄臣、妃妾、武士、车马、动物等。人祭只有王室才能进行，人殉则一般奴隶主贵族亦可享用。人祭实际是吃人遗风，人殉则源于原始社会后期对具有威望的家长“从死”的习俗。甲骨学家整理了甲骨文中关于人祭的记载，认为当时的人牲总数高达14000，考古学家统计了发掘资料，认为殉人和人牲总数不低于5000。例如王陵区1001号大墓就有96人殉葬，包括田猎游乐随从、执戈卫士以及杂役人员等。而王室宗庙正南的祭祀场掩埋了近600个冤魂，后岗一个直径不到2米的圆坑内竟然掩埋了54具染有红色的尸骨……数以万计的奴隶和战俘就这样死于这个野蛮而荒唐的习俗之下，足以显示奴隶制度的残酷。

最能代表殷帝国物质文明水平的，莫过于数量众多、器形变化多端、纹饰繁缛的青铜器了。尤其是1939年出土的“后母戊”青铜方鼎，是殷商第一青铜重器。高1.33米，重832.84千克，在古代世界青铜文化中亦当之无愧地居于榜首。该鼎器腹犹如铜墙一般，四足无异铜柱，大厚耳的耳郭饰有双虎食人首的图案，鼎体周围以雷纹为地，上有龙纹盘绕，四角为饕餮纹，腹内铸铭“后母戊”三字。大鼎雄浑厚重，外观庄严，纹饰华丽，集中体现了殷商晚期冶铸业的技艺水平和生产能力。殷墟的青铜铸造作坊，位于殷墟东部苗圃北地。1959年在此发掘出了数以千计的各类陶范及大量坩埚残片，为殷墟范围内较大的一处铸铜作坊遗址，发现有直径约80厘米的熔炉遗迹，估计当为浇铸大型青铜容器的熔铜炉。

殷墟出土的历代青铜器数以万计，单是那些在殷代礼仪中不可缺少的礼器就有几千件。青铜器种类繁多，例如酒器有爵、觚、斝、壶等；烹炊器有鼎、鬲等；乐器有铙、铃等；工具有刀、削、铲、斧等；饮食器具有盂、豆等，还有各种各样的车马器和杂器。各种器具无不充分表现了中国青铜器的特有形式和鲜明的民族风格，简直是3000多年前的青铜器博览会。另外，殷墟还出土了大量的精美玉器，虽历经3000多年的埋葬，仍晶莹光润，令人目眩。

古代文明的两大重要标志——文字的使用和城市的出现，在殷墟遗址都得到了充分的体现。3000多年前的锦绣帝都——殷墟，不但开创了中国傲立于世界文明的先河，而且在今天仍有着巨大的吸引力和感召力，它不仅集中展现了中国古代文明，也是东方文明的象征。

邺城　春秋之后，在殷墟北40里许的邺地，一座城池正在悄然兴起，这个当初的王畿之地，经数代苦心经营，日益呈现生机，续写着“中华第一都”的古老历史，成为曹魏、后赵、冉魏、前燕、东魏、北齐六朝的建都之地，共历126年。

邺城遗址位于今安阳市东北20千米的邺镇一带。漳河由西向东从中穿过，将其分为南北两部分，现遗留有金虎台、铜雀台、冰井台残迹，即曹操所建的著名三台。而战国时期西门豹治邺的传说，更增加了邺城的神秘色彩。东魏元象二年（539 年），高欢迁居邺南城，原邺北城继续使用。

邺北城和邺南城连在一起，合计周长 40 里 120 步，共有 18 个城门。其中邺北城 7 门：南面 3 门；中门为永阳门，东为广阳门，西为凤阳门；东面 1 门为建春门；西面 1 门为金明门；北面 2 门，东为广德门，西为厩门，皆为曹操所建（图 4–8）。整个建筑巍峨壮观，所建宫殿“朱柱白壁，碧窗朱门，仰宇飞檐，五色晃耀”。（见《邺中记》）想必斗拱交错，黄瓦朱甍，云气氤氲，夕霭朝岚，变幻莫测，琳琅满目。

作为都城的邺城，似乎并不被人们所重视，但从都城发展的历史角度去考察，邺城的建设规制却具有划时代的意义。邺城以宫

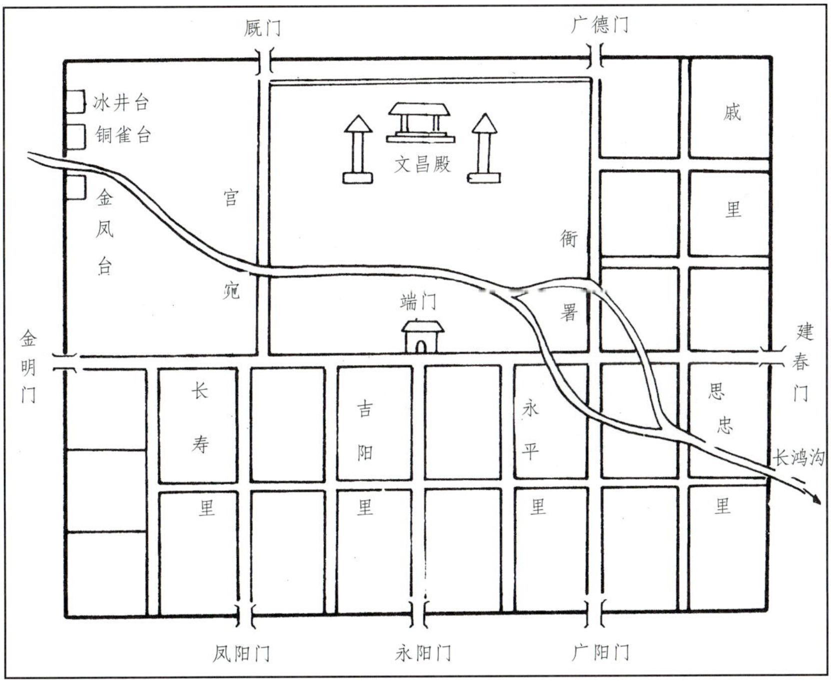

图 4–8　曹魏邺城示意图

殿区为中心的平面规制，采用中轴线对称形式，功能区分明确，改变了两汉以来都城宫殿区分散的布局，对以后隋唐的都城规划产生

了很大影响。可以毫不夸张地说，邺城实为其后各朝都城建设的蓝图，隋唐明清各代巨大的都城都被深深地烙上了邺城的痕迹。

3. 宗教遗迹

安阳历史悠久，又有七朝建都于此，与封建统治阶层和百姓大众生活均密切相关的宗教古迹星罗棋布。如今，悠扬的晨钟暮鼓、幽静的寺庙道观，竞相向人们诉说着安阳的沧桑。

图 4-9 安阳天宁寺塔

文峰塔（天宁寺塔）

文峰塔位于安阳市老城区西北隅。塔体上大下小呈伞形，塔身雕有佛像，造型奇特，构思精巧，备受赞誉（图4-9）。文峰塔建于五代后周广顺二年（952 年），后经元、明、清和近代几番重修。塔身高 38.65 米，周长 40 米，下身辽式，上身藏式，五级逐级增大，八角形塔身立于圆形莲花座上。莲瓣 7 层，上下交错，左右舒展，上承塔身，下护塔基，把文峰塔装饰得美丽壮观。八角巨龙环绕盘龙柱，8 根龙柱之间，又有 8 幅浮雕佛像，造型生动，情态逼真，神态自然，栩栩如生，实为艺术珍品。登塔远望，巍巍太行历历在目，俯瞰市容，街巷房楼尽收眼底。

修定寺塔 位于安阳市西北 35 千米磊口乡清凉山村西。由于塔身表面遍涂橘红，俗称红塔。又因此塔重修于唐建中二年（781 年）到贞元十年（794 年），故又称唐塔。修定寺塔是一座单层砖砌四外壁镶嵌浮雕砖的舍利塔。现存塔身高9.3米，每面壁宽8.8米。塔身平面呈八角形，下为束腰须弥座。雕砖的图案有力士、伎乐、滚龙、飞雁、帷幔、花卉及仿木斗拱等20余种。塔身四面外壁用3775块不同浮雕砖嵌砌，总面积达300平方米。内容有人物、动物以及莲花为主的花卉图案，共72种。不同图案的雕砖有89种。此塔为研究我国古代艺术及建筑、宗教等提供了十分珍贵的资料，1982年被列为全国重点文物保护单位。

灵泉寺石窟 又名万佛沟、小龙门。位于安阳西南约30千米的宝山。山有南北二峰，中有一东西峡谷，石窟即在峡谷两侧。因中间旧有灵泉寺，故名。北峰东南侧有106窟，南峰西北侧有64窟，共170窟。从东魏武定四年（546年）开凿大留圣窟起至宋末，历时600余年。其中位于灵泉寺西0.5千米宝山南麓石灰岩断壁上的大住圣石窟，开凿于隋开皇九年（589年），是这处石窟造像中的杰作，不但雕刻佛像多尊，而且另刻佛经多部，实为难得。位于灵泉寺东0.5千米岚峰山西麓断崖上的大留圣石窟，为著名高僧道凭所造，雕像体态特异，形象逼真，不失为艺术珍品。

浚县大伾山、浮丘山古建筑群 浚县位于安阳之南，为古黄河流经之地，当初大禹治水即经过这里。浚县古称黎阳城，位于大伾山东北麓。位于县城南约1千米的大伾山海拔135米，虽不高，但“有仙则名”。山上道观佛寺棋布，为它增添了许多文化的色彩，大伾山的自然风光随时变幻，朝如海市蜃楼，暮若中天楼阁，春时百花争妍，夏则山青水碧，秋时林丹花黄，冬则松柏呈翠。绮丽的自然风光与周围宏阔的原野相互映衬，尤其是为数众多的文物古建点缀其间，构成了一幅绝妙的自然风光与人文景观交相辉映的独特画卷。

大伾山西侧有倚崖而筑的吕祖庵，由山腰直达山顶，主要建筑有山门3间，拜殿5间。拜殿内刻吕祖像一躯。吕祖庵南有张仙洞，相传张三丰曾于此筑台练功，故称“三丰啸台”。拜殿后有“纯阳洞天”，传为吕纯阳居处，被列为“浚县八大景”之首。大

伾山南端有天齐庙，因庙内主神是东岳大帝，所以又称东岳庙。兴国寺位于大伾山东侧半山腰。大伾山北端则有丰泽庙及龙洞。著名的天宁寺位于大伾山东麓山腰。东瞰黄河故道，西倚悬壁，背山面水，峻秀壮观。它始建于北魏太和年间，现布局为东西、南北两条轴线，成十字形，总面积达 2600 平方米，殿宇 20 余间，巍峨壮观，令人赞叹。其中更令人叫绝的是大佛楼，高 21 米的大佛楼内坐一尊 22.7 米的弥勒佛石像，这就是传为奇谈的“八丈佛爷七丈庙”。

浮丘山海拔 101 米，西环卫水。东峙伾峰，南眦旷野，北负古城，山势平缓，游人漫步可登。山上古柏茂密，绿树成荫，庙观寺院星布其间。其中最著名的当为碧霞宫和千佛洞。碧霞宫位于浮丘山南端最高峰，是一处有 80 余间房屋、规模宏大的道教宫观。主要建筑有戏楼、山门、四帅殿、大殿等。大殿内绘有“进妲姬”“访姜尚”，以及取材于古诗、生活、器物等各种题材类型的图案 30 余种。后院寝宫之中间为碧霞元君寝宫楼，内有木质碧霞元君卧像一躯，人称“睡奶奶”，碧霞宫因此又称奶奶庙。千佛洞位于浮丘山西北端一块突兀的山崖上，因洞内外雕有唐及唐以后造像 960 余尊，故名千佛洞。主要雕像有释迦、弟子、菩萨、飞天、小佛像等。

大伾山、浮丘山，自然风光令人陶醉，人文景观使人流连忘返。它们所焕发的魅力，吸引着远近游人。

4. 文史古迹

在安阳这块文明的热土上，自古有先民生长于斯，不断开拓，顽强奋进。自殷以降更是延续着辉煌，文史古迹不胜枚举。这些饱含着古人先贤智慧和血汗的遗存构成了古都安阳的精华，至今仍值得人们敬仰凭吊。

小南海原始人洞穴　遗址位于安阳市西南 30 千米处的小南海西南北桂顶山之腰，是一个天然溶洞。洞口朝东，面临广阔平原，洹水从南侧流过，周围山清水秀，草木葱茏，是原始人类渔猎的理想之地。1960—1978 年，中科院考古所两次试掘，得知堆积的文化层共 5 层，厚达 6 米。洞内发现有人工打制的砍砸器、尖状器、各种刮削器以及装饰品 7000 余件。有的石器刃部还留有血渍和使用过的痕迹。推测洞穴的文化遗存距今约 2.5 万 ~1.3 万年，地质年代为晚更新世。所用石器和北京周口店遗址有遥承渊源。它填补了我国从旧石器时代过渡到新石器时代的文化空白，为我国的考古研究提供了难得的科学依据，更无可争议地证明了安阳文明之悠久。

袁林 即袁世凯之墓，又称袁家坟。位于安阳市北郊 2.5 千米的太平庄北，南临洹水，北依韩陵（位于安阳东北 7.5 千米韩陵乡大佛寺村西。相传汉时大将军韩信曾将其义母葬于此。故名韩陵）。1915 年袁世凯冒天下之大不韪复辟称帝，于次年 6 月在国人的声讨中忧惧而死。依其“扶柩回籍，葬我洹上”（袁世凯生于河南项城，被清廷“闲置”时曾长期居于安阳）之遗嘱，家人葬之于今袁林。整个袁林占地 138 亩，建筑设计既沿袭民族传统形式，又吸收近代西方特点，形成一个东西方兼容的陵地建筑群。以从照壁至墓冢 600 多米的神道为中轴线。大照壁耸立在陵区最南端。神道北过石桥有一牌楼，其后神道两侧有对称的望柱、马、虎、狮、武将、文官、石刻仪仗等。中央碑亭内立一碑，上刻“大总统袁公世凯之墓”9 字。碑亭后为袁林内最大建筑——享堂，面阔 7 间，进深 3 间。其后依次是墓台、铁门、五供、拜台和宝城。墓台高 3 米，虎皮石砌成，铁门上端各置一墓徽。

羑里城 羑里位于汤阴县城北 4 千米羑河村东 1 里处，其北约 1 千米有羑水流过，汤水在其南约 2.3 千米处。南北 106 米，东西 103 米，面积 10000 余平方米，现大部分高出地表 5 米许。这原本是一座普普通通的小城，却因囚禁过周文王姬昌而名震中外。殷纣王听信崇侯虎的谗言，将文王囚禁在此——我国有据可考的第一座国家监狱。文王不为世俗所动，不惧纣王淫威，潜心钻研，终于成功演绎易经。今天的易经研究大有方兴未艾之势，羑里城因此成为易经研究者和信奉者的圣地。往昔的羑里城随着武王伐纣的战火而废，人们为了纪念文王，在旧址上建有文王庙。文王庙坐北朝南，有正殿 5 间，演绎台 1 座，山门 3 间，皆明清建筑。庙前有文王演

易坊两间，坊后有明碑1通，刻“周文王羑里城”6个大字。另有禹碑一通，77字，颂扬大禹治水“三过其门而不入”的感人壮举，字形古怪离奇。庙内古柏60余株，是豫北地区仅见的乌柏，苍郁挺拔的青松古柏似乎印证着易经经久不衰的生命力，而易经所包含的博大精深的哲理又怎一个羑里城容得。

岳飞庙 “靖康耻，犹未雪，臣子恨，何时灭……”，一首高昂激越的《满江红》成为历代爱国志士的座右铭，激励着千千万万的华夏儿女义无反顾地以身报国，血荐轩辕。它的作者，生于汤阴程岗村的岳飞，因其壮烈的一生被后人筑庙奉香，虔诚祭祀。汤阴岳飞庙即为其中之一。（图4-10）

岳飞庙位于汤阴县城内西南隅。初建年代失载，重建于明景泰元年（1450年），坐北朝南，面积4300平方米。岳飞庙殿廊亭台结构严谨，刻绘雕塑丰富多彩，反映了后代人们对这位抗金英雄

图4-10 汤阴岳飞庙

的崇仰和对奸臣的切齿憎恨。山门前建施全祠，内奉施全铜像。祠前有秦桧、王氏、万俟卨、张俊、王俊五奸党铁铸跪像。精忠坊及东大门分立山门两侧，坊为木结构四柱三楼歇山式建筑，檐下斗拱华美，庄重大方。拾级进庙，古柏竞翠，碑碣林立。东有肃瞻亭，西有觐光亭，中为御碑亭。亭后即大殿，面阔5间，进深3间，硬山式建筑，正中门楣下巨匾上书“乃武乃文”四个大字。其后有面阔5间的寝殿，两侧有岳云殿、四子祠、孝娥祠、岳珂祠、三代祠等建筑。庙内现存各类石刻140多品，其中有传为岳飞手书的“满江红”“还我河山”“宝刀歌”“出师表”等。还有明清以来的修庙碑记和颂扬岳飞的题记、诗文等，笔力挺拔，奔腾豪放，极具价值。

得天独厚的安阳，人杰地灵，自古英才辈出，谱写着永不间断的文明华章，走过了几千年风风雨雨，傲然屹立于世界古都之林。悠久的历史文明和众多的宗教文史古迹，足以使人浮想联翩，在经历巨大的心灵震颤之后，去仔细体会古都的沧桑巨变，评说古人的伟岸与不朽。

第五章 江雨霏霏江草齐　六朝如梦鸟空啼
——南京、杭州

一　南京

1. 地理环境与建都概况

谈到南京的地理环境，可以用 4 个字来概括：“险、富、便、美”。

所谓“险”是就南京附近的形势而言。南京位于我国东南部，在长江下游东南岸。北靠幕府山、乌龙山，东北以钟山、黄龙山、青龙山为屏障；南有岩山、牛首山，东南有巍峨的紫金山，气势磅礴，有如蟠伏的蛟龙；西临长江天堑，并有石头山临江而起，岩壁陡峭，地形险恶，恰似猛虎雄踞于江畔。故而诸葛亮曾说：“钟阜龙蟠，石头虎踞，真帝王之宅。”不仅如此，在南京地区还有秦淮河、金川河、燕雀湖、玄武湖等众多河流湖泊萦绕南北，构成古城的护城河或自然保护带，有人说南京“据龙盘虎踞之雄，依负山带江之胜”，这正是南京形势的真实写照。

所谓“富”是就南京地区的经济发展而言。南京地处长江下游的中心，秦淮河横贯其中部，西部为沿江冲积层，既有平原，又有高山，还有湖泊。其北部是广阔的江淮平原，东南与富饶的太湖平原和钱塘江流域毗邻。地处亚热带季风气候区，年平均气温15.4℃，夏热冬冷，春秋短暂，全年雨量充沛，适宜南北植物生长。自秦汉以来，长江下游逐渐得到开发，南京及其周围地区不仅农业发达，而且手工业、商业也得到迅速发展，南京由此成为东南沿海地区的经济总汇。故而有人说：“天下财富出于东南，而金陵为其会。”

所谓“便”是就其水陆交通而言。南京地处长江下游南岸，又有秦淮河、金川河、燕雀湖、玄武湖等众多的河流湖泊穿流其中或环绕四周，水陆交通十分便利。上游与武汉、九江、安庆、芜湖等重镇相连，下游与镇江、江阴等要塞相通。陆路交通也是四通八达，自古以来就是我国东南地区的交通枢纽。

所谓“美”是就南京地区的自然环境、人文景观而言。“江南佳丽地，金陵帝王州”，这是诗人谢朓对南京的描绘。南京素有“六朝金粉甲天下”的美誉，又有“秦淮碧波映芳容”的佳话。这里既有优美的自然风光，又有众多的历史遗迹；既有古色古香的古代建筑，又有大量现代化设施，故而成为驰名中外的旅游胜地。截至2018年，被列为市级以上文物保护单位的名胜古迹就达516处。这里的自然景观与人文景观既展现了江南之美，又不失北国之雄，因此有人说，在这里阳刚与阴柔相得益彰，使南京的气魄无与伦比，体现了一种南北交融之美。

正因为南京地区有虎踞龙盘之险，总汇东南之富，水陆交通之便以及刚柔相济之美，因此三国时的孙权在这里定都，时称建业；此后东晋以及南朝的宋、齐、梁、陈也都曾在此建都，称为建康；南京的“六朝古都”之称即由此而来。以后南唐定都江宁，明初也曾定都于此，始称“南京”；太平天国定都于此，改称天京，后来中华民国也在此建都。于是南京又有“十朝都会”之名。从吴王夫差元年（公元前 495 年）吴王夫差筑“冶城”起，在二千多年的历史长河中，南京曾使用过冶城、越城、金陵邑、秣陵、建业、建邺、建康、白下、升州、江宁、集庆、应天、天京、南京等名称，并使用过石头城、金城等别名。当然，从地理环境看，南京也并非十全十美。比如，南京距离北部边防较远，不利于加强北方的防卫；经济富裕往往带来民风文弱、重文轻武，乃至生活腐化的现象，会从内部削弱一个国家的总体国力；南京地区本身丘陵较多，平原较少；秦淮河河床狭窄，内河运输比较困难；再加上夏季气候闷热等，所有这些都是南京作为一个全国性政权首都的不利方面。因此，在我国历史上，南京只是在明初一个较短的时间内，曾经成为全国的首都，在其他时期只是作为地方性政权、割据政权的首都，一般都具有偏安性质。

2. 依山傍水的城防建筑及宫殿遗址

由于地理环境的优越，南京地区自第一次建城起，各朝各代不约而同地遵循了一个共同原则：因地制宜，充分利用地形，依山傍水，进一步发挥“龙蟠虎踞”的优势。发展到明代就形成了一个明确的城市建设指导思想：依靠“龙盘虎踞之势，长江护卫之雄，群山拱翼之严”，筑城建宫，营建首都，欲以“建泰山不拔之基，为万世无穷之计”。（图 5–1）

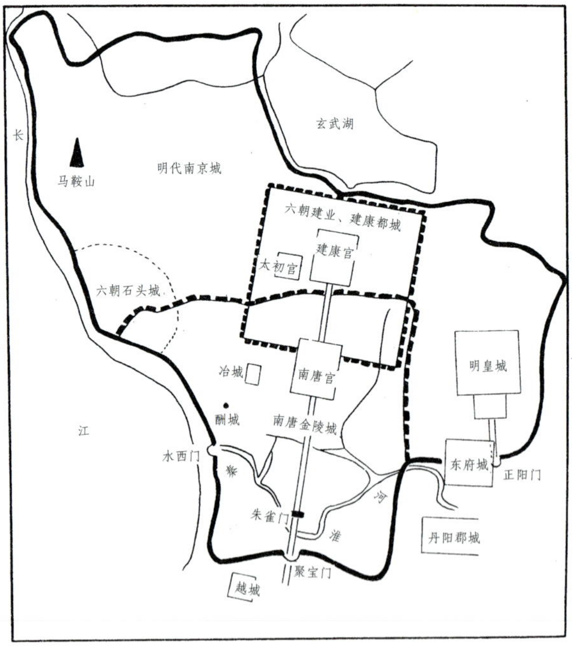

图 5–1　南京历代城址变迁图

从冶城、越城到金陵邑 南京地区筑城的记载，是从吴王夫差元年（公元前 495 年）吴王夫差修建冶城开始的。但这座冶城，只是为了冶炼铜铁，目的不是筑城设防，故而此城虽建于石头山东面，但并未构筑城垣。从严格意义上讲，这还不是一座城池。

越王勾践二十四年（公元前 473 年），越王勾践灭吴，命大夫范蠡在今中华门长干桥西南建一土城，后世称为“越城”，又称“范蠡城”。勾践构筑这座城堡的目的十分明确——屯驻军队，进攻楚国，进一步争霸中原。因此，此城虽小，但却南依聚宝山，北凭秦淮河，成为控制秦淮河入江的孔道。这是南京地区有确切年代可考的最早的一座城池。我们说南京已有 2400 多年的历史，就是从兴建越城算起的。

楚威王七年（公元前 333 年），楚灭越，楚威王在清凉山一带筑城，取名“金陵邑”。这是一座设防城堡，是南京地区仅次于越城的第二座古城。当时长江还在清凉山的西麓下流过。金陵邑临江控淮，形势十分险要。据说当时紫金山名叫金陵山，故称金陵邑。又传说楚威王曾在今狮子山以北的江边埋过黄金，以压“王气”，因此才有此称。这就是南京被称为金陵的最早来历。

三国东吴建业城 秦统一中国后，金陵邑属障郡，改称秣陵县。三国时期，这一带由孙权统治。建安十六年（211 年），孙权将其统治中心从京口（今江苏镇江）迁到秣陵。次年，改秣陵为建业。同时在楚金陵邑故址修建了著名的石头城。孙权修建的石头城是依山傍水构筑城防的典型。它屹立于秦淮河畔、清凉山之后，以清凉山西麓的天然石壁为基础，沿江凿壁筑城，其城基也是利用清凉山的天然岩石。这座城的大小与清凉山的范围相当，南面开 2 门，东面开 1 门，西北因紧临大江，故而不设城门。因为当时清凉山名叫石头山，故而此城被称为石头城。经过 1800 余年风雨沧桑，石头城遗址至今犹存：今汉中门即留有东吴石头城的天然石壁，这是南京城现存最古老的城垣。石头城现存 760 米城墙，墙基呈赭红色，一般高出地面 30~70 厘米，最高处达 17 米，因其石壁凹凸不平，酷似一张狰狞的鬼脸，民间俗称“鬼脸城”。

后来东吴曾一度定都武昌（今湖北鄂州），但最终还是迁都建业。黄龙元年（229 年），孙权又在石头城东面另建建业城，这是历史上南京第一次被确定为都城。至东吴后主孙皓时，再次迁都武昌，但遭到臣民的强烈反对，因此不久又迁回建业。著名的歌谣“宁饮建业水，不食武昌鱼；宁就建业死，不就武昌居”正反映了当时东吴臣民对建业的留恋与热爱。

东吴建业城城址在秦淮河北 2.5 千米，背靠玄武湖，东凭钟山，西望石头，据覆舟山下，地势十分优越。当时这一地区正处于南北方水陆交通的要道上，孙权建都于此，进可以北伐曹操，退可以凭借长江天堑固守，的确不失为龙盘虎踞帝王之宅。现代南京城中心繁华之地，正好在东吴建业城之内，今玄武湖南侧是其北垣，中山路以西南京大学东墙鼓楼岗下是其西垣，青溪、覆舟山一带是其东垣，新街口东侧是其南垣。在建业城外围，还构筑了一系列城堡拱卫着都城，其中最著名的即石头城。当时石头城是东吴水军总部，城内设有粮秣、军械和其他物资仓库，石头城西南设有烽火台，遇有敌情便可向长江沿岸的烽火台传递军情。此外还有金城、白马城、冶城和丹阳城等。金城初名“金城戍”，位于今宝塔桥西金陵村一带，本来就是屯兵之所。东吴后主孙皓改称金城。白马城在今燕子矶一带，本是设于江边的烽火台，为建业西北要塞。冶城与丹阳城也是建业的重要外围城堡。

建业城内的主要组成部分是宫城，它位于建业城中部偏北，约占都城面积的四分之一。由太初宫、昭明宫、苑城、西苑及南宫等宫殿苑囿组成。太初宫是南京历史上第一座皇宫，相传位于今珠江路西口、鱿市街一带，为孙权所居。昭明宫位于太初宫之东，大约在今成贤街南段，为后主孙皓所建。都城的正门叫宣阳门，约在今中山东路以南的淮海路一带。从宣阳门往南至秦淮河岸边的朱雀门，正好是五里长街，被称为苑路，也是东吴的御街。从苑路南端就进入了秦淮河两岸的商业区与居民区，并沿着秦淮河向东西南三个方向延伸，其中最著名的是横塘与长干里一带。横塘大约位于今中华门至水西门的秦淮河两岸，当时东吴最大的商市——大市就在这里。长干里大致在今雨花台北至长干桥南一带，这里既是商业区，又是人口稠密的高级官吏住宅区，如东吴文官首领张昭就曾住在今长干桥南的偏西巷中，当时的地名叫作“张侯桥”。李白有诗《长干行》：“郎骑竹马来，绕床弄青梅，同居长干里，两小无嫌猜。”成语“青梅竹马”“两小无猜”即出于此。

东晋、南朝的建康城 西晋灭吴，将建业改称建邺。西晋末年，为避晋愍帝司马邺之讳，再将建邺改为建康。西晋灭亡后，司马睿以建康为首都，建立东晋。此后南朝的宋、齐、梁、陈也都定都建康。当时的建康城，规模与孙吴建业城相同，周长仍是 20 里 19 步，也是依山傍水而建。二者的主要区别是，建康城将原来的土墙竹篱一律改为砖砌，并建造了一座层层设防的宫城。

魏晋时期，皇帝所居禁城称“台”，因此建康宫城又称台城。据传它位于今南京市北京东路南、珠江路北、中山路东、成贤街西。背靠覆舟山、鸡笼山，前望牛首山，周长 8 里，平面呈正方形，有三重宫墙，建康宫居其中。建康宫的布局皆仿魏晋洛阳城，重楼叠阁，内外殿宇 3500 余间。整个宫殿构造富丽堂皇，雍容大方。第三重宫墙乃梁武帝时所建，这在我国都城发展史上是一个孤例。因此东晋、南朝的宫城不仅是皇家宫殿区，而且也是战时的坚固堡垒。无怪乎侯景之乱时，侯景围攻台城一年之久，都未攻下这座宫城。

南唐江宁城 589 年，隋灭陈，中国再次统一。隋文帝担心分裂势力利用六朝故都，下令将建康荡为平地，毁掉旧有的宫殿，只在石头山的南面构筑了一座蒋州城，其辖区只包括江宁、溧水、当涂 3 个县。之后唐朝又在蒋州东南建升州城，其政治地位仍然不高。

五代十国时，杨吴权臣徐温企图篡夺杨吴政权，于 917—920 年重建了金陵城，改名为金陵府。徐温死后，其养子徐知诰代吴称帝，自称李唐后代，建立南唐，并以金陵为首都，改称江宁府。于是一座新的江宁城又矗立在南京地区的土地上了。它的位置比六朝建康城偏南，前倚雨花台，后枕鸡笼山，东望钟山，西带冶城、石头城，周围25里。都城之内有宫城，又称子城或牙城，位于江宁城中央，周长4里280步，设东、西、南3门。宫墙周围有东西护龙河，今流经内桥前的一段运渎故道，正是当年南唐宫城前的护城河。东西虹桥分立于东西护城河上，遥遥相望。宋元时期，南京的规模基本上沿袭了南唐的江宁府，北宋仍称江宁府，南宋称为建康府，元朝时改名为集庆路。

明都南京城建及宫殿遗址　元至正十六年（1356年），朱元璋率领的农民军攻克了集庆路，改称应天府。从至正二十六年（1366年）起，朱元璋下令新建宫城，并改建应天府城。元至正二十八年（1368年）正月，朱元璋登基，定国号为大明，定都应天府，实行南北两京制，相对当时的“北京”——开封来说，改称“南京”。不久后他推翻元朝，统一了全国。从此，南京第一次成为全国统一性政权的首都。朱元璋分四个阶段改建南京城，经过几十年努力，建成了一座周长67华里的砖城。其规模在我国古代城市建筑中居于首位，也是世界上最大的一座设防城市。明永乐十九年（1421年），明成祖朱棣迁都北京，南京成为留都，但主要中央政府部门犹存，仍不失为南方的政治、经济、文化中心。

明代南京城分为宫城、皇城、京城、外郭城四层。通常所说的南京城是指京城，即都城。整个都城的构筑体现了因地制宜的原则，首先是利用了前代的旧城，在南唐江宁府的基础上，向外扩充，将六朝的建业、建康、南唐的江宁府等全部包括在内，在其旧城墙的基础上加高、增固或甃砖。其次，明南京城沿钟山西麓，将富贵山、覆舟山、鸡笼山等圈入城内，沿玄武湖西岸向北绕过狮子山西下，将清凉山、马鞍山等西部低山丘陵作为城垣的西界，并以玄武湖、燕雀湖作为自己的护城河，依山傍湖，形成一个巨大的城围，真正做到了“据龙盘虎踞之雄，依负山带江之胜”，充分发挥了地理环境的优势。（图5–2）

都城是南京城的主要防线，由城墙、城门、钟鼓楼等组成。

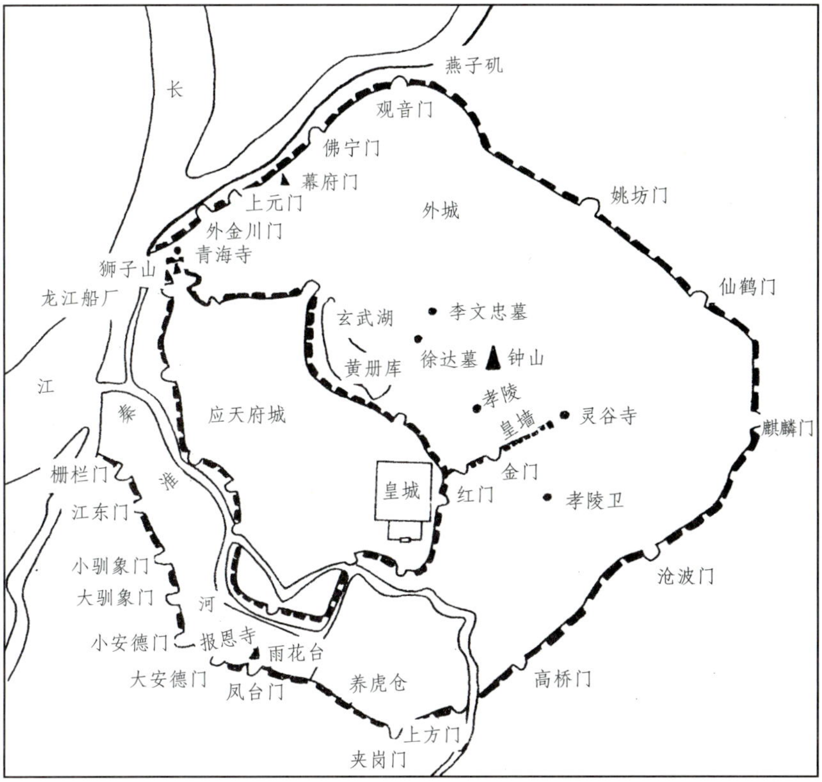

图 5-2 明代南京内城与外郭城示意图

浓重的军事堡垒色彩是明南京城给人留下的最深刻印象之一，它的城墙依山傍水，蜿蜒曲折，有如一条蟠龙。其高度也随地形而异，并不整齐划一。建筑材料因地制宜，有的以条石砌基、以砖砌墙，有的则是砖石混合结构，有的又是外壁条石、内壁砖砌，有的则是外壁砖砌、内部夯土。而城墙顶部均以石板铺道，城墙上建有13600多个垛口和200座屯兵窝棚。由于墙体坚固，城墙得以经久不坏，故而明南京城城垣至今尚有42.07华里保存完好，这既为旅游观光者提供了访古观赏的实物，又为研究者保存了极有价值的文物资料。

都城原设13个城门，清末以后，因交通需要，又陆续增设了小北门、丰润门（玄武门）、中央门、解放门等16个城门，故而现在南京城共有内城门29个。每个城门上都建有雄伟的谯楼，各

门都有木门、千斤闸各一道，地处军事冲要部位的城门还设数道瓮城。明南京城门以聚宝、三山、通济三门最为典型，而且基本保存完好。聚宝门即今中华门，它位于中华路南端，南临长干桥，内依镇淮桥，地理位置极为重要。因其城外即聚宝山（今雨花台），故称聚宝门。其平面呈长方形，有城墙四重，夹三道瓮城，四道拱门，呈“目”字形。全部以巨大条石为基，巨砖为墙，极为坚固。首道城门分上、中、下3层，上层为木结构城楼，现只存台基；中层为砖石结构；底层中门为瓮城通道，两侧各筑3个藏兵洞。整个城门共有27个藏兵洞，皆为砖券门洞，大者可容千人，小者也能容百人以上，故有“藏兵三千不见影”的说法。瓮城内东西两侧有宽阔马道，可骑马直登城门之上。此门设计之精巧，结构之复杂，规模之宏大，为国内仅有。无论从军事防守上，还是从建筑艺术上看，都具有极高的价值（图5–3）。

图5–3 中华门

南京城的护城河也是因地制宜而设，南面城濠仍用南唐的“外秦淮”，但拓宽达120米。东南从朝阳门至通济门另开宽阔的城濠。东北面以前湖、琵琶湖、玄武湖为天然护城河。西北则以长江天堑为障。不过，南京的护城河也并非环绕全城，靠钟山之麓便是利用陡峭的山壁，使攻者难以逾越。所有的护城河都是平战结合，具有多种功能。围绕京城的护城河，平时用作环城水运干道，战时则起加强防御的作用；宫城与皇城的护城河主要是防御性的，而在军事区中的水道，流经各仓、卫，可供军队给养运输。秦淮河除了运输作用外，还是一条市内游览水道。

为了进一步加强城防，朱元璋于洪武二十三年（1390 年）下令建造了外郭城。它主要利用南京城外的黄土丘陵依山带水筑成，只在附郭险隘处才用城砖砌墙开门，其余都用山埂培土夯筑。外郭城周长号称 180 里，实测为 120 里，其中砖砌部分约 40 里。土城一般高达 8 米，上宽 7 米左右，共设 18 座城门。

明故宫分内外两重城垣，坐北朝南。外为皇城，内为宫城。皇城设 6 门，正南为洪武门，正北为北安门。五部（吏户礼兵工）及五军都督府设在皇城内，刑部设在太平门外。宫城又称紫禁城，俗称大内，也设 6 门：其正门为承天门，相当于北京的天安门；接着就是端门与午门，午门俗称午朝门，是传达皇帝圣旨、对有罪大臣施以廷杖及举行大典之处；东有东华门，西有西华门，北有玄武门。如今午门尚存，虽不完整，却也雄伟壮观，其形制奇特，由南望去呈凹字形，门洞在凹字的底部。一排 3 个门洞，左右两侧尚有左掖门、右掖门，其中央门洞的地面用打磨光滑的巨大青石铺就，北连奉天门，南接洪武门内的千步廊。午门外御道两侧，左有太庙，右有社稷坛。午门内有 5 座石桥关联，称为内五龙桥，至今犹存。

在奉天门内南北中轴线上依次为三大殿：奉天殿（俗称金銮殿）、华盖殿与谨身殿。另有左右对称的武英殿与文华殿。再往北则是乾清门，内有乾清宫、坤宁宫等。后来明成祖迁都北京，北京故宫的设计即与南京故宫相同。万历二十三年（1595 年），利玛窦参观明故宫时曾赞叹：世界上还没有一个王国能有超过它的宫殿！清咸丰年间，明故宫毁于兵火，目前尚存午门、东华门、西华门、内外五龙桥、御花园假山券门，以及石狮、雕云龙石刻等遗迹与遗物。1958 年，午门一带辟为公园，施工时出土一批文物，均陈列在公园内。

太平天国天京城遗迹 清朝时，应天府改称为江宁府，两江总督的治所设置于此。咸丰三年（1853 年），太平军攻克南京，并定都于此，改称天京。他们虽未修建新的城垣，但在城内设置了望楼，在城外修建了一些城堡，并兴建了天王府和若干王府、官衙，在南京城留下了自己的足迹。

天王府位于今长江路 292 号，原为清朝两江总督衙署，太平天国扩建为天王府。其规模较大，周围 10 余里，宫城分为内外二重。外为太阳城，内名金龙城。太阳城正门向南，名为天朝门，建有照壁、天台、牌楼、下马坊及五龙桥等。金龙城内建金龙殿、东西花园等。天京陷落后，天王府被湘军烧毁，后来清朝在此重建两江总督衙署。孙中山就任民国临时大总统后曾在此办公。1927—1949 年先后为国民政府与总统府所在地。

自天王以下，太平天国各王在南京都建有王府，如杨秀清的东王府，萧朝贵幼子的西王府（在今瞻园），洪仁玕的干王府等。今南京三山街西南，包括金沙井 34、36、38 号保存一处太平天国官衙，这就是洪仁玕的王府与六部所在地。在南京市马道街小学内，还有一座赞王府，这是太平天国赞王蒙得恩的官邸。此外，在朝天宫西北堂子街 74 号，还发现了东王官衙署的壁画。由于太平天国后期封王泛滥，王府几乎遍布天京城内。这些王府的共同特点是室内多壁画，当时的天京城几乎变成一座壁画城。太平天国的壁画开创了我国绘画史上一种新的艺术风格。

太平天国运动虽然失败了，但一场更大的革命浪潮正在酝酿。1911 年，孙中山先生领导的辛亥革命推翻了清王朝。1912 年 1 月 1 日，孙中山就任中华民国临时大总统，改江宁府为南京府。1927 年四一二反革命政变后，蒋介石建立国民政府，以南京为首都。1940 年 3 月，汪精卫在南京成立伪国民政府。1949 年 4 月 23 日，中国人民解放军解放南京。1953 年，南京被确定为中华人民共和国江苏省省会。从此，南京这座具有悠久历史的古代名城真正地回到人民手中，开始了自己崭新的篇章。

3. 有关文化教育及宗教的古代建筑

南京的文化古迹遍地皆是，而与学校、科举有关的当数夫子庙、贡院、国子监与江宁府学等。南京夫子庙位于贡院西街西侧，始建于北宋。其特点是将孔庙、学宫与贡院连为一体，不仅是历代祭孔之地，也是东南各省文化教育的中心，同时其周围又是市民商贾荟萃之地。因此人们将南京夫子庙称为秦淮河畔文化古迹的皇冠，金陵古城兴衰的缩影。

贡院位于夫子庙东边，南宋重建夫子庙时修建了这个科举考场，称为贡院。当时建康府学、县学考试在此进行。明、清时成为南京举行秋试的场所。现存建筑明远楼是明朝永乐年间所建，这是每届考试期间，执事人员负责警戒和向全院发号施令之处，取《大学》中"慎终追远，民德归厚"之意。

明代国子监位于今南京东南大学及双龙巷一带，建于洪武十五年（1382 年）。规模宏大，教室、校舍多达千余间，学生最多时达 9000 余人，成为当时世界上最大的高等学府。明成祖迁都北京后，仍以此为南监，我国最大的百科全书——《永乐大典》就是在这里诞生的。

清代的江宁府学建于同治五年（1866 年），是在明代朝天宫的基础上改建的。这里本是春秋末年吴国冶城的遗址，孙权也曾在此设冶宫，东晋宰相王导改为西园，后又建冶城寺。刘宋时改为总明观，北宋立为文宣王庙，元代为玄妙观，后改为"大元兴永寿宫"。明代朱元璋将这里作为教臣下练习朝贺礼仪的场所，故取名为"朝天宫"。清同治年间才改为江宁府学。其正门为棂星门，并有文庙、大成殿等建筑，其中还有谢公墩、卞公墓等文化古迹。

唐朝著名诗人杜牧曾以"南朝四百八十寺，多少楼台烟雨中"的名句来描绘建康城内佛寺林立的盛况。的确，从六朝至明清，南京地区都是著名的宗教圣地。虽然不少寺院未能保存至今，但南京现存的宗教寺院数量也相当可观，其中不仅有佛教各宗派的寺庙、佛塔，还有清真寺、天主堂等。

南京现存最早的佛寺是位于栖霞山中峰西麓的栖霞寺，始建于南朝齐永明七年（489年），后成为南朝最大的佛寺之一。在唐代，它与山东长清的灵岩寺、湖北荆州的玉泉寺、浙江天台的国清寺并称我国“四大丛林”。

位于鸡笼山东麓的鸡鸣寺，建于南朝梁武帝时，初名为同泰寺，其规模居于“南朝四百八十寺”之首。明洪武二十年（1387年）扩建，改名为鸡鸣寺，占地约百亩。后毁于兵火，现存寺庙为清同治年间重修。该寺的释迦、弥勒、观音、药师等佛像均为铜铸，故而又称铜佛寺。其中释迦与观音像是泰国佛教界所赠。

位于中山陵东侧的灵谷寺是南京地区风景最秀丽、最引人入

胜的寺院之一，这里万松参天，环境幽静，故而“灵谷深松”被列为“金陵四十八景”之一。其中的无梁殿、三绝碑很有特色，值得一看。（图 5–4）

除以上著名的三大寺院外，还有建于明朝的静海寺、建于清朝的毗卢寺等。静海寺建于明永乐九年（1411 年），郑和二下西洋回国，“以海外平服，因建此寺”，用以供奉郑和从海外带回的佛牙及陈列海外珍品。此寺位于狮子山西南麓仪凤门外。毗卢寺位于汉府街 4 号，原名毗卢庵。太平天国运动失败后，湖南僧人海峰借用湘军势力，筹集一笔巨款，扩建了毗卢寺。新中国成立后为南京佛教协会所在地。

图 5–4　灵谷寺无梁殿

南京的佛塔，保存下来的虽然为数不多，但却形式多样，各有特色。其中有唐代的砖塔，五代的密檐式石塔，南宋的楼阁式砖身木檐塔，明代的楼阁式砖木结构塔，以及闻名世界、规模宏大但现已不存的琉璃宝塔等。

位于中华门外牛首山东峰的弘觉寺唐塔，是南京地区现存最早的古塔。寺院建于南梁，原名佛窟寺。唐代改称长乐寺、资善院、福昌院，宋代名为崇教寺，明正统年间改称弘觉寺。该寺为唐代法师法融开教处，佛教称为牛头宗。此塔建于唐大历九年（774 年），明代重修。后来寺院毁于战火，唯古塔犹存。塔为八角 7 级，砖砌，高 25 米。1956 年曾在其底层中间盖石下发现鎏金喇嘛佛塔、金卧佛与青花瓷罐等。

位于栖霞山栖霞寺内的舍利塔，始建于隋，原为木塔。南唐时重建为石塔，全部用白石垒砌。此塔的价值不仅在于它是南方少有的五代时期的密檐式石塔，还在于它满身密布着精美的雕饰，不愧为五代时期江南石刻的代表作。

保圣寺塔与定林寺塔是两座宋塔，前者重建于南宋绍兴四年（1134 年），后者建于南宋乾道九年（1173 年）。保圣寺塔位于高淳区宝塔小学右侧，平面呈正方形，共有 7 层，通高 29.75 米。塔身用青砖平列交错叠砌，为砖身木檐楼阁式塔。定林寺塔位于江宁区方山西北麓，为 7 级八角楼阁式砖塔。

金陵大报恩寺琉璃宝塔，被列为中古世界建筑奇迹之一，据说可与罗马竞技场、比萨斜塔、亚历山大地下陵墓相媲美，欧洲人将其视为中国的象征。此塔在清代咸丰时被焚毁，但其“宝塔根”仍在，宣德五年（1430 年）立的大报恩寺右碑犹存，后又发现了大批此塔遗留的构件，现部分保存在南京博物院内。此塔位于中华门外古长干里，这里原是南朝阿育王寺，宋天禧寺。明初，寺院毁于火。永乐十年（1412 年），明成祖为报答其生母贡妃生育之恩，以纪念明太祖、马皇后为名，重建寺院，取名为大报恩寺，并修建了这座琉璃宝塔。塔高 100 米左右，八角 9 层。其外壁用白瓷砖砌成，每块瓷砖中部都有一个佛像。塔顶用 2000 两黄金制成，下有相轮九重，相轮下为承盘，俗称金球。塔内有长明灯 116 盏，由百名少年昼夜管灯，每天耗油 64 斤。永乐皇帝曾亲题塔名为“第一塔”。外国人称之为“南京瓷塔”。

在太平门内九华山顶还有一座三藏塔，这是一座近代仿唐式建筑的小型砖塔。据记载，宋仁宗天圣五年（1027 年），南京天禧寺和尚可政去陕西紫阁寺，得到玄奘顶骨，带回寺中埋葬，并建三藏殿与三藏塔，后毁于战火。1942 年底，侵占南京的日军部队在大报恩寺三藏殿旧址内发现了三藏法师的头顶骨，于是当时的伪国民政府建造了这座四面 5 层的砖塔。塔基上原来刻有玄奘取经路线图。此塔虽不算大，但它位于著名的风景区玄武湖畔，高出城垣，屹立高冈，湖光塔影，绿水青山，构成了一组优美的画面。

位于升州路 28 号的净觉寺，是南京最早的伊斯兰教清真寺。此寺初建于明洪武二十一年（1388 年），后毁于火。宣德五年（1430 年），郑和第七次下西洋之前，上奏皇上，请求重建此寺，获得批准。寺内有望月楼、南北讲堂、大厅、无像宝殿等建筑。位于太平路 298 号的清真寺，是又一座伊斯兰教建筑。原称花牌楼礼拜寺，并分南寺、北寺。后南寺被拆，现北寺尚存。北寺初建于清代，咸丰年间毁于战火，后又由哈、杨、常、丁、马、郑六姓集资重建。1937 年前曾是中国伊斯兰教促进会南京支部、中国伊斯兰教青年会所在地，抗日战争期间在此成立中国伊斯兰教总会。现为江苏省、南京市伊斯兰教协会所在地，也是南京回族民众举行礼拜与大典的场所。

位于新街口西侧石鼓路的天主堂，是一座建于晚清的外国教堂。曾经名为“圣母无玷原罪始胎堂”，是天主教南京教区的主教堂。第二次鸦片战争后，法籍传教士雷遹俊到南京复教，收回了谷仓一带的房地，购买了佛教古刹罗汉寺废墟，于同治九年（1870 年）建成此堂。堂内正中主祭台上为无玷始胎圣母像，堂内绘有各种图案，整座建筑以青砖砌成，富有西方教会建筑的特色。

图 5-5　明孝陵四方城碑

4. 帝王陵墓与历代风景名胜

南京乃六朝古都，不知埋葬了多少帝王将相。他们的文治武功有的已被载入史册，有的早已湮没无闻。其中一些人的陵墓被保存下来，成为被后人凭吊的文物古迹。

六朝时保存下来的陵墓较多，其中著名的有 4 座帝陵，8 座王侯、将军墓，1 座学者墓。孙权是在南京建都的第一人，孙权陵也是南京的第一个皇帝陵。它位于明孝陵梅花山，原称蒋陵，俗称孙陵岗、吴王坟。相传朱元璋营建孝陵时，有人主张将附近所有的建筑和坟地全部迁走，朱元璋认为，孙权是一位好汉，不妨让他留下看门。于是孙陵岗才被保存下来。

南朝宋武帝刘裕的初宁陵是南朝第一陵，其陵位于麒麟门外麒麟铺。陈武帝、文帝的两座陵墓是南朝的最后两个皇陵。陈武帝即陈霸先，死后葬于万安陵。此陵位于江宁区上坊社区西北石马冲。文帝即陈蒨，其陵为永宁陵，位于栖霞区西陵山南狮子冲。他们的陵前都有雕刻的石兽、天禄与麒麟，雕刻技艺精湛，姿态健美，为南朝石刻佳作。

位于南京江宁区祖堂山南麓的南唐二陵，是南唐先主李昪的钦陵和中主李璟的顺陵。此二陵虽规模不大，但却是我国目前为数极少的、经过正式考古发掘的皇帝陵墓之一，观赏价值很高。

在南京，最为著名的帝王陵是明孝陵（图 5–5）。它不仅是明朝第一皇陵，而且是明朝唯一修在北京之外的皇陵。它是明朝开国皇帝朱元璋与马皇后的陵墓，坐落在钟山南麓独龙阜玩珠峰下，是我国最大的皇陵之一，属首批全国重点文物保护单位。

南京地区风景如画，又有十朝帝王在此苦心经营，故而风景名胜不胜枚举。这些风景名胜与南京古都的建设具有一个共同的特点就是因地制宜，充分利用当地的山水等自然条件：有的因山辟园，有的借水成趣，有的垒石为景，有的精雕细刻……巧夺天工。

南京名山众多，因而历代逐步开辟了一系列因山辟园的山林名胜，其中著名的有钟山风景名胜区、清凉山风景名胜区、牛首山风景名胜区、栖霞山风景名胜区，以及鸡笼山、九华山等风景名胜区。另有凤凰台、燕子矶等，也是因山就势而建。

钟山是南京地区的主要山脉，它兀立于长江之滨，盘伏于平畴沃野之上，巍峨壮丽，气势不凡，故有“钟阜龙盘”之称。古称金陵山，又称蒋山、紫金山。从六朝起，钟山便成为南京的名胜，

各朝各代都在此留下了不少古迹。“金陵四十八景”中的灵谷寺、明孝陵、中山陵（图 5–6），以及王安石故居、中山王徐达墓等都在这一风景名胜区内。

清凉山，古称石头山，其中包括小仓山、冶山、马鞍山、四望山等。吴王夫差的冶城、楚威王的金陵邑、孙权的石头城，其

图 5–6　中山陵

遗址都在此山上。此山的最高峰称为吴峰，地势险要，俯视万家，为历来兵家必争之地。目前的主要景点有扫叶楼、善庆寺、崇正书院、诸葛武侯驻马坡等。

牛首山位于中华门外江宁区境内，以牛首山、祖堂山为中心，山峦起伏，古迹众多。因两峰对峙，犹如牛头，故得名。相传辟支和尚在此修行，立地成佛，又称仙窟山。后来成为佛教牛头禅宗的发祥地。“牛首烟岚”为“金陵四十八景”之一。

栖霞山位于南京城东北、栖霞区境内，山南为长江所环绕，素以六朝名胜著称。其东峰如卧龙，名为龙山；西峰如伏虎，故名虎山。栖霞古寺即坐落在此山的中峰西麓，是我国佛教圣地之一。清乾隆皇帝将其誉为“金陵第一明秀山”。

鸡笼山位于鼓楼广场以东，北临玄武湖，东临九华山，山势浑圆，犹如一只鸡笼，故名鸡笼山。明朝曾在此设国家天文台，故又称“钦天山”。山上的千年宝树六朝松、鸡鸣寺、胭脂井、台城等乃历代名胜古迹。

九华山位于太平门西侧，北临玄武湖，东接富贵山。因其山上有九华寺，故称九华山。这里是南朝宋文帝的后花园——乐游园的旧址，山顶有一座三藏塔，相传唐玄奘的头顶骨就供奉于此。另外，位于城内西南部的凤凰台，位于外郭观音门外的燕子矶也是金陵的著名景观。

“烟笼寒水月笼沙，夜泊秦淮近酒家。”在山环水绕的南京古城，借水建园者比比皆是，其中最具代表性的莫过于城中的秦淮风光带、城西南的莫愁湖公园以及城东北的玄武湖公园了。秦淮风光带位于老城区城南，全长近10华里。这一带自古以来居民密集，南京最早的几个古城如冶城、越城、丹阳郡城、东府城等都建于秦淮河南北两岸。“六朝胜地，十里秦淮”代表了南京古城的繁华。目前的秦淮风光带既包括以夫子庙为中心的文教古建筑系列，又包括白鹭洲、瞻园等古园林景观系列，甚至还包括名人佳话之类的人文景观，如王献之迎接爱妾桃叶的桃叶渡也已修复一新。人们只有到此一游方能真正领略南京的特有风貌与风俗民情。

莫愁湖有“金陵第一名胜”“金陵四十八景”之首等美誉。这里不仅有烟波荡漾的湖水，有梁武帝描写莫愁女不幸遭遇的《河中之水歌》碑刻，有朱元璋与徐达对弈的胜棋楼，还有“十四采桑南陌头”的莫愁女汉白玉雕像。自古以来，莫愁女的故事不知吸引了多少游人骚客为之流连忘返、浮想联翩。

如果说莫愁湖表现的是江南的柔情蜜意，那么玄武湖则彰显了北国战神的尚武与雄勇。玄武湖古称桑泊，东吴孙权曾在此操练水军，故称练湖。南朝宋元嘉二十五年（448年），相传湖中出现过黑龙，故而改称玄武湖。“玄”既代表黑色，又代表北方。在阴阳五行中，东为青龙，属木；西为白虎，属金；南为朱雀，属火；北为玄武，属水。“玄武”后来又成为道教尊神玄武大帝的称号。此湖位于南京城北，以“玄武”命名，其中应该包含祈求玄武保佑之意。明朝时，曾辟湖中的三个岛为黄册库，贮存全国的户口、赋役册。新中国成立后改建为人民公园，成为钟山风景区的一个重要组成部分。

在南京，除依山傍水造园之外，还有一些应用南方古典园林的造园手法，通过精雕细刻来建造小巧玲珑的园林的典型，瞻园、煦园、白鹭洲公园等就是其中突出的代表。瞻园位于夫子庙西瞻园路上，是一座已有600余年历史的古典园林。1958年辟为太平天国历史博物馆，重新进行整修，既保留了明清以石取胜的主体格调，又吸取了苏州、扬州古典园林的传统艺术，使其成为以山为主，以水为辅的山水园。煦园位于长江路292号，园中有鸳鸯亭、不系舟等，古朴典雅，别有一番情趣。白鹭洲位于南京城南内秦淮河与外秦淮河之间。明初曾为徐达的东花园。1929年辟为公园，园中有烟雨轩、观鱼池和一群栩栩如生的白鹭雕像。“三山半落青天外，一水中分白鹭洲。”吟诵李白《登金陵凤凰台》的名句，更觉白鹭洲韵味无穷。

二 杭州

1. 地理环境与历史沿革

有“人间天堂”之誉的杭州，位于蜿蜒的钱塘江北岸，背靠武林山，西临西湖，湖光山色，林泉优美，风光旖旎，是我国最负盛名的旅游城市之一。唐代大诗人白居易曾在杭州做过 3 年刺史，离任后写了许多怀念杭州的诗词，其中最感人的当属“江南忆，最忆是杭州。山寺月中寻桂子，郡亭枕上看潮头。何日更重游”（《白香山诗集》卷 3，《忆江南》）。

的确，重游杭城，是每一位曾经到此一游者的共同心愿；而游览杭州，更是所有未曾到此一游者的美好梦想。

在我国七大古都当中，杭州是位置最南的一处，它不但远离黄河，而且也不临近长江。它处于河网交织的杭嘉湖平原上、大运河的南端，东有钱塘江杭州湾入海口。杭州地势平坦，土沃水肥，河流纵横，农业发达，物产丰富，是全国最富庶的地区之一。

早在四五千年前，这里就是良渚文化的主要分布地带，先民们不但拥有较为发达的稻作农业，而且手工业也十分发达。从那雕刻精美的巨大玉琮及几处祭坛遗址来看，这里的先民似乎是我国古代较早跨进文明门槛的部族之一。然而，在隋唐以前的古代，这里的自然条件与中原地区和长江沿岸地区相比，并不占优势。所以，这里的社会生产力水平比较低，其城市建设与发展也长期停滞不前。春秋时期，杭州曾是吴、越、楚三国争霸之地。秦始皇统一中国，在今杭州首设钱唐县。两汉至南朝前期，这里一直是县级城市的建制。南梁始升格为郡。国祚短暂的隋代，为杭州以后近千年的长盛不衰奠定了坚实的基础。隋开皇九年（589年）废钱唐郡而始设杭州，在今杭州凤凰山麓修建起一座周围约36里的州城。随着大运河的开通，作为其南端起点的杭州，从此在帝国的版图上占据了醒目的位置。隋朝很快灭亡了，但杭州迅速发展的势头却丝毫没有停歇，当李唐王朝寿终正寝之时，杭州已经成为富甲天下，有海陆之饶，珍异所聚，商贾云集的大都市了。

五代十国的战乱，使黄河流域和长江流域的许多城市遭受重大的损失，甚至成为一片废墟。但杭州却因种种原因而侥幸躲过了那场似乎难以躲避的灾难。曾为唐镇海、镇东两军节度使的杭州临安人钱镠于后梁开平元年（907年）在杭州建立了吴越国，当其极盛之时，曾将今浙江全省及苏南、闽北地区划为自己的势力范围。由于变为国都，杭州获得了前所未有的发展机遇，并且得到了较大的发展。在唐昭宗大顺元年（890年）时，杭州就已修建了新城，至唐昭宗景福二年（893年）又筑罗城，城周围70里，规模巨大，钱镠又在唐代旧城的基础上加以扩建。经过20年的修造，其范围南至六和塔、北抵武林门、东到艮山门、西迄清波门，其外城的规模比今天的杭州城区还要大。外城四周10座城门，南、北各1座，东城门4座，西城门1座，城中3座。

钱镠所筑的杭州城，军事防御性较强。城墙高三四丈，因受地形的限制，南北修长，东西狭窄，形似腰鼓，这正适应当时五代十国的纷争局面。这种腰鼓城，东西距离近，守城可以互相照应，易守难攻，而且城墙上每百步建有敌楼，要道有重兵把守，堪称固若金汤。唐天复二年（902年），钱镠部将左、右都指挥使许再思、徐绾发动兵变，围城5个月，也未能攻破。

为了能够保障王朝的安全，钱镠的宫殿所在地——宫城也建在山势险要的凤凰山麓。凤凰山在西湖周围群山之中，雄奇壮美，风采独具，而且背山面江，风景优美。这也体现了中国古代都城大都以山为依托的一般规律。宫城高峻，方圆9里，仅设南北2门。城门“金铺铁叶”，十分坚固。城内宫室台馆，壮丽豪华。值得一

提的是，西湖能有今日的风采，与钱镠设撩湖兵专做疏浚工作是分不开的，这是继白居易后对西湖的又一次大规模治理。

北宋时期，杭州愈发成为帝国倚重之地，作为东南第一州首府的临安城，它在漕运、商贸等方面的功用在许多城市之上，同时，它也开始以园林化城市的优美风光而名动天下。不过，如果没有金兵的进攻及赵构君臣的怯战畏敌，偏处东南一隅的临安城，恐怕还不会成为南宋的国都。

靖康元年（1126年），金军攻陷汴京，北宋覆灭。次年，徽宗子赵构登基于应天府（今河南商丘），建立南宋王朝。但是，由于金军步步进逼，宋军节节败退，赵构只好“巡幸东南”以避敌。下扬州、退镇江、至杭州、跸建康、返杭州，一直被金军从越州（今绍兴市）追至温州，狼狈不堪。金人受到北方抗金义军的牵制，被迫北退。被西湖山水的胜美所吸引的高宗便三进杭州，于绍兴八年（1138年）正式定都临安。

在南宋以前的中国古代，曾经数次出现过南北对峙的局面，但拥有半壁江山的南方诸政权，往往都把国都选在武昌、南京等地。这一方面是要利用长江天险及周围的形势来进行防守，同时也表现出一种不甘示弱、图谋北上的积极态势。因为立都于长江南岸，势必就要把军事防御的重点向北推移至淮河一线，在淮河南岸划出一条实际的南北分界线。而赵构虽然一度驻跸建康，但最终还是放弃了这个虎踞龙盘的用武之地，选择了杭州。这其中的原因，首先是赵构君臣被金兵气势汹汹的进军吓破了胆，唯恐距离前线太近，逃跑不及，为了保全自己的皇位，赵构根本没有收复失地的打算，一心只想着向金人割地赔款以求和，定都杭州，从某种意义上说，就是表明了他甘愿偏安江南，无心再回中原的意向，是向金人的示弱。其次，经过五代十国及北宋时期的经营，杭州的繁华富庶已经超过了南京，又有美丽的西湖山水相伴，赵构集团感到只有这里才是能充分满足其骄奢淫逸生活需要的最佳处所。所以，尽管杭州存在着作为国都的诸多不利条件，但也足以使胸无大志、不思进取的赵构集团心满意足了。“山外青山楼外楼，西湖歌舞几时休？暖风熏得游人醉，直把杭州作汴州”，林升的诗句，早已把赵构君臣的用心暴露于天下。

由于视杭州为温柔乡、安乐窝，所以南宋统治集团不惜国力民力，投入到临安城的建设当中。从绍兴元年（1131年）开始动工，经过28年皇宫才初具规模。又扩展东南外城，使之成为南跨吴山、北达武林门、左临钱塘江、右傍西湖的宏伟壮观的大城。现今城南凤凰山一带就是当时的政治中心，东为皇宫，北为三省六部、枢密院、御史台等行政军事和司法最高机关所在地。皇宫内宫建筑穷极工巧，富丽堂皇。外郭城有13个城门，有的还增筑半月形的“月城”，城门上都建有望楼。城墙之外，环有宽十余丈的护城河。南宋临安城的布局与北宋东京城正好相反，皇城坐落在整个杭州城的南端，御街（全城的中轴线）也是由南向北的。这种“坐南朝北”的特殊布局，是由其西北“龙飞凤舞”的山势所决定的，是中国古代都城的特例之一。南宋临安城不仅在很多方面承袭了北宋东京城的风格，而且还有所发展：利用西湖的自然优势，在城内外广造园林；沿河近桥的街市特色；各种传播民间文化艺术的娱乐场所迅速发展。

与此同时，南宋统治集团又花费了许多财力经营开发西湖，终于使之真正成为一处游览嬉玩的胜地，这对于杭州日后发展成为旅游城市影响甚大。

蒙古灭宋之后，曾将临安城墙拆毁，一代名都不复存在。但是，杭州作为江南地区商业中心城市的地位却并未动摇。而且，由于受西湖自然山水之美的影响，杭州一直是人们观览旅游的热点城市。元代，意大利旅行家马可·波罗曾来到杭州，称其为东方最美丽的城市——天城。

明朝建立后，在浙江设置浙江布政使司，辖境与今浙江省大致相同，杭州改为府，作为浙江的省会，至明中期，杭州已成为全国著名的商业、手工业大城市。清顺治二年（1645年），清兵攻克杭州，视之为江海重地，派八旗兵驻守。康熙下江南，五次到杭州，乾隆也曾六至杭州，这些活动在客观上刺激了杭州城市的发展。

在中国的七大古都中，杭州显然是最缺乏帝都应有的雄浑刚健之气的。它那湿润的空气、美丽的景致，似乎更适合作为帝王的离宫别馆，而不适合成为帝国的政治中心和文化中心。杭州能够成为南宋的都城，也许是历史的偶然，而它能够让人流连忘返的美丽，却是大自然赐予的。鲁迅先生曾称杭州是个会消磨人意志的地方，此话虽然有些偏颇，却也不无道理。

2. 西湖胜境

杭州的美丽主要来自西湖。提到西湖，人们往往以为它只是游赏风景、访古览胜之地。其实，西湖在古代，于国民生计的利害很大，即便是在白居易、苏东坡的时代，西湖也不是一个以游览为主的地方，直到南宋定都临安之后，西湖才成为一处繁盛的游览胜地。

西湖的变迁 关于西湖的形成，著名科学家竺可桢已讲得很清楚了，“西湖是一个潟湖。钱塘江初成时，一切冲积土尚未沉下，现在杭州所在地，还是一片汪洋，西湖也不过是钱塘江口左近的一个小湾儿。后来，泥沙堆积，日甚一日，塞住湾口，乃变成一个湖。”（《杭州西湖生成的原因》）秦时，西湖还只是与钱塘江相连的一个海湾。西汉时，它随潮出没，处在若有若无之间。东汉时，被誉为“杭之第一功臣”的功曹（会稽郡地方官）华信，在今云居山麓至钱塘门之间筑大塘，以防海水，从此西湖开始形成。直到隋朝，湖泊形态方固定下来。

西湖不仅是大自然的杰作，也是自然与历史的融合体。几千年来，王朝更替兴衰，而西湖水天一色不泯，这与历史上多次疏浚工程是分不开的。唐代大诗人白居易在杭州做刺史时修筑白公堤（原址在今杭州武林门附近），拦湖灌溉，植树造林，尽拓葑田。虽然现在称之为白公堤的，已非当年白居易所建堤坝，但被杭州人民借来以表达对他的怀念。五代时吴越国王钱镠设撩湖兵，疏浚西湖，是继白居易后对西湖的又一次大规模治理。现今葱茏柳色、鸟啼莺鸣的柳浪闻莺公园内的聚景园旧址，原有一座钱王祠，就是后人为纪念他对杭州所作的贡献而建的。北宋时，苏轼任杭州知州，组织人力用湖中葑泥筑堤，即今苏堤。兴修水利，疏浚湖水，本是为民解除疾苦之举，却成就了西湖间的景物。白堤和苏堤这两条生命堤坝，将西湖隔分为五个部分（外湖、里湖、岳湖、西里湖、小南湖），使本就山水成趣的西湖，又添“湖中有湖”新景致。南宋政权对西湖的整治用力最勤，但其目的却主要是佚乐湖山，西湖的性质随之而变。元代西湖废而不治，至明初，西湖竟成平地、野陂，为官吏私家所占。明正德三年（1508年）的修治，使西湖湖面基本上恢复唐、宋旧貌，清代几次治理西湖，才形成了今日的景区。

西湖的景观与文化 游西湖，一定得了解“西湖十景”。其名借自南宋的山水画，它是西湖自然景观的主要内涵，融进了南宋以来画师们对西湖景色的充分认识。南宋画院对西湖的名声起了推波助澜的作用，因景作画变成了因画名景，便产生了“西湖十景”：苏堤春晓、平湖秋月、花港观鱼、柳浪闻莺、双峰插云、三潭印月、雷峰夕（西）照、南屏晚（晓）钟、曲院风荷、断桥残雪。

苏堤春晓：苏堤贯串西湖南北，堤上有映波、锁澜、望山、压堤、东浦、跨虹六桥，沿堤遍植桃柳，有“西湖景致六吊桥，一枝杨柳一枝桃”的民谣。春日之晨，六桥烟柳笼纱，莺声和鸣动人。

平湖秋月：白堤西端，三面临湖，四周曲栏画槛，直挹波际，面对外湖。每当秋高气爽，皓月当空，湖平如镜，月光如泻，在此观月最佳，真可谓“万顷湖平长似镜，四时月好最宜秋”。

花港观鱼：东接苏堤，西倚西山，南宋时为内侍官卢允升的别墅，原有一小溪自花家山流经此地注入西湖，故名“花港”。清乾隆皇帝南巡时，曾题“花家山下流花港，花著鱼身鱼嘬花”之句。此处花木簇拥，景色绚丽，凭栏投饵，鱼乐人欢。

柳浪闻莺：西湖南岸之滨，春天柳浪翻空，莺啼鸟语。南宋时为御花园——聚景园，今辟为公园。垂柳遍园，花木繁多。

双峰插云：北高峰与南高峰遥相对峙，其间小山起伏，绵亘数里，峰顶时隐时现于薄雾轻岚之中，如插云天。洪春桥畔最宜观赏双峰景色。有诗云：“南北高峰巧避人，旋生云雾半腰横。纵然遮得青苍面，玉塔双尖分外明。”

三潭印月：三个瓶形石塔浮漾于小瀛洲“我心相印”亭前湖水中。此塔原为禁止在湖中植菱种芡的标志，却成为西湖的一个景点。塔身中空，周有五个圆孔，每当皓月当空，塔内点烛，洞口蒙以薄纸，灯光从中透出，宛如一个个小月亮，与倒映湖中的明月相映，景色幽美。曾有诗云：“青山如髻月华浓，塔影浮沉映水空。只恐清风生两腋，夜深飞入蕊珠宫。”

雷峰夕照：西湖南岸净慈寺前曾伫立一座雷峰塔，旧时夕阳西下，霞光塔影，景色动人。神话中的白娘子曾被法海禁锢在此塔下，虽然现在塔已无存，却将这动人的神话故事留在人间。

南屏晚钟：南屏山麓西湖南面的净慈寺内，有一铜钟，每到傍晚，寺僧撞钟，钟声在苍烟暮霭的西湖群山中回荡，悠扬动听，有诗曰：“塔影圆明清净地，钟声响彻夕阳天。”

曲院风荷：苏堤虹桥西北五大荷池，栽种着红、粉、白等各种荷花，是“芙蕖万斛香”的游览胜地。宋代诗人杨万里题咏：“毕竟西湖六月中，风光不与四时同。接天莲叶无穷碧，映日荷花别样红。”

断桥残雪：白堤东端的宝祐桥，因孤山来的白堤至此而断，故名“断桥”。每当冬末春初，积雪未消，桥的阳面冰雪消融，阴面却是铺琼砌玉。这里是神话《白蛇传》中白娘子和许仙相会的地方。

西湖是自然美与形式美巧妙结合而成的风景区。它能成为游览胜地，首先是因为这里的山峦和水面的尺度，正适合用作一个大都邑的公共活动场所。它不像太湖、洞庭湖那般浩渺，又不似一般池塘水洼那样只能适应私家建宅造园。它自身的尺度和它与周围山岭的比例，都与人们习见的城郭、市肆、屋宇、车马等生活环境和生活节奏十分协调，而湖中的两道长堤、几座桥梁，以及湖畔的矮山小岭、幽谷溪泉，更丰富了这处优美山水的层次。苏轼《饮湖上初晴后雨》云：“水光潋滟晴方好，山色空蒙雨亦奇。欲把西湖比西子，淡妆浓抹总相宜。”将西湖山水的比例和景物层次那恰到好处的美丽，极其准确传神地表达了出来。其次，西湖周围气候温润，阴晴雨雪，各有千秋。不但“晴方好”“雨亦奇”，而且还有“乱花渐欲迷人眼，浅草才能没马蹄”的春光，有“白苹红蓼西风里，一色湖光万顷秋”的秋色，有“人间蓬岛是孤山，高阁清虚类广寒”的冬景，如此丰富多彩的风景画面，四时均可供人游玩，再加上南宋以来的人工建造与开发，终于使西湖的自然美变成了典型的、完美的环境美。

西湖成为游览胜地，还在于它是一处象征性物象非常稠厚的所在。在我国，严格意义上的纯自然的风景区几乎是没有的。历来以石、云、松、泉而著名的黄山，也有“关公挡曹”“武松打虎”等表现忠、孝、节、义、礼、智、信、勇等观念的景点，这种以传说和历史掌故附会自然景观的做法，使每一处好山水都深深打上了人文的印记。西湖作为一处由封建统治者带头、社会各界积极参与开发建造的风景区，自然在诗情画意的洵美景致之外，更包含了极其丰富的历史、文化内容。余秋雨先生将西湖的盛大，归拢为中国文化人格的集合体。在这里有着精彩的人文古迹，如西泠印社（图 5-7），也有众多的佛教胜迹，亦有道家炼丹、修仙的葛岭；有以精忠报国而著称的儒将岳飞，也

图 5-7 西泠印社

有“梅妻鹤子”的隐士林逋；有神通广大的妖怪神仙；更有善善恶恶的红男绿女。总之，中国社会中所有的思潮、宗教，都集中在西湖周围展览，使得这里的景致变得十分多元，表现出了一种达观、无执又不乏浮滑、随意的人生态度。所以，西湖实在又是一幅浮生图，描绘出人间的万千气象，西湖水的文化深度，或许正在于此。

3. 文物古迹

几千年的历史，给杭州留下了众多的文物古迹，也给如锦似绣的杭州城增添了色彩。杭州能够吸引世界各地的观光者，成为著名的旅游城市，当然是因为美丽的西子湖具有无比的魅力，但也离不开文物古迹的相映成趣。

杭州文物古迹主要有两大类：宗教古迹和文史古迹。宗教古迹大都分布在西湖周围，尤以佛教寺庙为多，其中以灵隐寺、飞来峰石窟造像、天竺三寺、凤凰寺、天龙寺造像最为著名。

凡初到杭州的游人，无论心中是否有佛，都多少带有那么一点虔诚，到西湖西北、飞来峰前、北高峰下的灵隐寺去感受一下佛教的氛围。它是东晋咸和元年（326 年）由印度来的僧人慧理创建，为我国禅宗十刹之一。灵隐寺又名“云林禅寺”，是因为清康熙皇帝御笔“云林禅寺”的匾额悬挂在寺内天王殿上。

一出灵隐寺的大门，就能看到对面飞来峰的崖壁上有许多石窟造像，其中最大的一尊喜笑颜开、袒腹露胸的弥勒令人不禁捧腹，印象深刻。这些石窟造像，是我国古代石窟艺术的瑰宝，共有 470 多尊，为五代、宋、元时期所造。其中元代造像最多，为国内稀有。（图 5–8）

顺灵隐寺南去，便是天竺山。在数十里的范围内，散布着上天竺（法喜寺）、中天竺（法净寺）、下天竺（法镜寺）3 座古寺，它们分别创建于五代、隋代和东晋年间，是杭州著名的寺院。“天竺森在眼，松风飒惊秋，览云测变化，弄水穷清幽”，从李白游天竺寺时所作的诗中便可领略到它们景色之优美。

杭州城内的中山中路上，有我国伊斯兰教四大清真寺之一的

图 5-8 飞来峰刻石

凤凰寺，原名为真教寺、礼拜寺，建造于唐代。这个寺院的建筑非常独特，将阿拉伯风格和我国传统建筑风格相结合，是中阿民族文化交流的历史见证。

杭州市郊的天龙山半腰上还建有宋代的天龙寺造像，至今保存有摩崖题字和 3 龛石窟像。它也是杭州佛教古迹的组成部分，是点缀西湖这朵永不衰败的鲜花中的一片绿叶。

自然景观与人文景观构成了中国众多历史文化名城的主要内容，杭州也不例外。杭州得西湖之利，千百年来许多帝王豪杰曾驻足于此，给后人留下了许多可供观瞻的史迹。最早的要数新石器时代的良渚文化，出土的稻谷、玉器、刻纹黑陶、竹编器物、丝麻织品等，显示了长江三角洲原始社会末期的物质文化发展水平。另外，在余杭安溪乡瑶山顶上发现的良渚文化祭坛，可能是祭天礼地的场所，是祭司和贵族首领们通达天意、维护其统治的重要设施。

杭州城外，古塔比比皆是，有六和塔（图 5–9）、白塔、香积寺塔、灵隐寺双塔、保俶塔等。它们大都失去了本来的宗教意义，而成为点缀杭州的观光游览景点。秀挺如美人的保俶塔是西湖的主要标志，而六和塔则成为杭州的象征。香积寺塔与灵隐寺双塔如同胞兄弟一南一北，六和塔与白塔似两盏航标灯伫立于钱塘江边。

中国的书法艺术能够保存至今，石书的价值是显而易见的。我国除西安碑林、千唐志斋（在今河南新安县）外，杭州孔庙内的碑林也是一座具有历史、科学和艺术价值的石质书库。这里荟萃了自唐迄清五朝名家手笔，共有碑、帖、墓志 341 块。其中有吴道子、贯休、李公麟的圣贤、罗汉像，帝王手笔、诏旨，赵孟頫等书家论政、释道碑记和名家法帖，以及地方史料、天文图刻、海塘水利等。如果你对书法有兴趣的话，到了杭州一定要去看看，相信会大有收获的。

南宋临安城宏伟壮观，但至今能看到的古代城市建筑却很少。

图 5–9　六和塔

图 5-10 文澜阁

我们只有从六部桥和上城区凤山门东侧的凤山水门去窥见它的辉煌了。凤山水门是一座雄踞于中河之上的古城门，是由两座不同跨径的石砌拱券并连而成，南面拱券跨径为 4.4 米，北面为 5 米，两者之间为石砌方形闸槽。这是元至正十九年（1359 年）张士诚据浙西五郡，改筑杭城时所设 5 座水门（即凤山、保安、武林、涌金、艮山）之一。辛亥革命后，杭州各城门先后被拆除，只有凤山水门除城楼被毁外，水城门洞至今完整无损。据史书记载，大江之水，“自龙山闸入凤山水门”，自南而北，穿城而过，直出武林水门，与大运河相通。

图书馆的主要功能之一就是藏书，清朝的“内廷四阁”（文渊阁、文溯阁、文源阁、文津阁）和“江浙三阁”（扬州文汇阁、镇江文宗阁、杭州文澜阁）是我国较早的大图书馆，而今江南仅存文澜一阁。坐落在孤山南麓、西湖之滨的文澜阁（图 5-10），是清乾隆四十七年（1782 年）为藏《四库全书》而建的。其建筑形式仿照宁波的天一阁。其东侧和东南侧各有一碑亭，分别刻光绪帝书“文澜阁”三字和乾隆帝诗、谕。有此一阁，杭城的文化品位便不同凡响。

第六章
斜日落花人去尽　淡烟楼阁数钟声
——其他著名古都

一　曲阜

1. 鲁国和鲁国故城

一提起曲阜，许多人都会想到这里是孔子的家乡，其实这里还是我国著名的古都。曲阜位于山东省南部，是鲁西平原和鲁中山地的结合地带。此处背依泰沂山脉，南望凫峄，东为尼防群山，西南西北沃野千里。北有泗水，南有沂河。可谓河流纵横，土地肥沃，交通便利。曲阜城中高地逶迤，东汉人应劭曾说“曲阜在鲁城中，委曲长七八里”。曲阜之名大概是由此而来的。

曲阜作为都城的历史，似乎可以追溯到我国古代文明的初生时期，据《史记·周本纪》注中记述：“炎帝自陈营都于鲁曲阜。黄帝自穷桑登帝位，后徙曲阜。少昊邑于穷桑，以登帝位，都曲阜”。在曲阜县城东 4 千米旧县村东北，至今还保存着少昊的陵墓。这些记载和遗迹的真伪，自然还有待于证实。但近年来在城周围沂河、泗河沿岸陆续发现的西夏侯、东魏庄等二三十处新石器时代遗址，充分说明了早在远古时代，这里就是人类聚居比较集中、史前文化较为发达的地方。

进入阶级社会以后，曲阜曾为商代的王都。今本《竹书纪年》记载，商代有三王建都于曲阜。不过曲阜作为都城的确切起点，还是在西周灭商之后。公元前11世纪中叶，在周初的大分封中，周公姬旦被封为鲁侯，都于曲阜。因其位尊功高，所以武王赐给他封地700里，革车千乘，并分给殷民六族。因周公要留在镐京辅佐武王，武王死后又继续留佐年幼的成王，于是便由其长子伯禽到鲁地就封。鲁国是当时最大的诸侯国之一，伯禽就封时带来了大量的礼乐典籍。周公死后，成王为了褒奖其一生的功绩，命鲁国郊祭文王，鲁国遂有了天子礼乐。这在西周各诸侯国中是独一无二的。在这种背景下，鲁国成为保留宗周文化传统最为完整的国度。至东周时期，这里更成为宗周礼乐制度的基地和文化中心，从而孕育出孔子这样的千古圣人。而曲阜由此所具有的浓郁的文化氛围，则是其他古都所少有的。

在今曲阜城区及外围，我们仍可以看到残垣断壁曲折迤逦，高大的土台起伏连绵。这就是历尽沧桑的鲁国故城遗址。曲阜城区只占据鲁故城的西南一隅。据文献所载鲁国故城始建于西周初年，一直沿用到战国时期，是周王朝众多诸侯国中使用时间最长的都城之一。西汉前期继续沿用，约在西汉晚期进行了改建，将城址缩小在周代鲁城的西南角。据考古材料，在城内西部至北部有西周前期的堆积，也证实鲁城的始建年代。城墙的年代似乎要晚一些，大约在西周晚期。所以整个城市范围应形成于西周晚期。

鲁城保存较为完整，城建于洙、沂水之间。洙水绕城西、北两面，小沂河经城南。城近扁方形，东西3.5千米，南北2.5千米，周长11.5千米。从考古发掘和钻探来看，城垣从西周晚期至西汉经多次夯筑、修补。城垣四面有弧度，四隅圆钝。现东南、东北、西北残垣犹耸立地表，最高可达10余米，其余部分埋藏于地下。

城垣底宽约 40 米，顶宽 20~30 米。城墙外有护城壕，西北两面的城壕利用洙水河道，其他两面城用水也引洙水。城壕宽 30 米，一般深 4~5 米。初步查明有城门 11 座，东西北三面各 3 座，南墙 2 座，门道宽 7~15 米。城内已探出东西和南北交叉的街道各 5 条，皆通向城门。

城中部和中南部的周公庙及其周围为宫室建筑区，是春秋至西汉时的鲁王宫城。因居于大城正中，所以又叫中城。春秋、战国时代各诸侯国的都城多有郭城和宫城之分，所谓“筑城以卫君，筑郭以守民”。但其他都城的宫城或偏于外郭一隅，或与郭城并列。只有鲁国故城是这种大城套小城的形式。（图 6-1）

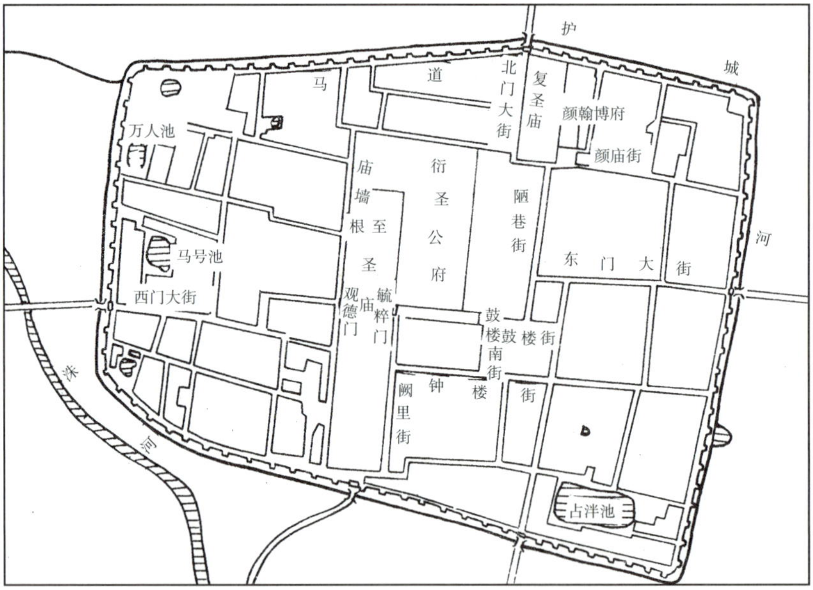

图 6-1　曲阜城全图

值得一提的是，从宫城向南勘探出一条南北向的大道，这条大道比城内其他街道宽近 5 米。它直通南垣东门（南稷门），南门口外原建有两观，今为长 38 米、宽 30 米的夯土台。又向南直对城南的舞雩台。舞雩台是鲁国举行郊祭的祭坛。由此可见这条大道是鲁国故城的中轴，城内重要建筑物按中轴线来规划分布，而且左右略呈对称状。这些迹象与《周礼 · 考工记》中所载都城规划的“营国”制度比较接近，当是鲁国君臣比较注意遵守维护周制的反映。

2. 文物古迹

曲阜作为都城的历史，自鲁国灭亡即已结束，但它作为孔子故里，千百年来一直对人们具有莫大的吸引力和影响力。自汉武帝“罢黜百家，独尊儒术”起，历代封建统治者出于巩固统治的需要，提倡尊孔读经。孔子思想逐渐成为中国封建社会的正统思想。历代帝王也不断对孔子加封追谥，不断地在曲阜大兴土木，形成了以“三孔”为主体的文物古迹群，为曲阜这座城市打下了鲜明的孔家印记。

“三孔”是孔庙、孔林、孔府的省称，是曲阜城中最具特色的游览胜地。曲阜孔庙是我国唯一的一处兼具臣民家庙和国家祠庙双重性质的孔庙，是我国古代诸多孔庙中规格最高的一处。它地处曲阜县城中部，南接旧城垣，东邻孔府。创建于孔子殁后一年即鲁哀公十七年（公元前478年），哀公将孔子故宅3间改建为庙，“岁时奉祀”。东汉永兴元年（153年）正式成为国家管理的祠庙，以后历代不断重修扩建。现存孔庙建筑为清雍正年间的遗构，占地面积140000平方米。前后九进院落，包括殿、堂、阁、门、坛等建筑100余座466间房屋，面积广大，布局完整，是我国现存规模宏大的祠庙建筑之一。（图6-2）

图6-2 孔庙大成殿

曲阜孔庙的历史价值和艺术价值极高。首先，它是我们了解古代尊孔、祭孔情况的最好的课堂，徜徉于孔庙之中，可以让我们了解孔子其人及其学说，可以帮助我们认识孔孟之道在古代中国政治生活和社会生活中的地位和作用。其次，孔庙是我国古代建筑艺术的陈列馆，它所有的坊、门、殿、亭、阁、坛等建筑，几乎囊括了我国古代所有的建筑类型。由于有雄厚的国家资助，这些建筑大多建造极为讲究，几乎处处都是精品。再次，曲阜孔庙还是一座很好的历史博物馆，保存其内的文物，不少都是名动天下的珍品，有人称曲阜孔庙是古代东方的艺术宝库，那是一点也不过分的。

孔庙东侧是孔府（图 6-3），旧时称衍圣公府，是历代衍圣公的官署和私宅。自西汉以来，历代统治者在尊孔的同时，对其子孙

图 6-3 孔府大门

也着意眷顾。汉代封孔子嫡裔为奉祀君、关内侯，唐代封文宣公。宋仁宗至和二年(1055年)封孔子47世孙孔宗愿为衍圣公，“衍圣公”封号即始于此。徽宗时又改为世袭衍圣公。明时衍圣公列文臣之首，为正一品大员。统治者在对孔子嫡裔加官晋爵的同时，对其住宅也不断地维修和扩建。孔子嫡长子原住“袭封宅”，即孔子故宅。宋宝元年间依附孔庙更建新府第，称衍圣公府。明洪武十年（1377年）敕命建新府于今址，并于明弘治十六年（1503年）将衙署移于宅第前，经明清两代数次扩建，形成了现今前衙后宅的格局。（图6-4）

图6-4　孔府大门门额

孔府现存建筑占地面积240余亩，九进院落共有楼房厅堂460余间。整个孔府的建筑布局分为三路，中路是主体部分。中路前部为官衙，衙署共设三堂六厅。中路后部为住宅区，有前上房、前堂楼、后堂楼、后五间及两侧厢房、楼房等，为前后四进院落。最后一个庭院是铁山园，即孔府后花园。东路前部为接待官员用房和服务用房，后部为孔府家庙。西路前部为旧时衍圣公读书、学诗学礼和燕居吟咏之所，后部南北花厅为招待一般来宾的客室。

整个孔府建筑布局合理，规模宏大，楼宇幢幢，廊庑回环。为目前我国保存最完整的一座“公府”，同时也是我们了解封建社会后期大地主阶层生活状况的好教材。

在曲阜城北 1.5 千米处还有孔林（图 6–5），又称至圣林，是孔子及其家族的墓地。经历史上多次拓广墓田，植种林木，形成现在占地 200 万平方米、树木十几万棵的规模，是一处古老的人造林园。内有孔子、孔鲤、孔伋三代陵墓（图 6–6），另有驻跸亭、享堂、子贡庐墓处等建筑。孔林内有 10 余万座坟墓，埋葬的都是孔子的子孙。嫡系子孙已葬到 76 代，二千多年从无间断。作为家族墓地，年代之远，保存之完整，在世界上也是罕见。

图 6–5　孔林墓

图 6-6 孔子墓

图 6-7 周公庙

除了“三孔”以外，曲阜的周公庙（图 6-7）和复圣庙（颜庙）也很有名气。其他古都，常常在历史和艺术之外，还有自然风光作为补充以吸引游人，唯有曲阜是完全依靠其悠久而强烈的人文历史传统来打动人心，这也可以称作是一种奇迹吧！

二 太原

1. 城市沿革

山西省省会太原，古称晋阳，是一座美丽的历史名城，自春秋战国时代赵国在此建都，至今已有二千多年历史。在漫漫的历史长河中，这座古城虽历经沧桑，甚至遭兵火毁灭，但始终为我国北方的军事、政治、经济、文化中心，并以其辉煌的过去在中国历史上占有重要的一页。

今太原城向西南约 15 千米，龙山脚下，汾水之旁，千顷良田之中，放眼望去可见数段卧龙似的古城残垣和隆起的宫殿台基，这里就是古晋阳城遗址。此地地理位置优越，土地肥沃，资源丰富，又处山右要冲，自古以来就是兵家必争之地。《后汉书》称晋阳“东带名关，北逼强胡，年谷独熟，人庶多资，斯四战之地，攻守之场也”。

晋阳城的命名，是因其位于晋水之阳。相传尧曾在这里筑唐城，殷商时为唐国。西周初年成王封母弟叔虞于唐，叔虞死，其子燮父立，改国号为晋，即后来春秋五霸之一的晋国。晋阳之名始见于《左传》。《左传·定公十三年》记“晋赵鞅入晋阳以叛”。由此可知，最晚在公元前 497 年晋阳城已经存在。史载赵鞅（赵简子）家臣董安于最早在此筑城郭，并在城内建造许多宫室。另一家臣尹铎对晋阳城进行扩建和加固，在城内囤积粮草。晋阳曾为赵国初期都城，赵襄子以此为基础，联合韩、魏，最终“三家分晋”。1988 年山西省考古研究所在晋阳城遗址古城营村附近发现春秋大墓，出土青铜大牢九鼎和大牢七鼎。这是春秋时期晋阳作为赵国都城的佐证。

由秦、汉至唐、宋，晋阳城一直是中原王朝防御北方少数民族南下的军事重镇，同时也是匈奴、突厥、契丹等族进军中原的桥头堡，因此这一带战争频繁，晋阳城的军事色彩非常浓厚。战国晚期，赵国在晋阳地区设太原郡。秦始皇元年（公元前 246 年），秦将蒙骜攻克晋阳，仍设太原郡，郡治晋阳，从此晋阳与太原并称。

北魏皇始元年（396 年），道武帝统兵攻取晋阳，招抚离散，劝课农桑，晋阳城的发展进入新的阶段。北魏末年，尔朱荣在“河阴之变”以后被封为太原王，居晋阳遥制朝政。后其被诛杀，部将高欢继之专权。北魏分裂为东魏和西魏，高欢坐镇晋阳，独断东魏大权，后其子高洋废东魏皇帝自立，建立北齐政权。东魏、北齐建都邺城，晋阳为别都，实际上政权中心偏重别都。晋阳是高氏父子的老巢，他们对晋阳的加固和修建可以说是不遗余力。

至隋文帝时，为了防御北方突厥的入侵，封杨广为晋王驻守晋阳。杨广在东魏和北齐的晋阳宫外修建起高 4 丈周 7 里的城墙，改晋阳宫为新城。其后又在新城西修筑高 4 丈周 8 里的仓城。杨广继帝位后，对晋阳情有独钟，隋大业二年（606 年）又更置晋阳宫为其行宫。当时李渊为太原留守，替杨广督建行宫。隋末农民起义动摇了隋的统治，李渊父子乘机挥师南下，一举推翻了隋王朝，建立了强盛的大唐帝国。晋阳是李唐王朝的发迹地，又是北御突厥，屏障都城长安的战略要地，所以很受唐朝的重视。唐太宗贞观初年（627 年），任命重臣李勣为并州长史，在晋阳大兴土木。唐贞观十一年（637 年），李勣在汾河东新筑东城。又引晋水跨汾河入东城供军民食用。武则天天授元年（690 年），升晋阳为北都。在她当政时，任命崔神庆为并州长史，崔在汾水之上“跨水连堞”，筑中城合东西二城为一。从此晋阳成为横跨汾河的水上连城，规模空前。安史之乱时，唐将李光弼坚守晋阳，依靠城池的坚固抵御了史思明 50 余天的围攻，并以晋阳为根据地，收复了两河地区。

五代时的北汉以晋阳为都，北汉国势微弱，疆域仅晋阳周围十余州，但却凭借晋阳城池坚固，阻挡了后周、北宋的多次进攻。

宋太平兴国四年（979 年），宋太宗赵炅再次围攻晋阳，北汉皇帝刘继元援尽粮绝，无奈开城投降。宋军入城，又遭到城内百姓顽强抵抗，被激怒的赵炅下令屠城，一把大火将晋阳城焚毁殆尽。次年宋军又决汾、晋之水灌之，至此北方名城晋阳被夷为平地。

晋阳古城虽然毁灭了，但在以后的岁月里，其城市建设并没有随之停止。宋太平兴国七年（982 年），大将潘美在击退辽兵入侵的同时，又奉命在晋阳古城东北扩建唐明镇，即后来太原城的雏形。以后数代，经过劳动人民辛勤的劳动，太原重新繁荣起来。明初，谢成主持扩建太原城，明洪武九年（1376 年）竣工，城周 24 里，墙高三丈五尺，内外包砖，城门 8 座。城内建起金碧辉煌的晋王府和气势宏伟的崇善寺。一座建筑规整、巍峨壮观的城池再次出现在我国北方，历经明、清，延续至今。

2. 文物古迹

太原作为一座历史文化名城，拥有一大批属于各个时代的文物古迹和历史名胜，水光山色、楼台亭阁掩映的晋祠古建筑群即是其中突出的代表。

晋祠位于太原西南 25 千米处的悬瓮山麓，晋水源头。距晋阳古城 5 千米。最初称“唐叔虞祠”，是为了奉祀西周晋国首任诸侯唐叔虞而建造的。创建年代不详，但至晚在北魏时已颇具规模。东魏、北齐时有所增建，使晋祠更盛于北魏，所谓“大起楼观，穿筑池塘”。隋末，李渊、李世民从太原起兵反隋，曾祷于晋祠。唐朝对晋祠多有增葺。唐贞观十九年（645 年），唐太宗李世民征讨高丽班师回朝途经晋阳，做了长时间的逗留，并于唐贞观二十年（646 年）又游晋祠，亲笔撰写了《晋祠之铭并序》。

宋代以前，晋祠内的建筑多是围绕祭祀唐叔虞来建造的。

图 6-8　晋祠水镜台

到了宋初，统治者为了平息因焚毁晋阳城而造成的民怨，招揽民心，先后用 5 年时间对晋祠大兴土木，整修扩建。宋仁宗天圣年间（1023—1031 年）追封唐叔虞为汾东王，在晋祠西隅叔虞祠南畔，坐西向东新建了规模宏大、盛冠全祠的圣母殿，供奉唐叔虞之母邑姜于其中，并重建了鱼沼飞梁。从此圣母邑姜成为晋祠供奉的主神，而唐叔虞退居次要地位。以后金、元、明、清各代，均延续宋的规制，相继以圣母殿为中轴线，由西向东先后建起了献殿、对越枋、钟鼓楼、金人台、会仙桥、水镜台（图 6–8）、景清门等建筑，最终构成了以圣母殿为主的建筑格局。

晋祠历经数千年而不衰，其最大的特点是殿宇楼阁与水光山色交映成辉。宋代彩塑侍女像、周柏与难老泉号称晋祠三绝，而圣母殿、献殿和鱼沼飞梁则是晋祠古建筑的三宝。历代古人对晋祠情有独钟，着意修葺，在晋祠内留下了许多的人文景观。这些吸引着天南海北的人们来此寻幽怀古！

著名的天龙山石窟位于太原市西南 40 千米处的天龙山腰。洞窟分布在天龙山东西二峰上，东峰 8 窟，西峰 13 窟。这里山清水秀，景色宜人，是礼佛之胜地。石窟开凿于东魏，历经北齐、隋、唐，尤以唐代为多。其中第九窟唐代造像最为壮观，释迦坐佛高 8 米，比例恰当，

6-9 天龙山石窟

神情庄严，是保存完整的唐代珍品（图 6-9）。天龙山石窟西约 10 千米还有一处石窟——龙山石窟，是我国现存规模最大的道教石窟，弥足珍贵。

太原市区的古建筑有很多，主要代表是明万历年间福登和尚奉敕兴建的永祚寺，寺内建有高达 54 米的宣文双塔。永祚寺因塔而俗称双塔寺（图 6-10）。双塔形制略同，八角 13 层，内有阶梯踏道，可以登临顶层，凭窗远眺，太原风光尽收眼底。400 余年来，“双塔凌霄”一直是太原著名的风景，如今已成为太原的标志。

图 6-10 永祚寺双塔

三 苏州

1. 地理环境与历史概况

苏州位于长江三角洲的中部、大运河畔，东临上海，西邻太湖，北枕长江，周围湖泊星罗棋布，河流如织，水运交通非常便利。土地肥沃，物产丰富，是以盛产水稻为主的“鱼米之乡”。苏州城环抱于风景优美的自然环境之中，距太湖最近处仅 4.5 千米。太湖与古城之间低山丘陵起伏，穹窿山、阳山、清明山等群山环绕，石湖、阳澄湖、独墅湖、澹台湖等大小湖泊犹如颗颗明珠镶嵌在美丽的苏州画卷之上，著名的苏州园林即得益于如此湖光水色。在苏州城内登高远眺，“水光山色与人亲，说不尽，无穷好”，宋人李清照的词句，描绘了“水乡泽国”的柔美景色。

大约在公元前 12 世纪的殷商末年，周太王古公亶父的两个儿子太伯、仲雍，从周原迁至江南，在这一带建立了勾吴国。西周灭商后，勾吴成为周王朝的侯国。春秋中后期时，吴国开始强盛起来。

公元前 560 年，吴王诸樊将都城迁至苏州。公元前 514 年，吴王阖闾命伍子胥建阖闾大城以为国都，开始了苏州城的历史。现在能看到的苏州城墙不多，最早的阖闾城更是不见踪迹。但历史学家、考古学家根据古文献《吴越春秋》《越绝书》《太平寰宇记》等的记载，认为阖闾城有大小二城之分，大城周围 47 里，小城周围 12 里；有水陆城门各 8 座，可见其建筑规模相当宏大。

战国末年，春申君黄歇又在此建都，城内宫殿亦极为壮丽。汉代司马迁曾南游至此，赞叹不已。秦统一后，在原吴国之地设会稽郡，改吴为吴县，为郡治之地。三国时为东吴孙权所据，曾一度为国都，称为“江东大都会”。然而，经过南朝的王敦之乱、苏峻叛乱，尤其是侯景之乱后，古城惨遭蹂躏，破坏极重，呈现一派萧条景象。

隋开皇九年（589年），隋灭陈，改吴州为苏州。隋开皇十一年（591年），因战争而将州治搬到城西横山的东边，重新筑城。至唐武德九年（626年），才从横山迁回旧城。唐乾符二年（875年），刺史张博重筑罗城，规模与吴城略同。此时的苏州又逐渐繁荣起来，而且远远超过了前代，白居易有诗云：“人稠过扬府，坊闹半长安。”白居易与唐代苏州的城市建设有密切关系。在他任苏州刺史的一年多时间里，开凿了山塘河，修筑了白公堤（今山塘街）。

苏州城的城墙，早期只有少数城门和水关用石或砖砌筑，绝大部分都是土筑。后来的砖筑，是在土墙基础上加筑的。苏州最早的砖城就是五代十国吴国钱镠修筑的，内外皆有濠沟。

宋代的苏州称为平江城，有大小两重城垣。城内河道密布，桥梁众多，形成了“小桥流水人家”的城市风貌（图6-11）。自隋至宋的近700年间，江南战祸较少，苏州社会比较安定，农业生

图6-11　苏州小桥流水

产和手工业均有很大发展，商业尤为兴盛，加之大运河的开通，更促进了苏州经济的繁荣，使之成为我国东南地区的经济中心之一。特别是宋都南迁后，苏州的地位更加重要。从现存的《平江图》碑上可以看到当时苏州城的情况。《平江图》的刻制距今已 700 多年，是我国现存最早的城市平面图。

元代改平江府为平江路。著名的意大利旅行家马可·波罗曾经到过苏州。回国后他在《东方见闻录》中记述了苏州人烟稠密、丝产丰饶、商品繁盛、河道纵横、桥梁众多的景况，美誉苏州为“东方威尼斯”，使苏州名扬海外。

明清两代的苏州府，手工业蓬勃发展，出现了资本主义性质的生产关系。当时丝织业尤为发达，“东北半城，万户机声”。同时，反对封建统治者压迫、剥削的斗争此起彼伏，其中以明万历二十九年（1601 年）以葛成为首的反税监斗争和明天启六年（1626 年）反对阉党魏忠贤残暴统治的“五人义”事件尤为著名。

“君到姑苏见，人家尽枕河。古宫闲地少，水巷小桥多。”凡到过苏州的人，都会慨叹水乡泽国的秀雅。得天独厚的自然条件，是形成这座历史文化名城的重要因素之一。水则是其基础，“水者，天地之血也，血贵周流而不凝滞”，所以历史学家顾颉刚先生在他的《苏州史志笔记》中指出：“苏州城之古为全国第一……其所以历久而不变者，即以为河道所环故也。”

苏州是江南水乡拒水之害、用水之利的典型体现。伍子胥建城，吴王迁都于此，就是考虑到苏州北据长江之险，扼太湖下游河道之咽喉。背山面湖的重要地理位置和优良的水域环境，对交通运输、农业水利、生态环境都十分有利。历代城市建设都利用周围河湖水系开凿人工河道，进行总体布局和城内街坊布置。可见，历朝各代无不以水为依托，从某个角度可以说，是水孕育了苏州的历史文化。

中国历史文化名城中，大多数城市各朝代城址都有所变迁，如洛阳有东周王城、汉魏洛阳城宫城、隋唐东都城、河南府城等，北京有辽南京、金中都、元大都、明清北京城，而苏州自公元前

514 年吴王阖闾命伍子胥建阖闾城，已经有 2500 多年的历史。城市的位置、规模，甚至城门的名称至今仍无大的改变，这在我国城市发展史上是独一无二的，故有“苏州城之古，为全国第一”之说。在当今世界上，具有如此悠久历史的城市也是屈指可数的。

2. 名胜古迹

苏州是吴文化的代表，春秋时期吴国的发展离不开吴王阖闾、伍子胥和孙武的功绩。高居虎丘山上的剑池、试剑石，伴随长眠地下的阖闾，审视着苏州千百年来的变迁，人们自然会想起：伍子胥鱼腹藏剑，助公子光登上王位；“相土尝水，象天法地”建苏州城，加速了吴国的繁荣和发展。苏州人民出于对他忠魂毅魄的崇敬，到处建造庙宇纪念他。吴中区胥口镇有胥王庙，东洞庭杨湾有灵顺宫改称胥王庙，盘门西边有伍相祠，至今遗址尚存。孙武为吴国“强国伯主”，打败楚国立下了汗马功劳。他在吴国生活长达 40 多年，在苏州留下了许多文物古迹，至今依稀可寻。如吴中区枫桥西南的孙武宅、孙武子桥，苏州平门外的孙武墓，吴中区胥口镇香山里相传为孙武练兵的教场，还有虎丘山的孙武子祠、孙武子亭等。

图 6-12　玄妙观三清殿

在苏州的历史舞台上，太平天国也占有一席之地。在今苏州娄门内东北街、现为苏州博物馆的忠王府，是保存至今的太平天国王府中最为完整的一处，具有重要的历史价值。

在今苏州城中心观前街，有目前江南地区最大的道观玄妙观（图 6–12），其前身真庆道观，始建于西晋。

张继的《枫桥夜泊》一诗，使今阊门外枫桥路的寒山寺名扬四海。诗韵钟声，千古传颂。

古塔是苏州较为特殊的古建筑，它们与周围环境相互融合、协调而巍然屹立，是苏州的主要景物，为人们观赏和称颂。早在三国时，就有今盘门内的瑞光塔、平门内的报恩寺塔。报恩寺塔宏伟壮丽，为苏州诸塔之冠，与始建于五代时的云岩寺塔（因屹立于虎丘山顶，又名虎丘塔）一起成为苏州城的象征和标志，并有“江南第一塔”之誉。苏州保存至今的北寺塔、灵岩塔、昆山秦峰塔、吴江慈云塔、光福塔等，都是六朝时始建的。

私家园林在六朝时也开始出现，东晋的辟疆园就是见于记载的苏州最早的私家园林，为以后苏州广建园林、成为中国园林的典范奠定了基础。今娄门内东北街有苏州明代园林的代表作、我国四大古典名园之一的拙政园（图 6–13）；今阊门外有以规模大而

图 6–13　拙政园小飞虹

图 6-14　留园华步小筑

著称的留园（图 6-14）；今人民路南段有苏州宋代园林代表作的沧浪亭；今园林路有苏州元代园林代表作的狮子林（图 6-15）；今景德路有苏州湖石假山中当推第一的环秀山庄；等等，难以尽数。

寺观庙宇和园林的建造，装点了姑苏城，它们与城内外秀丽的景色交相辉映，使苏州显得更加美丽。

此外，苏州古桥独具特色，至今仍存有 163 座，更为水城增添了姿彩与魅力。位于城南澹台湖的宝带桥，堪称吴地众桥之首。它是我国桥梁史上的杰作，与赵州安济桥、北京卢沟桥等并称我国十大古桥。

图 6-15　狮子林

四 成都

1. 地理环境与历史概况

成都，位于我国西南被称为“天府之国”的成都平原中部、岷江中下游。这里土地肥沃，物产丰富，且有举世闻名的都江堰灌溉之利，农业生产条件极为优越，是我国著名的农业高产区之一。

成都地区，自古就有“蜀道难，难于上青天”的说法，而今宝成、成渝、成昆铁路干线交会于此，公路也四通八达。西北有九寨沟原始森林，西及西南又有青城之幽、峨眉之秀，成为我国著名的旅游城市之一。

大约从远古到春秋战国时期，在今岷江流域活动着成都人的祖先古蜀人。经过蚕丛、柏灌、鱼凫、杜宇和开明等王朝，他们逐渐从岷山中的河谷迁徙到成都平原。位于广汉以西的世界瞩目的三星堆遗址，被认为是相当于殷周之际的鱼凫王朝故都。大约在开明王朝中朝，都城迁移至今成都市区。“一年而所居成聚，二年成邑，三年成都”，这便是“成都”之名的由来，也是古老都市形成的一般过程。

开明王朝自五世开明尚定都成都后，修筑了都城，即今之学者所称的“北少城”。开明王朝的都城和宫殿旧址已无处可寻，但武担山开明王妃墓上的石镜及其大石文化却留下了属于那个时代的历史印记。

周慎靓王五年（公元前 316 年），秦灭蜀国，设蜀郡。周赧王四年（公元前 311 年），秦惠王命令张仪、张若仿照秦都咸阳的格局修筑成都城——大城和少城。至此，成都城正式建立，定名成都，别名龟城。它是秦汉蜀郡的治所，为西南地区最大的工商业城市。

秦时所筑成都城，其基本城垣一直保持到唐后期，一般称为秦城，以别于唐代高骈新筑的罗城。秦城包括两个部分，即大城和少城。大城在东，少城在西，两城并联，大城西面和少城东面共一城墉。成都城的这一格局或隐或现地承续了二千多年，成为中国古代城市格局定式的一种类型,在中国城市建筑史上具有特殊的地位。

大城和少城具有不同的作用。大城作为蜀侯、蜀相和蜀郡守的治所，又是移民聚居的区域，可谓是成都的政治中心。少城则是成都县治所在和商业区，是成都的经济中心。汉武帝元鼎二年（公元前 115 年）在成都修筑了外郭，是环绕内城的另一重城垣，其主要作用在于战争时可作为第一道防御线，同时也可以保护城外的居住区域。

西汉末年，王莽篡汉，天下大乱，蜀郡太守公孙述在成都称帝，国号“成家”，定都成都。建武十一年（35 年），刘秀派兵进攻巴蜀，次年冬，成都被三面包围，公孙述阵前遇刺。至此，公孙述的霸业夭折，成都城遭到了建城之后第一次浩劫。

东汉末年，巴蜀地区被刘焉、刘璋割据。后刘备入蜀，魏、蜀、吴三国鼎立，成都成为蜀汉的都城。蜀汉皇宫以及围绕它的皇城现已不可寻觅，但在西晋文学家左思的千古名篇《蜀都赋》中，可以感受到蜀汉皇宫和皇城的辉煌壮丽。

隋统一全国后，隋文帝第四子杨秀出镇成都，筑新城于少城西南，即隋代子城。一座新的城垣重新屹立，成都城又恢复了昔日“重城”的结构与规模。安史之乱，唐玄宗避乱至川，成都曾一度定名为“南京”。

唐天祐四年（907 年），朱温代唐，王建在成都称帝，国号大蜀，史称前蜀。后唐应顺元年（934 年），孟知祥自立为帝，国号蜀，史称后蜀。这时的成都城共有四道城垣。由外而内，第一道为罗城（即唐末西川节度使高骈所筑）；第二道为子城或皇城（即秦代张仪、张若所筑的秦大城）；第三道为牙城或宫城；第四道为孟知祥所筑的羊马城。前蜀、后蜀割据政权的宫城苑囿、凤阁龙楼虽穷极瑰丽，却缺乏唐长安宫城的开阔和雄劲豪迈的气派。

此后，成都一直是地方政权的行政中心。明代时成都是蜀王朱椿的藩府所在地。清顺治元年（1644年），张献忠在成都登基。由于明末战争的创伤，四川地区人口骤减，所以康熙初年（1662年）开始了“湖广填四川”的移民工程。并在大城西垣内新筑一城，名曰满城。这是成都历代城垣变迁历史链条中重要的、也是最后的一环，使大小二城并肩而峙的格局重新表现出来。

自从秦代张仪、张若创筑成都城之后，成都的城址从未变化，成都的名称也沿用至今，这在中国古代的大都市之中是非常罕见的。成都城的另一个特点就是长期以来一直保持着“层城”的结构。所谓“层城”，是指两座城垣并肩相连或者大城之中又套小城，有时小城之中还有小城。由于成都地处西南，在中国历史上只是封建割据政权的都城，而不能成为大一统时期的都城。

在中国所有的古代城市当中，成都的地位是比较特殊的。任何一个大一统王朝的统治者，都把成都作为自己经营大西南的重要基地，所以毫不夸张地说，成都是沟通西南与中原地区的一块跳板。成都虽然偏在西南，但其社会生活却与中原地区关联甚密。这里经济富足，又具有较强的封闭性，所以每每成为中原帝王和百姓的避乱之地，成都由此又拥有了一种特殊的开放性质。有人称成都为中国历史文化的丰盈偏仓，实在是贴切。

2. 文物古迹

成都是我国著名的历史文化名城，已成为我国旅游胜地之一。它不仅有秀丽的自然风光，历史还给成都留下了众多的人文景观。

从自然崇拜到宗教，贯穿5000年的华夏文明，宗教古迹遍布九州大地。成都保存的佛教寺院较多，其中以大慈寺、文殊院、宝光寺较为有名。

大慈寺在今成都市北糠市街，一度作为成都市博物馆的所在地。庙门前的匾额“大圣慈寺”为唐玄宗亲题。寺内以壁画著称，相传唐代画家吴道子曾在此作有壁画。原藏经楼上四壁供奉脱纱佛像千余尊，为其他寺院所少见。

文殊院在成都城北文殊院街，是一座著名的佛教寺庙，被称为川西四大丛林之一。院内建筑栉比相连，典雅古朴，气象庄严。院内还收藏众多的宗教文物，如宋本绣像《金刚经》，明崇祯帝田妃所绣的千佛袈裟，清代发绣水月观音、挑纱文殊，缅甸白玉佛、印度梵文《贝叶经》等，还珍藏着唐代高僧玄奘的顶骨。其素餐馆香斋堂也颇负盛名。

宝光寺在距成都 19 千米的新都区城北。唐代黄巢起义军攻破长安，唐僖宗逃到四川曾驻跸于此。宝光塔矗立在寺院之中，展示了我国早期佛教寺院“寺塔一体，塔居中心”的典型布局。寺内的泥塑五百余尊罗汉，是目前四川保存较完整的清代雕塑群像，有较高的艺术价值。

“既丽且崇”的芙蓉城，有过不少“金戈铁马，气吞万里如虎”的割据英雄，也留下了许多文人墨客的足迹。位于成都市南门大桥外西侧的惠陵、昭烈庙和武侯祠，犹如一部三国蜀汉史，记载了这些君臣将相的业绩（图 6–16）。人们为了纪念刘备和诸葛亮，在

图 6–16　刘备墓大门

他们活动过的许多地方建了祠庙，这里的是较大的一座（图 6–17）。武侯祠内，由唐代名相裴度撰文、书法家柳公绰书写、石工鲁建镌刻的《三绝碑》，具有重要的文献价值。

图 6–17　武侯祠

成都历代的文化名人之中，最负盛名的当推为避安史之乱、流寓入蜀的诗圣杜甫。他在今成都西郊的浣花溪畔居住了将近 4 年，为后世留下了 200 多首诗篇，《茅屋为秋风所破歌》《恨别》《春夜喜雨》等都是这时的佳作。杜甫草堂，古楠参天，翠竹丛丛，繁花争艳；荷池水槛，溪流曲桥，花径亭榭，交相辉映，融我国传统的纪念祠堂和古老园林艺术于一体，和谐精巧，古朴清新，使诗人

图 6–18　杜甫草堂

故居更富诗情画意。（图 6–18）

中国历史上女杰辈出，唐代的薛涛以诗才闻名于世，位于今成都市东南、锦江南岸的望江楼公园就是凭吊她的名胜之地。吟诗楼自然别致，精巧玲珑；濯锦楼古朴典雅；崇丽阁绚丽纤秀，挺拔雄伟。登楼远眺，锦江如带，景色绝佳。园内翠竹林立，郁郁葱葱，其栽植品种达 140 余种，占全国竹子品种的 60% 以上，有“锦城竹园”之称。

五 拉萨

1. 历史概况

拉萨，是我国西藏自治区首府，地处“世界屋脊”之上，这里平均海拔约 3700 米，天高气爽，日照充足，被誉为“日光之城”。

青藏高原自古就有人类生息，从旧石器时代晚期到新石器时代的古遗址及古人类遗骸，在西藏均有发现。在汉文史籍中，很早就有关于西藏古代居民与居住在黄河上游居民存在联系的记录。战国时期，西北地区的部分羌人，陆续迁到青藏广大地区，与土著民族融合，形成了众多的部落。在漫长的岁月里，他们用辛勤的劳动开发着西藏高原。到了公元 7 世纪，他们联合起来，建立起强盛的吐蕃王朝，并形成吐蕃族，即今天藏族的前身。拉萨作为都邑的历史从吐蕃王朝开始，距今已有 1000 余年。

吐蕃王朝从唐代开始兴起，起止年代与唐大体相当。建立吐蕃王朝的是活动在雅砻河谷的牦牛部。唐贞观三年（629 年）松赞干布即赞普位，“赞普”藏语意为雄强丈夫，先为部族酋长、后为吐蕃君长的尊称。即位时松赞干布年仅 12 岁，但他骁勇而有谋，迅速平定了反叛的各部，稳固了统治。接着又征服了周围强大的诸部，统一了西藏地区并将统治中心从山南迁至逻些，即今之拉萨。大约在唐贞观七年（633 年），吐蕃王朝建立。

松赞干布在位期间始终积极加强与唐王朝的友好关系，唐与吐蕃经济文化交流日益密切。他多次遣使向唐请婚，贞观十四年（640 年），唐太宗将文成公主许配给他为妻。文成公主入藏成为汉藏人民友好的象征。由于松赞干布和文成公主对藏族历史的发展和密切藏汉关系作出了重大贡献，故而受到人民的尊敬。“松赞干布”，意为庄严大德王。而文成公主入藏的故事则以绘画、戏曲等形式在藏族民间广为流传。在松赞干布以后，唐与吐蕃虽有战事，但友好团结仍是主流。唐中宗时，金城公主再次入藏，嫁于吐蕃赞普尺带珠丹，唐朝与吐蕃关系更加密切。今天屹立在拉萨大昭寺门前的唐蕃会盟碑，就是两族人民友好团结的历史见证。

说到西藏，人们自然会想到这里气候高寒，到处冰峦雪谷，故被称为高原雪域。独特的自然条件形成了独特的自然景观，独特的历史环境又形成了独特的人文景观。这里的人民笃信佛教，所以又有“佛法之邦”的美名。公元 7 世纪，佛教传入吐蕃。在吐蕃王的大力支持下，佛教在西藏社会中流传、发展；吐蕃王朝分裂后，佛教继续广泛传播。佛教与当时原始宗教结合，发展成为西藏化的佛教，称为藏传佛教。西藏佛教一开始便带有鲜明的政治色彩，而且派别很多。佛教的传播对西藏哲学、绘画、音乐、舞蹈、文学都产生了深远的影响。元、明、清三代，在中央政府的支持下，西藏始终采取政教合一的管理方式。其上层僧侣既是宗教领袖，同时又管理世俗政权。在这种崇信佛教的环境中，西藏地区寺庙塔院林立，许多古迹均与佛教有关。佛教建筑无论从规模，还是文化艺术水平上来看，拉萨都堪称代表。著名的有布达拉宫、大昭寺、小昭寺以及拉萨三大寺等。

2. 布达拉宫

拉萨市区西北的玛布日山（红山）上，矗立着一组规模巨大的宫殿，它有 13 层楼，高 117.19 米，占地 10 万多平方米，被誉为世界十大土木建筑之一，这就是布达拉宫。

布达拉宫始建于 7 世纪，吐蕃赞普松赞干布为了迎娶文成公主，在此首建宫室，后世屡有修缮。早期的布达拉宫已毁于雷火，在布达拉宫最高点上，只保存了两处佛堂。据说这里是松赞干布修法拜像之处，今天还供奉有松赞干布、文成公主、尼泊尔尺尊公主及大相禄东赞的塑像。17 世纪中叶，达赖喇嘛五世受清朝册封后，修建了白宫，五世达赖圆寂后又由其总管桑结嘉措主持修建了红宫，前后历时近 50 年。后历代又进行扩建，尤以十三世达赖时期扩建的工程最为浩大，布达拉宫至此形成现在规模。（图 6-19）

布达拉，或意译普陀，梵语意为“佛教圣地”。说起布达拉宫，我们自然要提到藏传佛教的格鲁派。格鲁派在 15 世纪初创立，它的创始人是青海湟中县人宗喀巴（罗桑扎巴）。他对西藏佛教进行改革，建立了格鲁派。他有两个著名的弟子即一世达赖和一世班禅额尔德尼，他们世世转生，叫作“呼毕勒汗”。明中期以后，格鲁派势力日大，并且传到了青海和蒙古。崇祯年间，其首领五世达赖和四世班禅借青海蒙古部的兵力，推翻噶玛噶举派在西藏的统治。清初，五世达赖受到了顺治帝册封，成为藏传佛教各派的总头领，

图 6-20 布达拉宫

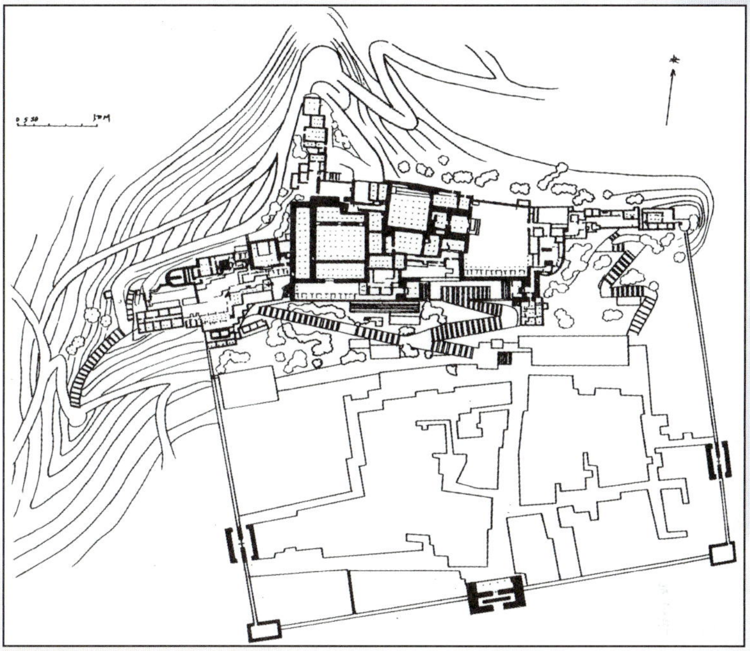

图 6-19　布达拉宫总平面图

格鲁派从此成为西藏的执政教派，得到了最广泛的流传。其两位领袖各居一处，达赖住在布达拉宫，而班禅住在西藏日喀则的扎什伦布寺。明清以来，达赖掌握世俗政权，布达拉宫为历代达赖喇嘛的冬宫，也是西藏政教合一的统治中心。

布达拉宫分为三部分：一部分在玛布日山正面，主体建筑之前有一片 6 万平方米的平坦地带。围绕着主体建筑有很厚的城墙及城门，布置有印经院、法院、监狱、藏军司令部以及贵族住宅等。另一部分在玛布日山北，为专供达赖游乐的龙王潭。第三部分是依山而建的宫体主楼，雄伟壮观，全部为石木结构。主楼分红宫、白宫两部分。红宫居中，墙体刷红土，白宫从东西南三面与红宫衔接，墙体刷白浆。红宫主要是大经堂和存放灵塔的大殿，白宫内有寝室、会客室、餐厅、办公室、仓库及经堂。红宫平顶上建有七个金瓦屋顶，采用汉式斗拱结构和歇山式顶。屋脊及宫顶四周女墙上满饰鎏金经幢、鸟兽等，在阳光照耀下，光彩夺目。（图 6–20）

布达拉宫内有达赖喇嘛灵塔8座，塔身包裹金皮，宝玉镶嵌，富丽堂皇。各殿堂墙壁绘有绚丽的壁画，这些壁画题材丰富，工笔细腻，线条流畅，其中关于文成公主的壁画更有价值。宫内还保存了大量珍贵文物，有明清两代皇帝封赐西藏官员的诏敕、封诰、印鉴、金册、玉册、工艺珍玩，有医药、历史、文学书籍，还有经文、各类佛像、唐卡（卷轴佛像）、法器、供器等，是一座名副其实的艺术宝库。

布达拉宫规模宏大，结构复杂。可谓是群楼重叠，殿宇嵯峨，气势雄伟；其体现了鲜明的藏式建筑特点，同时又具有汉藏文化融合的风格。1949年后，经多次维修整理，布达拉宫成为拉萨最负盛名的游览胜地。

3. 大、小昭寺及拉萨三大寺

位于拉萨市中心的大昭寺，创建于唐贞观二十二年（648年），当时松赞干布为了安置两位妻子——文成公主和尼泊尔尺尊公主带来的两尊佛像，特地兴建了这座寺庙。据说是根据文成公主的建议，用白山羊驮土填湖，就地兴建的。以后经历代增建，形成了2万余平方米的建筑群。因为藏语中“山羊”叫“惹”，“土”称为“萨”，故寺庙建成后初名为“惹萨珠囊”，意为白山羊驮土幻显寺。9世纪前期，“惹萨”一词演变成“拉萨”，意为佛地、佛土。可见大昭寺同拉萨的关系多么密切！

大昭寺主殿4层，上覆金顶，辉煌壮观。既有唐代建筑风格，又吸收了尼泊尔和印度的建筑艺术特色。大殿内正中供奉文成公主由长安带来的释迦牟尼12岁时等身镀金佛，两侧配殿供奉松赞干布和文成公主、尼泊尔尺尊公主等人的塑像。四周走廊和殿堂绘满藏式壁画，有历史人物事迹和神话故事，长近千米。其中文成公主进藏图、大昭寺修建图等都极富历史价值。

大昭寺前有公主柳、唐蕃会盟碑。公主柳，亦称唐柳，传说是文成公主在大昭寺建成后亲手所植。藏族人民爱戴这位为加强汉藏民族关系作出贡献的文成公主，对这株柳树倍加爱护，并把它神化，说此树是文成公主带到吐蕃的释迦牟尼佛像的头发落地而生的，所以又叫释迦发。唐蕃会盟碑，又叫甥舅和盟碑、长庆会盟碑，是为纪念长庆三年（823 年）唐和吐蕃最后一次会盟而建。碑身扁柱形，四面刻字，其正面和左右两面的碑文同时刻有藏汉两种文字，背面是藏文盟誓，该碑记载了唐与吐蕃友好关系的历史和此次会盟的经过与意义，是研究吐蕃历史的重要文物。（图 6–21）

图 6–21 大昭寺

小昭寺，位于拉萨市城区，是文成公主于公元 7 世纪督饬藏汉族工匠建造的。小昭寺更多地保留了汉族寺庙风格，但几经焚毁改建，原来的面貌已不可见。

在拉萨市附近还有三座著名的寺庙：甘丹寺、色拉寺、哲蚌寺，合称拉萨三大寺。甘丹寺在拉萨市东郊 60 千米处的达孜区境内，是藏传佛教格鲁派创始人宗喀巴于明永乐七年（1409 年）创建的，是格鲁派第一所寺院。宗喀巴的法座继承人、历世格鲁派教主甘丹赤巴居于此寺。该寺曾受到严重毁坏，现已得到了修复。色拉寺在拉萨北 3 千米处，哲蚌寺在拉萨西北 5 千米处，均为宗喀巴的门徒所建的格鲁派寺院。哲蚌寺为藏传佛教最大的寺院，僧人最多时超过 1 万人。其主要建筑大经堂，雄伟壮丽，殿内可同时容纳六七千人。寺内西南方的甘丹颇章宫，是二世达赖到五世达赖居住的地方，直到布达拉宫扩建以后，五世达赖才移离此地。所以历代达赖都以哲蚌寺为母寺。（图 6–22）

图 6–22　哲蚌寺晒佛台

六 吐鲁番

1. 地理环境与历史概况

吐鲁番市位于我国新疆东部，天山山脉东部的吐鲁番盆地中央。这里是一个断层陷落盆地，四周群山环抱，中部低凹。南部的艾丁湖，湖面低于海平面约 154 米，是我国陆地的最低点。吐鲁番盆地地形闭塞，热量不易散发，高温且少雨，素有“火洲”之称。丰富的光热条件极利于农业生产。这里勤劳智慧的古代劳动人民很早就创造了“坎儿井”这种引水工程，将高山冰雪融水通过竖井和暗渠引到绿洲上，来浇灌农作物并减少水在流动中的蒸发损失。吐鲁番盛产瓜果、棉粮，是著名的“聚宝盆”。

吐鲁番市东西两侧有两座古城：高昌故城、交河故城。它们静静地躺在那里，向人们诉说着曾经的辉煌。在西汉时期，西域少数民族政权车师前国建都于交河。从北魏至唐，高昌国又建都高昌城达 200 年之久。到了唐晚期，回纥汗国西迁，其中一支在吐鲁番落脚，建立高昌回纥国并重建高昌城作为首都，历经 400 余年，直到 13 世纪中被蒙古攻陷。车师前国、高昌、高昌回纥（西州回纥）前后三国，在吐鲁番建都的时间约有六七百年，这在中国历史上也是少有的。只不过由于吐鲁番偏于西北，上述三国又是人少地狭的小国，所以人们一般只知道吐鲁番的瓜果，而不知道它也是一处老资格的古都。

高昌、交河故城地处古代的西域，与联系中西交流的“丝绸之路”关系极为密切。我国古代对阳关、玉门关以西的广大地区统称为西域。它有两个概念：狭义的西域主要是包括今新疆地区，广义的西域包括葱岭以西更广大的地区。战国时期的文献，已经记载了新疆的山脉、河流、湖泊。这是当时西域与中原发生关系的反映。汉武帝时屡征匈奴，并设置“河西四郡”，打开了通向西域的道路。神爵二年（公元前60年），西汉王朝正式设置西域都护府。至此包括巴尔喀什湖以东、以南，天山南北的广大西域地区，正式列入汉朝版图，成为统一的多民族国家的一个组成部分。东汉继续加强同西域的联系，设西域长史府。到了唐代时，西部的疆域超过了汉代，唐王朝设立安西都护府和北庭都护府，继续对西域行使有效的管辖。公元前2世纪，西汉张骞出使西域之后，丝绸之路开始正式形成。丝绸之路是中国古代经中亚，通往南亚、西亚及欧洲、北非的陆上贸易通道。在这条联系东西方文明古国的通道上，逐渐兴起了众多的新兴城市，这些城市对当时中西经济文化交流起了推动作用。高昌、交河故城即其中的代表，它们地处交通要冲，在丝绸之路上的地位极为重要。丝绸之路的繁荣推动了它们的发展，城市发展又促进了丝绸之路的繁荣。

2. 交河故城

交河故城在今吐鲁番市西10千米处的雅尔乃孜沟村，学术界称之为“雅尔和图故城”，俗称崖儿城，因处于两条小河交叉环抱的小岛之上，故称为交河（图6–23）。《汉书·西域传》中说，“河水分流绕城下，故号交河”。汉代曾在此设交河壁。

公元前1世纪，车师前国建都于交河城，史书称车师前国为车师前王庭。4世纪初，车师前国迁都高昌城。6世纪初，麴氏高昌国时在此建交河郡城，唐贞观十四年（640年）以后为高昌郡（西州）交河县城，以后逐渐衰落。现存遗迹主要是唐代及其以后的建筑。19世纪末，到过新疆的西方探险家都探访过该地。中华人民共和国成立后经过多次调查，1961年被公布为全国首批重点文物保护单位。

交河故城城址建在土崖之上，土崖高出河床约30米。城址南北长约1000米，东西最宽约300米，形状不规则。崖上建筑外侧没有高大城墙围绕，仅西南较低的崖边有一段断续的土墙。在城东、南两处斩崖为门，门道陡峻。故城中央有一条长 350 米、宽 3 米的南北向大道，大道北端是全城最大的寺院。大道两旁是高而厚

的土墙，没有临街的门户。土墙与土墙之间有小巷同主干道连通，进入纵横的小巷才有庭院的门户。

▲ 图 6-23　交河故城东门遗址

城内建筑遗址很多，以大道为中轴线可分为三个区：西北区寺庙集中，有大小寺庙遗址和各类塔基，反映出当时佛教盛行的状况。东北区为居民区，大小街道与主干道相连，划分成若干小区，似为“坊”的布局。院落很少对称，而且房间也较小。东南区的建筑破坏严重，只有一较大建筑保存完好，其有庭堂、天井、回廊、甬道、台阶等，可能是城中心建筑之一。城内建筑是自崖面向下挖，利用现成的生土筑成墙、院落，大多数建筑均在崖面下，具有鲜

明的地方特色。（图 6–24）

城西、城南隔河有世族墓地。墓地依姓氏分别茔域，地面上用自然土块垒成茔墙和封隧标帜。

图 6-24 交河故城遗迹

3. 高昌故城

高昌故城，维吾尔语称“亦都护城”，即“王城”之意。其在吐鲁番市东 40 多千米处的三堡乡。

高昌故城肇始于汉代的高昌壁，两汉魏晋均派有戊己校尉屯驻于此，此后为前凉高昌郡郡治。5 世纪中叶，高昌国建国都于高昌城，历经沮渠氏、阚氏、张氏、马氏、麴氏王朝，立国约 200 年，其中麴氏高昌长达 141 年，是高昌历史的全盛期。唐代为西州治，唐末开始为回纥高昌王都，至明初废弃，前后经历了约 1500 余年。

高昌故城基本规模形成年代约在前凉至高昌麴氏王朝时代。今存故城遗址是高昌回纥时期在唐代高昌城基础上改建增筑的。发源于天山的木头沟水，穿越火焰山的胜金口，流贯故城。由于当地居民历代在此耕作，城内遗迹已遭严重破坏，加上自然风蚀，已经饱经风霜。城内植被稀少，遗迹位

置几乎全部裸露，为不毛之地。（图 6–25）

城址分为外城、内城和宫城三部分，布局略似唐代长安城。外城周长约 5 千米，平面略呈不规则方形，城墙基本保存完好，残高 5~11 米，外围有马面，西面城门附瓮城，建筑遗迹甚多。外城西南隅有一处寺院遗址，面积约 1 万平方米，保存完好，寺门、广场、殿堂、高塔犹历历在目。内城在外城中部，周长 3.5 千米，也有密集建筑遗址，西、南墙保存较多，东墙已毁，仅余部分残迹。内城中部偏北有一处堡垒式建筑，为宫城，俗称“可汗堡”。平面为不规则圆形，周长约 700 米，内有残高 15 米的建筑物及一些殿基。城中所有建筑全用夯土或土坯建造，门窗顶部多作穹窿形，类似今日吐鲁番的建筑。19 世纪末 20 世纪初西方探险者曾来此盗掘，窃走大量珍贵文物。

在高昌故城外北面的阿斯塔那与哈拉和卓，分布着与故城相关的西晋至唐时期的墓葬群。经考古工作者数次发掘，获得大量重要的历史文物。其中出土的大量“吐鲁番文书”最为珍贵，它对于研究高昌国政治、经济、军事、法律等各个方面有着极重要的价值。

在古代高昌，当地居民十分崇信佛教，高昌王国时期更是举国信奉。在吐鲁番附近地区有许多佛教石窟，是很好的观光游览地。著名的有柏孜克里克石窟、土峪沟石窟、雅尔湖石窟。此外，火焰山胜金口还发现有 4 处寺院遗址。

古代西域地区民族繁多，各个民族政权也很多，政权更替频繁。各民族宗教信仰、生活习俗也不尽相同。自然条件、经济形式相差很大，草原、山坡、谷地适于畜牧，沙漠边缘的绿洲适于农耕。由于地处文化的交汇区，其古代物质文化呈现出多元性的特点，而且民族特色、地方特色浓厚。这些因素必然会影响到它的都城文化，使之丰富而多彩，高昌故城、交河故城正体现了这些特征。当游历者亲临此地时，定会被当地独特的自然风光和人文景观所感染，流连忘返。斗转星移，昔日丝绸之路上的明珠城，而今早已失去往日风采。然而面对故城遗址，我们仍然能够感受到历史的沧桑，感喟时光的流逝，更希望它们的美名长存于人间。

图 6-25　高昌故城城垣

七 大理

1. 地理环境与历史概况

大理市位于云南大理白族自治州中部，苍山之麓、洱海之滨，东距省会昆明 270 多千米，地处云贵高原西部，金沙江、元江、澜沧江三大水系分水岭地带。这里属于印度洋季风控制地区，夏无酷暑，冬无严寒。全年最高气温 20℃左右，最低气温 10℃左右，年平均气温 15℃左右，因气候温暖湿润，土地肥沃，其植物资源极为丰富。苍山洱海，载雪萦云，湖波澄碧，曾为大理赢来了“东方瑞士”的美称，更为大理招来了无数中外游人。

大理自古就是我国美好河山的一部分。早在 3500 多年以前，大理洱海地区就曾有人类的活动，他们在这里农牧、渔猎，繁衍生息，并在长期的社会发展过程中，逐步加强了与中原的交往。西汉元封二年（公元前 109 年），汉朝在洱海地区设叶榆县，属益州郡，正式把大理纳入统一帝国的版图。此后，历经东汉、蜀、晋、南北朝，洱海地区所隶属的州、郡多有变更，唯叶榆县沿称不变。

在此期间，苍山之麓，洱海之滨，逐渐形成大大小小的洱河蛮（白族）定居的农业城邑。随着中原汉文化的大量传入，该地区的生产和文化都得到了较快的发展。当时洱河蛮的主要城邑有太和城、羊苴咩城（苴咩城）、大厘城（史城）等，又有以彝族、纳西族为主的六个较大的部落，史称六诏。他们兵力相当，不相臣服。蒙舍诏是当时六诏中地处最南、实力最强的一个部落，首领皮逻阁、阁逻凤父子，在唐王朝的支持下，经过多年的武力兼并，于唐开元二十六年（738 年）完成了征服“河蛮”、统一六诏的事业，建立了统一洱海地区的南诏国。皮逻阁被唐王朝封为云南王，并于开元二十七年（739 年）自蒙舍川（今巍山县）迁王都于太和城（今大理市太和村西），南诏国成为当时唐王朝抗御吐蕃的西南屏障。天宝七年（748 年），皮逻阁死后，其子阁逻凤袭云南王位。此时，南诏统一云南的趋势已经形成，且日益威胁到唐王朝在云南的利益，而唐王朝在云南大理推行的民族压迫政策及唐王朝政治上的腐败，导致了唐与南诏间时常发生矛盾，并最终爆发了天宝战争。

天宝九年（750 年），阁逻凤起兵反唐，归附吐蕃（今西藏），封号赞普钟，并在与唐的数次战争中大败唐兵，统一了云南地区。全盛时其势力北达四川大渡河，东至贵州、广西，南抵越南，西至缅甸，成为“东西四千里，南北二千九百里”的南国大诏。唐经天宝战争丧失了在云南经营了 100 多年的成果，吐蕃则坐得南诏，实现了多年用兵西洱河未能取得的胜利。从此唐朝抗御吐蕃的西南战线全部溃退，战争引向四川边境，成都暴露于吐蕃的锋镝之下，南诏的割据局面自此形成。天宝战争在当时对全国产生了深远的影响，20 多万人先后战死，无一生还，唐王朝的经济也受到了一定影响，并导致安史之乱，从此宣告了“天宝盛世”的结束。

大历十四年（779 年），阁逻凤之孙异牟寻又自太和城迁都于羊苴咩城（今大理旧城），此时，南诏与吐蕃的关系已逐渐恶化，贞元十年（794 年）异牟寻归唐。此后，南诏与唐的关系时好时坏，一直延续至天复二年（902 年）南诏灭亡。

南诏之后，大理地区经历了三个过渡王朝，即郑买嗣的大长和国（902—928 年）；赵善政的大天兴国（928—929 年）；杨干贞的大义宁国（929—937 年），均以羊苴咩城为都城，后晋天福二年（937 年），通海节度使段思平灭大义宁国，建立了封建农奴制的地方政权——大理国，仍定都羊苴咩城。

段思平是今大理喜洲人，白族。他建立政权后，“更易制度，捐除苛令”。他以“大理”为国号，就是要大大调解各方面的关系，以达到长治久安的目的。“理”与“治”同义，故“大理”即“大治”之意。尽管还有人对大理国名别有异说，但“大理”一词从此便成为以洱海为中心的白族地区的专有地名，相沿至今。

从后晋天福二年（937 年）段思平建立大理国，到元宪宗四年（1254 年）蒙古军队攻克押赤城（今属昆明市）。俘段兴智，后大理国灭亡，大理政权传 22 世，共 318 年，大致与宋朝相始终。

大理政权基本上继承了南诏的疆界，据《元史·地理志》记载：其疆界“东至普安路之横山（今贵州普安），西至缅地之江头城（今缅甸杰沙），南至临安路之鹿沧江（今越南莱州省境的黑河），北至罗罗斯之大渡河”。在行政区划上，设置了八府、四郡（镇）、37 部。府和郡的长官称演习，部的长官称部长，都是世袭的。这些设置，为元代在云南设立行省和路、府、州、县奠定了基础。

蒙哥汗五年（1255 年），蒙古军队平定云南全境。元至元十一年（1274 年），忽必烈置云南行省于中庆路（今属昆明市），从此，“云南”正式成为行省一级行政区划的名称。云南的政治、经济、文化中心也从大理（羊苴咩城）转移至昆明。元在滇西设大理路平民总管府，统管滇西地区的军政事务，仍以羊苴咩城为统治中心，隶属云南行省，并于元至元十六年（1279 年）在大理置太和县。明洪武十五年（1382 年），改大理路为大理府，仍治太和县，并重新建造府城（今大理市），羊苴咩城渐废。新城随县名称府城或太和城。到清朝时期仍沿用旧制，设大理府，置太和县。1913 年，裁撤大理府，太和县更名大理县。1949 年以后，大理曾为地区专员公署所在地（后迁下关市）。1983 年，大理县与下关市合并，称大理市。

2. 名胜古迹

长期以来，大理一直是国内外游人如织的地方。除了浓郁的特色白族文化之外，大理还以苍山洱海美丽的风光和众多的文物古迹吸引着四方来客。

苍山又名点苍山，史籍中又称“玷苍山”，意为白头之山。作为横断山脉中云岭的一个分支，苍山南北骈列，绵延 50 多千米，海拔最高达4000多米。这座令人神往的名山，向来以雪、云、泉著称。经夏不消的苍山雪，是素有盛名的大理"风花雪月"四景之最。点苍山的云多姿多态，有时淡如轻烟，有时浓似泼墨，其中"玉带云"与"望夫云"更让人称奇。从北头的云弄峰到南面的斜阳峰，苍山共有19座山峰，其间夹着18条清澈的溪水向东注入洱海。在苍山的腹地，生长着黄百合、马缨花等大量具有较高观赏价值的野生花卉，为晶莹古朴的苍山平添了许多青春的活力。

洱海是一个风光明媚的高原湖泊，海拔1900多米，古人曾把这里的胜景概括为三岛、四洲、五湖、九曲。作为横断山脉中容水量最大的淡水湖，洱海的总面积约为250多平方千米。在我国许多淡水湖都被严重污染的今天，洱海基本上还是一池清水。在风平浪静的日子里泛舟洱海，清澈透明的水面犹如一碧澄澄的蓝天，点点风帆恰似天上的朵朵白云，给人如临仙境之感。

巍峨、粗犷的苍山，与绮丽、柔美的洱海交相衬托，构成了一幅和谐动人的高原风景画，但如果没有丰富的文物资源，大理的风光再美，也会显得苍白。

大理古代文物中名气最大的要数崇圣寺三塔（图6-26）。它们位于大理古城西北大约1千米处的苍山应乐峰下，原崇圣寺遗址的正前方。三座砖塔一大二小鼎足矗立于苍山之麓、洱海之滨，气势雄伟。主塔呈方形，名千寻塔，形状与西安小雁塔十分相似，为典型的唐代建筑风格，始建于南诏的劝丰祐时期（824—859年）。南北小塔各相距主塔70米，其造型独特，具有宋代建筑风格，建于大理国晚期。大理三塔浑然一体，气势雄伟，用它们来作为大理的象征，真是太合适不过了。

南诏德化碑也是一件享誉天下的文物。这块云南省现存最大的古碑，屹立于太和村西草帽街与太和城南北城墙遗址之间，碑高3.02米，宽2.27米，厚0.58米。永泰二年（766年），当时的南诏王阁逻凤为表白自己不得已叛唐的苦衷而立此碑于太和城宫门之外。碑文叙述了南诏初期的历史，阁逻凤的功绩，南诏与唐王朝的

图 6-26　大理三塔

友好关系及交恶的原因，天宝战争的前后经过，不得已而叛唐的苦衷。尤为难得的是，此碑还反映了南诏初年的一些社会情况，说明了梯田的开凿和水利的兴修、城镇的修筑和温泉的利用，证明了养马业和丝织业的发展。该碑为研究南诏社会制度、地理区划、与吐蕃及其他边境少数民族的关系，以及云南与东亚、西亚地区的交通情况等提供了珍贵的第一手史料，价值极高。

剑川石钟山石窟位于大理白族自治州剑川县城西南约 25 千米处的石宝山支峰中，因形如石钟而得名。石钟山石窟分布在石钟寺、狮子关、沙登村三个地区，是南诏、大理国时期（649—1094 年）的艺术瑰宝。该石窟布局紧凑匀称，造型生动，形象逼真。雕刻技巧纯熟，线条细腻，除受中原石窟的影响外，还具有非常浓厚的地方民族特色。与崇圣寺三塔同为大理古代文化艺术遗产的杰作，现已成为大理地区著名的旅游胜地。

除了上述文物古迹以外，弘圣寺塔、蛇骨塔、元世祖平云南碑、白文山花碑、杜文秀大元帅府等，都是游人欲一睹为快的文物珍品。特别值得一提的是大理古城，它那民族色彩浓郁的民居、狭窄的小街小巷，都保存着在其他地方很难寻觅的独特古城风韵，不仅吸引了大量的国内游人，还吸引了不少外国游客，他们携儿带女长期居住在大理，形成了一条驰名国内外的“洋人街”，构成了一种奇特的文化景观，为大理古城增添了别样风采。

八 沈阳

1. 历史概况

沈阳，地处美丽富饶的辽河平原中部，其东部辽东丘陵蜿蜒入境，西部则是一望无际的大平原。这里地势平坦，水源充足，物产丰富，交通便利。因位于古称“沈水”的浑河之北，故名沈阳。

在我国众多的古都当中，沈阳显然属于资历较浅者，因为它迟至明朝末年才成为满族人所建的后金国（清朝前身）的都城。但这并不意味着沈阳自身的历史也同样短暂，相反，市内北部原始社会遗址的发掘，证明了大约距今 7000 多年前，先民“新乐人”便在这里繁衍生息，并且创造了灿烂辉煌的史前文化。春秋战国时期，沈阳属东胡族的生活区域。西汉时期，汉政府在今沈阳老城内（沈河区）建候城，是中部都尉治所，归当时辽东郡管辖，属县制。这大约是沈阳最早的城市雏形。

随着东北少数民族的崛起，沈阳自唐代以后日益兴盛起来。辽太祖耶律阿保机在今沈阳大北门里长安寺附近建三河县，后改名为乐郊县。辽天显三年（928 年）辽太宗在乐郊县内筑土城，设沈州，隶属东京道。金代仍为沈州，改属东京路。辽金沈州城起了奠基作用，以后元、明、清各代沈阳城城址的位置大体与此相同。金末战乱使沈州土城几乎化为废墟。元代时在废墟之上重建城郭，仍为夯土筑成，改沈州为沈阳路，归辽阳行省管辖，至此沈阳之名第一次见诸史册。明初在这里设沈阳中卫，洪武二十一年（1388 年），在指挥使闵忠的主持下，将元代旧土城改建成砖城。当时的沈阳中卫城是明朝设在东北地区的一个军事重镇，因其地理位置正处于进入关内的交通要冲，很受明廷的重视。

清代是沈阳历史上最显赫的时期，后金天命十年（1625 年），清太祖努尔哈赤将都城从辽阳迁于此，沈阳成为进攻明朝的军事基地。次年，努尔哈赤病死，皇太极继承汗位。天聪八年（1634 年），皇太极改沈阳为“天眷盛京”，满语叫谋克敦（“兴盛”之意）。天聪十年（1636 年）皇太极在沈阳称帝，改国号为清，改族名为满洲。顺治元年（1644 年）清军入关，迅速夺取了全国的统治权。同年，清廷将都城迁入北京，取法明朝的两京制，改盛京沈阳为陪都（又称留都）。由于清王朝的重视，加上自身优越的地理条件，沈阳逐渐发展成为东北地区的中心城市。

清代沈阳城的建设，大致经历了入关之前和入关之后两大阶段。努尔哈赤之时政局不稳，人力物力不足，没有进行大规模的营建。城内许多建筑都是利用明中卫城的旧建筑，仅仅加固了已残破不堪的城池，修建了“汗宫”和临朝听政的“朝堂”。皇太极继汗位后，从天聪五年（1631 年）起开始着手对沈阳城进行大规模的改建和扩建。扩建工程十分浩大，前后共用了 7 年时间才完工。

扩建后的沈阳城周长 9 里 332 步，比明故城长 302 步，新城墙三丈五尺，比明故城高一丈，城墙内外亦用砖石砌筑，更巍峨坚固。又把明故城的 4 门扩建为 8 门，城内十字形街道改为井字形街道，井字形街道将全城划分为 9 个城区，正中为皇宫，其余 8 个城区分别由八旗兵驻守。在城中心建钟鼓楼各一。这种规划布局，显然是模仿了汉族传统都城的布局。

皇太极时期除了扩建城池外，还陆续兴建了宫殿、诸王府第、六部三院、官署衙门及寺院庙宇等。天聪九年（1635 年），皇太极大破蒙古察哈尔部，获元朝传国玉玺，认为天命归金，于是仿效明朝在沈阳建天坛、地坛，以便于登基时祭告天地。

清军入关以后，历代清帝十分重视陪都建设，在这里设置机构，分兵驻守。先置奉天府管辖盛京地区的州县民政，又制比北京，设盛京五部（礼、户、兵、刑、工）。后又设奉天将军作为这一地区的最高军政长官，奉天将军与当时的黑龙江将军和宁古塔将军共同统辖东北地区。康熙、乾隆、嘉庆、道光诸帝在前后150余年时间内，曾10次东巡盛京，或为寻访先祖遗迹谒陵祭祖，或为处理边疆事务。沈阳也因此得以不断地修建。康熙时期，在城外增筑了一道土城墙，又叫关墙。墙高七尺五寸，周围32里48步，在东南隅设水栅两处，导引沈水南出。经过这次扩建，盛京城面貌有了很大的改观。乾隆时期，兴建今沈阳故宫中路建筑两侧的“东宫”和“西宫”，营建了“文溯阁”“嘉荫堂”等一百余间宫殿，构成了今沈阳故宫西路建筑。经过多次增修，沈阳的布局日臻完善，使其更加雄伟壮观，充分展现了其作为陪都应有的风采。

2. 沈阳故宫

近现代以来，沈阳先后为沙皇俄国和日本帝国主义的势力范围，经历了多次的战火。清代盛京原有的风貌遭受了严重的破坏。如今的沈阳，是一个以重工业为主的现代化城市，文物古迹保存不多，但沈阳故宫却历经劫难，较为完整地保存下来，成为这座城市昔日辉煌的一份力证（图6–27）。

沈阳故宫位于今沈阳市沈河区沈阳路二段。历史上曾被称作“盛京宫殿”“陪都宫殿”，始建于后金天命十年（1625年），建成于清崇德元年（1636年）。乾隆时期又进行了较大规模的增建和扩建，最终形成了现有的规模。沈阳故宫占地6万余平方米，各式建筑90余座300多间，是清太祖努尔哈赤和清太宗皇太极营建和使用过的宫殿，清世祖福临也曾在这里即位称帝。沈阳作陪都后，康熙、乾隆、嘉庆、道光诸帝东巡，沈阳故宫又成为他们的驻跸地和临时理政之所。

沈阳故宫建筑布局可以分为三路：东路为努尔哈赤时期建造的大政殿和十王亭。这组建筑修建在南北长140米，东西宽40米的长方形宽敞庭院中，大政殿居北部正中，十王亭在南部分立两侧。大政殿之后为一字形銮驾库。大政殿，初称大衙门，八角重檐攒尖式殿宇，须弥座台基，八面出廊，殿前两根明柱各有金龙盘绕，殿

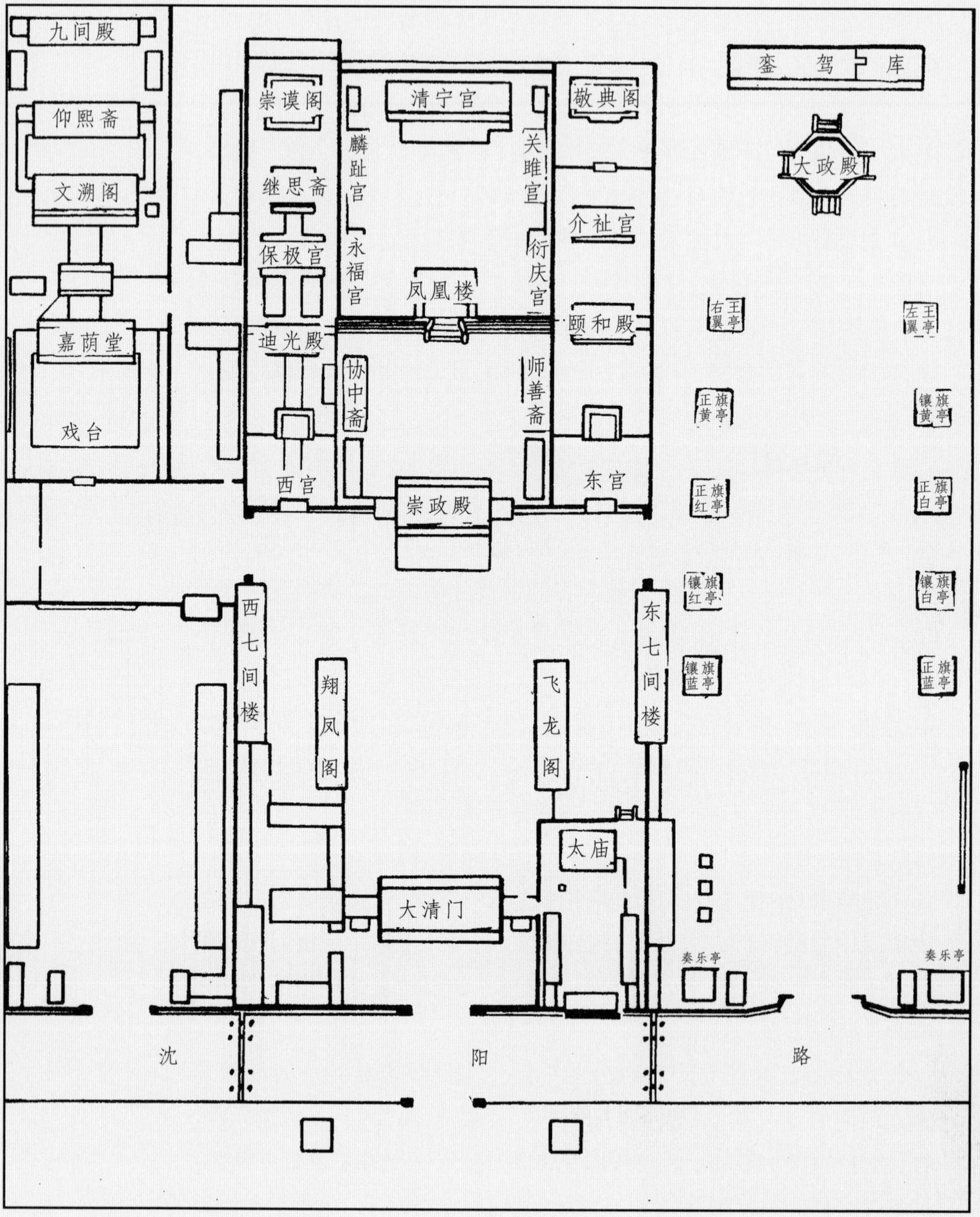

图 6-27 沈阳故宫平面图

内为梵文天花和降龙藻井，此殿为皇帝举行大典之地（图 6–28）。十王亭又叫八旗亭，共有建筑式样相同的 10 座亭子，为清初左右翼王和八旗大臣议政和处理事务的地方。大政殿和十王亭，是八旗制度在宫殿建筑上的反映，这种“君臣合署办事”也是历代罕见的，是满族固有的习俗在宫殿建筑中的体现。

故宫中路，即大内宫阙，为皇太极时期续建之物。这一组建筑是按中原王朝“前朝后寝”的宫殿制度布局的。主要建筑坐落在南北中轴线上，附属建筑相互对称。最南端为起自宫墙外的大影壁，

图 6–28　大政殿

向北两侧为东西朝房、东西奏乐亭。再向北是宫前东西大道，大道东设文德坊（东华门），西置武功坊（西华门），门外立下马碑。道北正中为大清门，门前立有谏木。入大清门东有飞龙阁，西有翔凤阁，两侧还有东西七间楼。沿御道向北为崇政殿，崇政殿后东侧建有日华楼、师善斋，西侧建有霞绮楼、协中斋。再向北为突出的高台城堡式建筑，即后宫所在。其前为凤凰楼，拾级而上，穿过凤凰楼下的门洞，在中轴线内最北端为清宁宫，东侧为关雎、衍庆二宫，西侧为麟趾、永福二宫。中路宫殿可分为两部分，以崇政殿为中心是“外朝”，以清宁宫为中心是“内廷”。崇政殿俗称金銮殿，面阔 5 间，进深 3 间，是前后出廊硬山式建筑，屋顶铺黄琉璃瓦，镶绿琉璃瓦剪边。殿内彻上露明造，绘以彩饰。殿前月台两角，东立日晷，西设嘉量。此殿为皇太极处理日常军政要务和接见外国使臣、边疆少数民族首领的地方。内廷寝区最南为凤凰楼，3 层歇山顶楼阁，是当时沈阳城的最高建筑。“凤楼晓日”被誉为沈阳八景之一。其后五宫，是后妃的寝所，正北清宁宫，是皇太极与皇后博尔济吉特氏的寝宫，外间是举行家祭的神堂，也是会见和宴请亲眷的厅房。

故宫中路东西侧各有一组小型的建筑——东所、西所，亦称东宫、西宫，建于乾隆十年（1745 年）至乾隆十三年（1748 年）。这两组建筑和中路相互协调，构成一个统一的整体。东宫是清帝巡盛京时皇太后居住的行宫，主要建筑有颐和殿、介祉宫，宫后有敬典阁，原是藏《玉牒》的地方。西宫是皇帝东巡盛京时驻跸的行宫。主要建筑有迪光殿、保极宫、继思斋，最后是崇谟阁，为收藏《满文老档》《清实录》等典籍的地方。

大清门东侧又有一座小的庭院建筑——太庙。入山门是 3 间围廊式歇山顶大殿，殿内供奉清朝历代帝王及列祖牌位。乾隆四十五年（1780 年）后，又收藏各朝帝后宝册。

西路建筑，从南向北包括戏台、嘉荫堂、文溯阁、仰熙斋等，南为轿马场，是乾隆四十七年（1782 年）至四十八年（1783 年）增建的。西路主体建筑为文溯阁，文溯阁为硬山式二楼三层建筑，屋顶铺着黑色琉璃瓦绿剪边。其建筑形式仿明代宁波藏书家范钦的“天一阁”，是专为收藏乾隆时期编纂的大型类书《四库全书》而建的，也是全国收藏《四库全书》的七阁之一。文溯阁东建有一座

碑亭，内立乾隆亲撰的《御制文溯阁记》碑，碑文记述了文溯阁的营建经过和《四库全书》的收藏情况。阁后仰熙斋、九间殿，是乾隆皇帝东巡时读书的地方。阁前的嘉荫堂，两侧有抄手游廊，对面为戏台，是乾隆、嘉庆时期皇帝赏戏的地方。

沈阳故宫是我国现存仅次于北京故宫的最完整的皇宫建筑，具有很高的建筑艺术水平和历史价值，它继承了汉族传统的建筑形式，也保留了浓厚的地方特色，是满汉两族文化融合的体现。沈阳故宫的内廷后宫区沿用了满族传统住宅的建筑风格和使用功能，民族特色突出。后宫全部建在近 4 米的高台之上，与崇政殿为主的外朝区相比，是“宫比殿高”。这与北京故宫是完全不同的。满族先人长期居住在山区，他们喜欢把居室建得高一些。后宫正殿清宁宫中的筒子房、万字炕、火地、落地囱也很有特色，是满族独有的生活习俗的体现。正是由于巧妙地把各民族建筑艺术结合在一起，所以沈阳故宫才显出它独有的魅力。

沈阳故宫是我国首批全国重点文物保护单位，作为东北最著名的旅游胜地之一，它吸引着络绎不绝的中外游客来这里寻幽览胜。

后 记

“古代都城”作为“中华文明的印迹”丛书之一，具有核心作用，这不仅因为古都自身具有莫大的重要性，还因为古都的内容最广泛、最丰富、最具有综合性；从某种意义上说，它可以为整套丛书提供一个历史与文化的背景，可以视为整套丛书的总纲和缩写。

与业已面世的关于中国古都的著作相比，本书具有自己鲜明的特点：第一，依照历史地位与作用的不同，我们把中国古都分成三个档次，“七大古都”当中的洛阳、西安、北京是一等古都；开封、南京、杭州和安阳为二等古都；曲阜、太原等地列为三等古都。这样既能保证本书内容的广泛与丰富，又可以使本书的结构主次分明，详略得当，同时也有助于读者从整体上认识中国古都发展的特点。第二，本书概括叙述了一些著名古都的历史进程，在叙述当中，我们特别注意从比较研究的角度，对这些古都的历史地位和特点进行分析。第三，我们有重点地、分门别类地介绍了保存于古都及其附近地区的文物古迹，为了使这种介绍更加直观、生动，我们还精选了100多幅插图以飨读者。总之，我们在写作时，既把古都视为历史研究的对象，又把它们视为文化普及的客体，因而，在具有学术性和知识性的同时，本书更便于人们在观览古都遗迹的同时去理解中国的都城历史文化。

由于本书所写到的文物古迹有许多都在丛书的其他各册中有详细介绍，所以我们在这里，便把重点放在了对某地文物古迹总体特点的分析之上。本书的写作由多人完成，其中序言由郭引强写成，史家珍负责洛阳、西安两地的写作，乔栋负责开封、杭州、苏州、成都的写作，严辉负责曲阜、太原、吐鲁番、拉萨、沈阳的写作，龙霄飞、朱耀廷、桑永夫、周立分别完成了北京、南京、安阳、大理的写作。褚卫红为本书绘制了插图，龙霄飞提供了部分照片。

在本书的写作过程中，得到了各方人士的支持，尤其得到了相关古都文物部门的热忱帮助，在此表示衷心感谢。感谢辽宁师范大学出版社的邓丽萍女士和李鹏先生对本书编辑与出版的付出。全书的内容仍有参考未备、叙论不确之处，敬请读者指正。

作者

2021 年 6 月